Morir sí es vivir

Lucy Aspra

Morir sí
es vivir

Si tú lo deseas, la muerte es sólo un paso
hacia la dicha de la vida eterna.

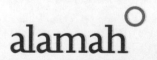

Copyright © 2008 Lucy Aspra

alamah°

De esta edición:
D. R. © Santillana Ediciones Generales, S. A. de C. V.
Av. Río Mixcoac núm. 274, Col. Acacias,
C.P. 03240, México, D.F.
Teléfono (5552) 5420 7530

Primera edición en Alamah: noviembre de 2012.
ISBN: 978-607-11-2098-4
D.R. © Diseño de cubierta: Ramón Navarro
Adaptación de interiores: Patricia Reyes

Impreso en México

PRISA EDICIONES

A San Miguel Arcángel,
con todo mi amor y agradecimiento
y la más profunda devoción y entrega.

ÍNDICE

Presentación

Desde que era niña, el tema de la continuidad de la vida siempre me ha intrigado. Recuerdo que con mucha frecuencia podía sustraerme de lo que sucedía a mi alrededor, y sentía que yo no estaba en mi cuerpo, o que más bien yo no era mi cuerpo. Debo aclarar que mis antecedentes religiosos son iguales a los de quienes han crecido en un pueblo latinoamericano, sin ninguna información adicional a la que se recibe en una escuela de monjas católicas. No había ejercicios ni meditaciones para salir del cuerpo, ni información relacionada con lo que ahora podemos saber sobre filosofía oriental. También quiero agregar que nunca he probado alguna droga, ni he participado en grupos donde se consuman. Ahora, viéndolo en retrospectiva, estoy segura de que mi ángel siempre me mantuvo separada de todo aquello que pudiera tener una influencia incorrecta en mi percepción de las cosas.

Conforme crecía me sucedía algo muy curioso cada vez con más frecuencia: sentía que nada de lo que veía era real; este pensamiento me llegaba aunque estuviera en una reunión o estuviera rodeada de personas en un lugar público. Cada vez que me sustraía y decía mentalmente "todo esto no es cierto", de inmediato percibía todo de manera diferente. Con esto no quiero decir que lo que sentía era agradable, aunque tampoco era incómodo, pero me parecía que la gente alrededor en realidad no me veía. Cuando esto comenzó

13

—y aún mucho tiempo después—, no tenía ni idea de qué se trataba, pero me sentía cómoda mientras pensaba y sentía: "Si yo saliera de este lugar, ninguna de estas personas que me rodean lo sabrían porque no pueden verme." Esto lo podía pensar y sentir aun cuando ya era mayor, y casada, viviendo en México, incluso mientras manejaba en medio del tráfico. Este pensamiento nunca me ha producido sobresaltos ni conatos de accidente, porque puedo hacer las cosas mecánicamente aquí, mientras mi mente está percibiendo el estado de conciencia al que me refiero.

Cuando era niña, buscaba momentos para contemplar las nubes en formación y mentalmente preguntaba: "¿Dios mío, quién soy? ¿Qué razón tiene que yo exista? ¿Para qué estoy aquí? ¿Continuaré consciente en alguna parte cuando muera?" El tiempo pasaba y pensaba: "He aprendido que una mujer debe casarse, compartir con el marido, tener hijos, educarlos, etcétera. Eso está bien, pero siento que debe haber algo más, no puede ser que la función de la vida, la razón de la existencia se detenga allí." Quizá, por esta búsqueda, mientras los años pasaban, se desarrolló en mí una curiosidad insaciable que me condujo a leer con avidez todo lo que encontraba: diccionarios, libros sobre los "por qué", enciclopedias, los pocos libros que los adultos me prestaban relacionados con temas sobre algunos misterios, etcétera. En fin, así fui creciendo hasta que llegué a Estados Unidos a estudiar, fue allí donde tuve acceso a libros que trataban justo los cuestionamientos que me inquietaban. Naturalmente que en el camino hasta allí tuve algunas experiencias místicas diferentes a las que relato en este libro —las que narraré en algún otro espacio— pero, en general, mi inclinación por conocer algo más de lo que sucede cuando la vida prosigue su trayectoria en zonas no tridimensionales me condujo a buscar cuanta información fue posible. Gracias a los libros escritos por personas con un interés semejante al mío he podido hacer esta recopilación que hoy deseo compartir con todos los que participan de esta misma inquietud.

Hace algunos años, cuando por primera vez iba a hablar sobre el suicidio como parte del tema "La muerte y la participación de los ángeles", en ese trascendental momento tuve una experiencia que ha sido tan importante en mi vida que desde entonces la he comunicado continuamente, con el fin de transmitir la necesidad de preparamos para el paso más importante en la vida del ser humano: morir. También, a partir de ese instante, he podido ver el propósito de la vida desde otro ángulo.

A raíz de esa experiencia mi vida tuvo otro significado. Doy gracias diariamente a Dios por haberme permitido vislumbrarlo y entender que aquí en la Tierra yo puedo hacer algo o mucho para evitar que otros tengan una experiencia en torno al suicidio, y para aminorarla —dentro de lo que cabe— en otros que la padecen en estos momentos.

Un martes, cerca del medio día, estaba borrando el pizarrón para escribir algunos datos referentes al tema a tratar. En un momento que tenía la mano en la parte superior del pizarrón presionando el borrador para bajarlo, repentinamente me vi como si manejara un coche sobre la carretera que supuse era la de México a Cuernavaca, pero todo era oscuro, negro, yo no veía nada que pudiera indicar que era un lugar determinado. Inmediatamente empecé a sentir un vacío terrible, una negrura inenarrable, un silencio profundo, una soledad aterradora. Me sentí como flotando angustiosamente en el espacio, con el conocimiento de que no existía absolutamente nada más. En ese momento yo sentía, pero más bien tenía la certeza de que no había ningún otro ser en el universo, que no había Dios, y si hubiera, no quería saber nada de nada. Yo sólo quería perder la conciencia, pero sabía que cada instante mi conciencia era mayor. Cada minuto era más consciente de la soledad angustiante en la que me encontraba. Esta soledad no podía dejar de ser, aun en el supuesto caso de que yo hubiera visto otros seres o me hubieran comprobado que Dios existía. En cuanto se detuvo la experiencia, supe, de inmediato, que esta horrorosa soledad se refiere a la separación de la conciencia del individuo, a la separación de la conciencia del alma, a la separación de Dios, su Padre; se refiere a un estado de angustia total donde se sabe que no existe ningún remedio y que eternamente se estará consciente de este estado. No existen palabras para describir esta zona de desesperanza infinita. En ese momento de vacío terrible, de ausencia total de amor, de privación de todo, pues no llegaba a mí un sentimiento diferente a la desolación, no comprendo ahora cómo pude pensar en Jesús, y no recuerdo haberle implorado algo, pero seguramente así fue, porque instantáneamente me vi de nuevo ante el pizarrón blanco en el momento que bajaba la mano con el borrador. Esta experiencia duró sólo la fracción de un minuto, pero sentí como si hubiera sido una eternidad. Esta experiencia ha marcado mi vida de tal manera que a diario pido a Dios que no me permita volverla a vivir. Sin embargo, pasados unos dos años, volví a hablar sobre el suicidio porque los asistentes me lo pidieron; y nuevamente, a la hora de preparar los papeles, sentí que entraba otra vez a ese estado, por lo que grité angustiada: "Jesús, por favor, ayúdame, no permitas que yo pase por esto otra vez." Allí comprendí que no pasó ni un segundo, porque estuve consciente de todo lo que me rodeaba y de lo que sucedía en el exterior, pero pude experimentar plenamente por un instante, y recordar el sentimiento de angustia para describirlo en la plática de ese día y en todas las siguientes que he dado sobre el tema.

Después de haberme recuperado en la primera ocasión, que, como expresé arriba, acaso duró unos instantes, supe en ese momento que eso era lo que experimentan las personas que se suicidan. Desde entonces he sentido la necesidad de hablar continuamente de la importancia que tenemos todos de asesorar, de consolar y de buscar los medios para que quienes padecen depresión o desean privarse del cuerpo físico, comprendan en qué tipo de estado entrarán. Que tengan conocimiento de la angustiosa realidad a la que despertarán una vez que se separen de su cuerpo material abruptamente. Cualquier situación en el mundo físico, por terrible, horrorosa, vergonzosa, penosa o dolorosa que sea, es un paraíso comparado con la experiencia que les acabo de narrar.

Debido a que esta enseñanza ha sido tan trascendente en mi vida, consulté con sacerdotes y con otras personas a las que respeto por sus conocimientos. Todos coincidieron en que el estado al que entré trata de describir el infierno, esto es, una separación dolorosa del estado de gracia, una desolación completa que se intenta representar con imágenes de dolor como el fuego, la negrura, la angustia y los entes malévolos atormentando al alma. Comprendí entonces que no existen parangones humanos para señalar lo que es estar lejos de Dios, porque ninguna imagen, por grotesca que sea, corresponde a esa realidad, ya que cuando vemos cuadros de horror representando el infierno lo relacionamos con un dolor afectando al cuerpo físico, como una especie de sala de tormentos, y como todo lo que experimentamos en la materia tiene un final, ya sea por curación o por muerte, no se puede adentrar bien en la imagen de soledad que experimenté en este estado; porque esa desesperanza, ese tormento, es mucho más angustiante. No se trata de un dolor físico, es un dolor en lo más profundo del alma donde se tiene total conciencia de que no hay curación ni existe la muerte. Después, pude relacionar esta experiencia con la vivencia que, según algunos libros, se conoce como el estado de Avichi, o el Sheol de los judíos, que describiré en este libro.

Es importante explicar que nunca he tenido una depresión, jamás he sentido un estado de soledad; al contrario, aunque soy sociable, desde pequeña me daba tiempo para estar sola y leer y hacer las cosas que me gustaban. Y ahora, con el paso de los años, siento que el tiempo vuela y que no me alcanza para todo lo que quiero realizar. Me fascina eso que llaman soledad,[1] de la que quisiera tener más, porque es el tiempo que necesito para conversar mentalmente con los ángeles que me acompañan y para intentar comprender todo lo que pueden transmitirme o, mejor dicho, el tiempo para que pueda percibir lo que intentan transmitir a toda la humanidad, pero se conforman con contactar a quienes les presten atención. Es cierto que siempre he sido muy espiritual, quizá no muy religiosa, pero siempre he buscado estar en contacto con Jesús, y ahora también con los ángeles. Después de mi experiencia con la Virgen, la cual relaté en mi libro ¡Apariciones! Rosa Mística, también me he acercado mucho a ella. No bebo ni tomo medicamentos, y rehúyo los fármacos

---

[1] La palabra *soledad* deriva de *sol*, astro que antiguamente representaba a Dios y aún es considerado su símbolo en algunas tradiciones, porque a través de él, Dios envía la energía que mantiene con vida a la creación. El símbolo del sol con sus rayos es visto también en la custodia donde se guarda la hostia, la sustanciación del Hijo de la Santísima Trinidad. Por ejemplo, *solideo*, el casquete que usan los eclesiásticos para cubrirse la tonsura, literalmente significa "sol-dios", aunque se acepta como "a Dios solo", porque los sacerdotes se lo quitan ante el sagrario. En cambio, la palabra *edad* significa "tiempo"; por lo que *soledad* significa el tiempo que se debe dedicar exclusivamente a Dios. Los ángeles procuran que cada quien tenga ese tiempo en su vida para estar en comunión con Dios; sin embargo, muchas veces se desaprovecha por no comprender en realidad que el tiempo que podemos estar solos es un regalo divino para hablar con Dios, y por el que debemos continuamente estarle dando gracias.

o sustancias intoxicantes. He considerado importante aclarar este punto, porque quizá algunas personas muy estructuradas dentro del campo psicológico quieran intentar ubicar esta experiencia dentro de un cuadro depresivo, pero no es así. Tengo la plena seguridad de que ha sido una experiencia para transmitir y ayudar a que otros se alejen de la tentación de interrumpir el destino que ha marcado su alma.

Asimismo, tuve un sueño referente a otro aspecto de la muerte. Estaba inmersa en un torbellino terrible, a merced de fuerzas desconocidas, era una vorágine desesperante. Sentía una angustia horrible y empecé a gritar: "Jesús, Jesús, Jesús", pero continuaba en esta fatal desesperación, cuando escuché una voz masculina que me decía: "Di: ¡Jesús, ayúdame!" De inmediato obedecí y vociferé angustiada: "¡Jesús, ayúdame!" En ese mismo instante se detuvo la vorágine y pude respirar tranquila. Luego volví a escuchar aquella voz que me decía: "Debes escribir que esta experiencia es la que sienten las almas cuando dejan el mundo terrenal sin preparación." Cuando tuve este sueño estaba por finalizar el manual 2, *Las emisiones siderales de los ángeles de la astrología*, y como pensaba descansar un tiempo antes de empezar a escribir este libro, le respondí a quien me hablaba —y que no podía ver— que lo que él me decía significaba que de inmediato, sin interrupción, tenía que empezar a escribir sobre este tema, a lo que me respondió: "Sí, poco a poco debes irlo estructurando."

He sentido la necesidad de participar estas experiencias a ustedes, mis lectores, pues creo que han sido fundamentales para tocar el tema que más me ha movido para escribir *¡Morir sí es vivir!* La información incluida en estas páginas no es de "inspiración divina", sino que ha sido recopilada de muchísimos libros. Espero que sirva para que ustedes también puedan ayudar a otros a comprender la importancia de la vida, y a entender que morir no es un final, sino un paso hacia otro estado donde seguiremos conscientes y experimentando, donde seremos más felices si nos preparamos desde ahora, para que así sea.

Antes de concluir, quisiera aprovechar este espacio para describir otro sueño que tuve antes de comenzar este libro. Estaba a punto de subir una escalera de cinco escalones, la cual al final tenía un descanso para entrar a una casa o edificio de estilo clásico, con muros de cantera rosa tallada. Las escaleras partían lateralmente de una banqueta o acera en un lugar frente a lo que parecía un parque con muchos árboles. El barandal de la escalera representaba un ángel acostado, también de cantera rosa. El ángel vestía una túnica y los dedos de sus pies estaban a la altura del primer escalón. Antes de subir, toqué los dedos del pie del ángel y éste despertó. Ya no era de cantera sino de carne y hueso; se enderezó allí mismo en el barandal aunque no se irguió totalmente. No me sorprendí ante la escena, más bien le pregunté si los ángeles estaban conformes con lo que intentaba transmitir de su mundo. Él o ella —porque no puedo definir a qué sexo correspondía su imagen— me respondió sonriente pero con cierta extrañeza: "Sí, claro, todos estamos contentos." Luego le dije: "Es que creo que no estoy haciendo todo como debiera, creo que tal vez Dios no vea que concluyo bien lo que inicio; porque mis intenciones son hacer más cosas." Él, siempre con mucha naturalidad, me dijo: "Todo lo que se hace con intención de agradar a Dios llega completo a Dios, nada llega seccionado. Todo lo que tú inicias para honrarle, Él lo recibe entero." Naturalmente que yo quería hacerle más preguntas, pero me desperté. He analizado mucho este sueño y lo que he notado es que me ha conducido a una mayor entrega a Jesús. He sentido la confianza para ofrecerle más de mi vida porque antes pensaba: "No puedo prometer algo que quizá no pueda cumplir", pero ahora entiendo que la intención es primordial, porque, de esta manera, recibimos más apoyo del Cielo para realizar nuestros propósitos y agradar a Dios.

Esta presentación se alarga a medida que escribo, ya que siento la necesidad de expresar otras dos experiencias que recientemente he tenido. En el tiempo invertido para escribir este libro, en una madrugada, mientras dormía, escuché una voz femenina que me dictaba. Era poco después de las tres de la mañana. Me desperté, me senté frente a la computadora y empecé a escribir todo lo que decía. Ese texto conforma el contenido del apartado "La personalidad" de este libro.

Otra madrugada tuve un sueño en el que visitaba una especie de tienda. Dentro de ella se podía bajar un escalón donde vendían ropa para dama. Allí vi algunas piezas que parecían bonitas, pero las toqué y no me gustó ni su textura ni su olor. Me salí del lugar por un pasillo chico y vi otro espacio en alto, con barandales, una especie de librería y ascendí los tres escalones.

Tomé un libro muy grueso con pasta verde claro, lo abrí y el título *¿Ahora comprendes por qué no te han entendido?* estaba iluminado. Me desperté e inmediatamente escribí lo que leí allí. Hoy, ese pasaje conforma otro apartado de este libro.

¡En realidad, cómo deseo que las experiencias que he relatado sirvan para que más personas se aventuren dentro del fabuloso y mágico mundo espiritual! Una vez que se pone el pensamiento allí, queda uno encantado. Es como si por medio de polvos celestiales se diera una transfiguración que nos permite ver el mundo, la vida y todo lo que existe, como si estuviera cubierto con luces de un reflector color de rosa. ¡Se vive en un mundo maravilloso, donde diariamente participamos en experiencias repletas de amor! ¡Hagan la prueba! ¡Comiencen con su ángel guardián!

Que Dios los bendiga y su ángel los ilumine.

Lucy Aspra

AGRADECIMIENTOS

Como mencioné en la "Presentación", por medio de sueños he tenido la oportunidad de percibir sentimientos de seres que se nos adelantaron en el camino. En estos sueños, ellos intentaban transmitirme en qué estado se encontraban. En algunos casos, seres a quienes conocí mientras existieron me solicitaban llevar mensajes a sus allegados vivos, invariablemente pidiendo oraciones. Muchos sueños sucedieron cuando aún no estaba interesada en la búsqueda espiritual y no le daba tanta importancia a la oración. Hoy en día, puedo decir que la comprensión de lo que significa la oración comenzó con estas peticiones de difuntos. Hubo un momento en que eran tantos los seres por los que pedía a diario que comencé a hacer una "lista de difuntos". Una noche tuve un sueño donde un chico fallecido que no conocía me dijo que por favor lo anotara en mi lista. Recuerdo con claridad el aspecto con que se me presentó mientras me decía su nombre: "Alejandro." Desde entonces lo recuerdo todos los días en mis oraciones. Guardo esta lista debajo de un candelero donde prendo una vela diariamente. Un día perdí la lista e hice otra para reemplazarla, pero olvidé incluir el nombre del esposo de una amiga por el que había estado rezando algún tiempo; después de un mes, él se presentó en sueños y me dijo: "Lucy, por favor, pon mi nombre nuevamente en tu lista, necesito oraciones." Hasta ese momento descubrí que lo había omitido. Los seres queridos que se han ido están muy cerca de nosotros, necesitan nuestros pensamientos de amor, nuestros recuerdos cariñosos y, sobre todo, nuestras oraciones. Creo que ellos, a través del esfuerzo que realizaron para que pudiera percibirlos, han intentado sensibilizarme para hablar sobre el tema; también creo que son quienes me han impulsado para escribir este libro. Por este motivo, quiero enviarles mi profundo amor y agradecimiento, con la esperanza de que sea éste un medio para llegar al corazón de otras personas y para que los recuerden con amor y comprensión.

Quiero aprovechar este espacio también para reconocer la inspiración que he recibido de las personas que sufren la separación de un ser querido, por su ejemplo de fortaleza y abnegación ante este gran dolor. También quiero recordarles que aun cuando sientan que no hay esperanza por la magnitud de la aflicción por la pérdida, la muerte no es más que un viaje a otro espacio de amor. Ese ser amado que se adelantó hoy es libre y está aguardando el reencuentro contigo con alegría y expectativas gloriosas.

Hay una constante en mi vida que me motiva para continuar con el trabajo que realizo, el amor de mis hijos: Sabrina, Renata y Rodrigo Herrera Aspra. Como las mismas ocupaciones me retienen mucho tiempo, se me dificulta demostrarles con mi presencia la magnitud de mi amor por ellos, por lo que aprovecho estas páginas para asentarlo y expresarles un profundo agradecimiento por inspirarme y alentarme continuamente; de igual forma por darme siete preciosos nietos: Renatita, Regina, Sabrinita, Rodri, Sebastián, Pau y Alonso. Además debo agradecer de nuevo el apoyo económico de Rodrigo para continuar con la labor que realizo.

La Casa de los Ángeles, y ahora también La Fortaleza de San Miguel Arcángel, son centros culturales, espacios llenos del resplandor de san Miguel y su hueste celestial, y también de la luz de los ángeles terrenales que allí depositan sus vibraciones de amor y sabiduría, por lo que con profunda humildad, en nombre de san Miguel y sus ángeles, doy gracias a todos quienes imparten desinteresadamente y con excepcional entrega algunos cursos. Entre ellos, debo mencionar por su gran apoyo y entrega a Sylvia Ibarra de Wigueras, Cristina López Quiñones, Hilda Pola de Ortiz, Lolita Santos, Angelita Romero, Amparo Ovín, Rosalba Reynoso, Miguel Pérez, Graciela Alanís, Angie del Muro, Víctor

Manuel García, Víctor Manuel Miranda Rojas, Carlota García, Martha Elba Pimienta, Lidia Meza, José Ramón Ramos Silva, Jesús San Pablo, María Enriqueta Quintana, Martha Valle González, María Inés Verónica Pineda, Ricardo Calderón Ortega, Liliana Esquinca, Desireé León, Teresa Pérez Salas, Alfredo Esquivel, Héctor Palacios Roji. Por su entrega, compromiso y lealtad en estos espacios, gracias a: María Guadalupe Segura Rivera, Alberto Hernández García, Francisco Correa Rivera, Paloma Meléndez Arciniega, Víctor Cariño, Felipe Olvera Reyes, María de la Paz González y Elías Rosete Ramírez.

Es difícil encontrar las palabras para expresar adecuadamente mi gratitud a los amigos que con frecuencia colaboran de manera desinteresada en hacer de La Casa de los Ángeles y La Fortaleza de San Miguel Arcángel, los centros culturales donde todo el que lo desee pueda acercarse para recibir información relacionada con los cursos que con profundo amor allí se imparten. Quiero expresar un reconocimiento especial a Víctor Salas Martínez, por tantas horas que invierte en investigaciones que realiza para apoyarnos. Asimismo, a Rubén y María Elena de Parada, por tantos años de entrega y devoción al servicio de nuestros centros culturales.

Por su apoyo e inalterable y sincera amistad, agradezco en especial a mis queridos amigos: Ángeles Ochoa, Corina Verduzco, Crystal Pomeroy y Socorrito Blancas de Chi.

A los grandes y queridos amigos que fielmente colaboran en los eventos y nos acompañan en todo momento, debo mencionar con enorme gratitud a: Yolanda González Arzate, Eduardo y Luisa Vogel, Leticia Torreblanca, Elizabeth Gómez Pimienta, Patty Merino, Rocío Balderrama, Hilda Pola de Ortiz, María Luisa Cuevas de Domínguez, Carmen de la Selva, Sylvia Casarín, Ana Luisa López, Leticia Viesca y Armando Díaz, Blanquita Carranza, Mari de Ayón, Ofelia de Solano y Rocío Vázquez González.

También agradezco a los amigos que me enriquecen con su deferencia, en especial a: Gloria Palafox, Martha Venegas, Víctor Segarra, Juan Manuel Rico (el Padrino), Amalia Díaz Enríquez y su esposo Jordi, y María Antonieta Verduzco.

A mis amables vecinos por su amistad, apoyo y confianza: Andrea e Ivonne Toussant, Cecilia Gómez, Celia Navarrete, Mario Córdova y su esposa Judith, y Angelina Fernández Gauffeny.

Por sus continuas atenciones, a los amigos que colaboran con mi hijo: Mayda Díaz González, Manuel Cruz García, Lillian Díaz González, Eduardo Fernández Agraz, Juan Araiza, Rafael Tejeda Correa, Claudia Ortega, Maru Paz Colín, Eduardo Guerrero Lerdo de Tejada, Jorge Paredes, Lizbeth Romero, Milton Solana, y todos los que amablemente me apoyan en todas mis diligencias. Aprovecho este espacio para dar a todas las personas mencionadas mi gratitud eterna. Debo manifestarles que, gracias a su amor por los Mensajeros de Dios, cada día se advierten más bendiciones de paz, armonía y amor en La Casa de los Ángeles y en La Fortaleza de San Miguel Arcángel.

Gracias a Santillana Ediciones Generales, a cuyo personal también agradezco su paciencia y confianza en el resultado final de este texto. Un agradecimiento especial a Patricia Mazón y César Ramos por su decisión de publicarlo.

En este espacio también quiero mencionar a los amigos que desde lejos siempre están pendientes de La Casa de los Ángeles y de La Fortaleza de San Miguel Arcángel, enviándonos con sus pensamientos de amor la celestial emanación que ha permitido que se continúe con la difusión cada vez mayor de la presencia de nuestros mensajeros celestiales, a Martita Ortiz y a Javier, su esposo, de Piedras Negras, Coahuila; a Angélica Sánchez y a Enrique, su esposo y a sus dos adorables hijos, Quique y Poncho, de Sahuayo, Michoacán; a Alfonso Ávila Campaña y Daniel Méndez Antillón, de Ciudad Juárez, Chihuahua; Mayra Martínez, de La Paz, Baja California; Arminda Hernández, de Querétaro; Patricia de Mokarzel, de Acapulco, Guerrero; Rosario Gutiérrez González, de Reynosa, Tamaulipas; Esther Leal Ron, de Guadalajara, Jalisco; Clara Malca, de Panamá; Zoila E. Pinel, de Honduras; también a mi hermana, Argentina Alvarado y a mi hermano Jaime Aspra.

No puedo dejar pasar esta oportunidad sin reiterar mi más sincero agradecimiento a los grandes comunicadores que sin ningún interés económico, sólo movidos por su ángel guardián, dan a conocer a través de los medios el trabajo que se realiza en La Casa de los Ángeles y en La Fortaleza de San Miguel Arcángel: a Carlos Gil, Irene Moreno, Marta Susana, Maxine Woodside, Víctor Tolosa, Julieta Lujambio, Cristina Saralegui, Talina Fernández, Tony Aguirre, Juan Paxtián, Rosalía Buaún, Gerardo Ríos y Sylvia, su esposa. A Germán y Alejandro Figaredo, a quienes admiro por su gran devoción y fortaleza; a Yohannan Díaz y Luis Ramírez Reyes, inquietos investigadores y extraordinarios amigos. Gracias a todos y que Dios los bendiga siempre.

A todos los que nos encontramos unidos por la devoción y el amor a nuestros celestiales guardianes, entre ellos quiero mencionar especialmente a mi querida amiga Lilia Reyes Spíndola, autora de varios libros donde despliega su profunda devoción a estos divinos seres; a mis amigos, los generales Tomás Ángeles D. y Mario Fuentes, quienes nos proporcionan un extraordinario ejemplo con su interés por el crecimiento espiritual de quienes dependen de ellos y porque se extienda a todos los campos este conocimiento esencial; y a todos los que, aun sin conocerlos, escriben y hablan de los ángeles, ya que gracias a la dedicación y al amor de todos, cada día somos más quienes nos acercamos a nuestros celestiales guardianes de amor. Sabemos que son ellos, nuestros amados ángeles, los que nos conducen sutilmente para dar a conocer su realidad, para que cada día haya más personas hablando y escribiendo sobre ellos, porque diariamente se percibe más su trabajo y el objetivo de su función. Asimismo, extiendo un profundo reconocimiento a los autores y los editores de los libros que aparecen en la "Bibliografía", pues ha sido gracias a ellos que he podido recopilar la información que aparece en estas páginas. Finalmente, agradezco la paciencia que muestren los lectores al ir leyendo, porque encontrarán conceptos repetitivos, aunque he intentado que cada capítulo sea comprendido sin tener que buscar referencias complementarias en los apartados anteriores o posteriores. Gracias por su comprensión.

En nombre de todos los que he mencionado y de todos los que lean estas páginas, dedico este trabajo a los ángeles para que estemos siempre cubiertos con sus dulces emanaciones y podamos recibir su apoyo ahora y cuando trascendamos.

Para todos los seres difuntos, extiendo también este deseo, porque a su influencia se debe la concepción de este trabajo, y su ejecución es con la esperanza de que, de alguna manera, sirva para que puedan recibir más atención de los seres que vivimos aún en el mundo físico. Aquí quiero mencionar a dos amigos que se adelantaron mientras escribía este libro: Alberto Gutiérrez Mollér y Carolina Ricco —y en esta nueva edición a Ana Eugenia Bedoy—, a quienes, con mis seres queridos trascendidos y todos los fieles difuntos, deseo fervientemente que Dios los tenga en su gloria, cubiertos con su luz perpetua de amor.

Que Dios los bendiga y los ángeles los envuelvan entre sus alas de amor.

Lucy Aspra

Capítulo uno
Nuestros cuerpos y las diferentes dimensiones

Yo soy el ángel de la eternidad
Ven... escucha, escucha notas celestiales, arpas divinas,
música inmortal, preludio de la eterna felicidad. Porque mi
vibración es paz, tranquilidad, amor sublime y promesas di-
vinas. Acompáñame... ven a mis brazos. Cierra tus ojos, entra
a mi luz de belleza infinita y observa un camino hacia el cielo
iluminado, brillante, adornado con guirnaldas de flores. La luz
es proyectada por las buenas acciones, las flores nacieron con
la oración porque el camino celestial se pavimenta con amor a
Dios y con obras de caridad. El amor salva y da inmortalidad.
Busca siempre este camino. No prefieras la gloria humana a
la gloria que viene de Dios. Construye con amor noble y nun-
ca pierdas la fe, porque es requisito para gozar de tu herencia
celestial; la eternidad es la única realidad, y es tuya ahora.
Aspira profundamente y espera hoy lo mejor. Los ángeles cami-
namos junto a ti, y yo beso tu frente con un suspiro angelical.
Lucy Aspra

Reflexiones sobre nuestra existencia

Desde que el ser humano pudo razonar, sintió curiosidad por conocer las respuestas a cuestiones ontológicas tan inquietantes como ¿quiénes somos? ¿De dónde venimos? ¿Por qué estamos aquí? ¿Hacia dónde vamos? Al conjunto de conocimientos que descifran estos grandes enigmas se le llama sabiduría milenaria. Si se tiene acceso a su información, es posible conocer las leyes que rigen el destino humano y, además de resolver tales incógnitas fundamentales, aclarar muchas otras que diariamente nos asaltan y que, por lo general, no tienen una explicación congruente, viéndonos obligados a aceptar de manera sumisa que todas las injusticias y barbaridades que presenciamos en el mundo se deben a "la voluntad divina". De hecho, los grandes misterios y los misterios menores, muy mencionados en la actualidad, en el pasado se referían a la explicación de estas interrogantes. Antiguamente, se formaron escuelas para transmitir esta enseñanza a quienes habían llegado a la comprensión de que la estancia del ser humano en la Tierra tenía un propósito, a seres que tenían la capacidad evolutiva para saber que el conocimiento no era para ampliar su cultura o mejorar su condición material, ni para adquirir riquezas y posiciones como signo de estatus o prosperidad. Las escuelas donde se enseñaban los misterios en el inicio se referían sólo a la manera en que el alma podía estar más cerca de Dios, una vez que el individuo conociera que todo lo que sale del Creador obedece a una sola ley: la ley del amor, de cuya esencia están hechas todas las cosas. En esas escuelas explicaban que las incoherencias del mundo nada tienen que ver con la voluntad de Dios, sino que es el hombre mismo, ejerciendo el libre albedrío —que por amor Nuestro Padre nos dio—, quien decidió poner desorden donde Dios dispuso amor.

Los místicos estudiaban en las escuelas de misterios. El juramento de Hipócrates (361 a. de C.) era un compromiso místico de la escuela de Esculapio. Los ritos de esta escuela, con los dionisíacos de las bacantes, posteriormente formaron parte de los famosos misterios de Eleusis de los griegos (conocidos, según algunas citas, desde el 1800 a. de C.). Aunque la información básica era la misma, dependiendo del lugar, los nombres de los misterios griegos variaban, entre ellos: los de Samotracia (más antiguos y famosos que los de Eleusis, que practicaban sacramentos de bautismo, comunión, etcétera), los misterios de Zeus en Creta, los de Hera en Argolis, los de Atenea en Atenas, los de Artemisa en Arcadia, los de Hécate en Egina, los de Rhea en Frigia. Los misterios más secretos eran los de Egipto, como los de Isis y Osiris. En Egipto, también existía el culto de los *kabeiro* (*kabirim* o *cabiris* que se asocian con los querubines, y significa "los poderosos", por lo que todos los dioses de misterio eran llamados *cabires*. De aquí deriva *therafim* los dioses adorados entre las naciones antiguas, incluyendo a los israelitas, como el caso de Tharé, el padre de Abraham). Asimismo, existía este culto en Fenicia y Grecia. Entre los persas estaban los misterios de *Mitra* (mitraicos). De igual manera, los griegos tenían los misterios órficos, cuyo sistema se distinguía por su misticismo y la enseñanza que acompañaban con la práctica de las más elevadas virtudes.

¿Qué eran los misterios menores y los misterios mayores? Los misterios menores, los hierofantes y los misterios mayores

Los misterios menores se referían a las condiciones a las que se enfrenta el individuo cuando deja el mundo físico y llega al plano astral o purgatorio. Uno de los centros donde éstos se enseñaban, estaba en Agrá, y las personas que allí se iniciaban eran llamadas *mystar* o *mystes*, palabra griega que deriva de *mysis* que significa "cerrar los ojos", debido a que, igual que como los cardenales, debían mantener cerrados ojos y boca durante su consagración (*misterio* deriva del griego *muó* que significa "cerrar la boca"). Su uniforme era una piel de cervatillo que simbolizaba el cuerpo astral; las líneas horizontales representaban las pasiones del individuo y los matices variantes aludían a la cambiante forma del cuerpo astral. En las distintas culturas se usaron pieles diferentes para personificar lo mismo, por ejemplo: los egipcios, piel de leopardo, y los yoghis orientales, de tigre o antílope. Los discípulos de los misterios menores se dividían en dos grupos: quienes tenían mayor capacidad psíquica eran enseñados a hacer viajes astrales y a comprender cómo afecta el plano astral la vida que se lleva en el mundo físico; también hacían ejercicios para desarrollar la clarividencia y obtener conocimientos del futuro. Estos misterios menores incluían, asimismo, estudios sobre la evolución del ser humano en la Tierra, y la cosmogonía o los fenómenos de la creación, entre otros. Los discípulos eran dirigidos en estos misterios por el hierofante.

Los hierofantes —palabra que deriva del griego *hierophantes* que significa "el que explica las cosas sagradas", eran quienes conocían los secretos ocultos y las ciencias sagradas—, también eran los maestros que presidían las ceremonias de los candidatos a la iniciación. Su símbolo era un globo de oro colgado al cuello. Eran personajes muy respetados por lo que se prohibía pronunciar su nombre frente a los no iniciados. El hierofante o guardián de los secretos arcanos también era conocido como mistagogo, del griego *mistagogus*, que significa "conocedor de los misterios". Entre los hebreos y los caldeos, el mismo personaje era llamado *peter*: el que abre, el descubridor o el que revela. Todas las culturas han tenido esta imagen sacerdotal de gran sabiduría que eran los hierofantes, mistagogos o *peters*, cuyo simbolismo ha perdurado hasta hoy. En la India se les conoce como *brahma-atmas*, en el Tibet como *dalay* o *taley-lama*; entre los judíos como *peter-tanaïm* o rabino, como Akiba y grandes cabalistas que enseñaban los misterios del Mercavah; y entre los católicos, son los papas que ocupan la silla de san Pedro. Originalmente, los hierofantes poseían auténticos poderes y eran capaces de producir efectos diversos moviendo energías. Después, a medida que la humanidad empezó a materializarse, fueron perdiendo sus habilidades y comenzaron a usar representaciones para ilustrar a los discípulos. Así fue como recurrieron al teatro, las obras eran una forma de simbolizar las aventuras y los hechos de los seres del más allá. Al principio, cuando aún no recurrían a las escenificaciones, al describir cómo un vicio encadena al ser una vez que fallece, conocían el mecanismo mágico para contactar con un difunto que relataba cómo en vida, por una adicción, había faltado a determinadas leyes y desperdiciado sus oportunidades, por lo que tenía que enfrentarse a las desagradables consecuencias que no le permitían avanzar y lo mantenían atado a las esferas materiales. El hierofante sabía cómo proyectar objetivamente y de manera vívida la forma astral del sufriente en el más allá, pero a medida que fueron perdiendo sus facultades recurrieron a actores para que protagonizaran las escenas relativas a las experiencias de los habitantes de los planos invisibles. Como las cosas que se ven en el plano astral tienen la apariencia de quimeras y visiones fabulosas, así diseñaban y construían sus escenarios, usando figuras mecánicas, imágenes que proyectaban sobre espejos cóncavos y todo lo que a un buen escenógrafo de entonces pudiera ocurrírsele. Los asistentes sabían que estos actos intentaban representar las correrías del alma en el otro mundo, sabían que los trucos que se empleaban en la escenografía no eran para cometer fraudes, sino para hacer más conmovedora la explicación oculta que con la obra teatral intentaban transmitir. En dichas representaciones, los sacerdotes y los neófitos también hacían los papeles de los dioses y diosas quienes a la vez eran símbolos cosmogónicos que asociaban con la astrología, y sus aventuras realmente eran relatos de las actividades de las fuerzas cósmicas: igual simbología usaban para personificar mitos como el de Narciso, quien representa el alma pura y virginal que al ver su reflejo (la materia astral tiene facilidad para reflejar e invertir) en el agua (el agua representa la sustancia que dio vida al mundo material) se ve atraído, se sumerge en ella y se ahoga (se adhiere a la materia y experimenta las pasiones humanas), después resucita en una hermosa flor. La semilla de donde brota la flor representa el alma que se conserva divina a pesar de que se hunde en la materia. Narciso, en blancura celestial, resucita triunfante.

Los misterios mayores, por su parte, trataban los acontecimientos que protagoniza el alma cuando, después de estar en el mundo astral, asciende al mundo celestial; se celebraban en Eleusis, cerca de Atenas y sus iniciados eran llamados *epoptes*. El ropaje que usaban para asistir a sus ceremonias era un toisón de oro, de donde deriva el mito de "Jasón y sus compañeros". El toisón es un collar del que cuelga el vellón de un carnero, que hoy en día es uno de los emblemas del escudo de la monarquía española. El toisón representaba el cuerpo mental. A los iniciados se les enseñaba a utilizar el cuerpo mental, y también aprendían cómo afectaba al plano celestial todo lo realizado en el mundo inferior. El color dorado responde al color amarillo brillante que es el predominante en el plano mental. La enseñanza básica de los misterios es que el hombre forja su destino en el más allá de acuerdo con la calidad de sus pensamientos, sus sentimientos, sus palabras y sus acciones mientras vive en la Tierra. En los misterios menores se escenificaban estos sucesos y se ponían ejemplos cotidianos. En los misterios mayores se explicaba el origen del mundo, de las razas y las correspondencias, entre otras. Se trataba sobre la naturaleza del espíritu humano, sus relaciones con el cuerpo físico y cómo purificarse para vivir una vida superior desde el ámbito material. Los discípulos aprendían física, medicina, música, ocultismo, etcétera. Hipócrates fue un iniciado en el culto de la serpiente de Esculapio, cuyo símbolo era el caduceo con dos serpientes enroscadas; su famoso juramento, escasamente respetado hoy en día, era un compromiso místico al que debían someterse todos los que practicaban la medicina. En los misterios mayores, también existían dos grupos; ambos eran preparados de igual manera, pero el que tenía dones psíquicos era entrenado para usar su cuerpo mental y ascender hasta dicho plano.

La decadencia de Grecia y Roma trajo también la degradación de los antiguos misterios, que fueron perdiendo la pureza y el rigor que los caracterizaba. Muchos símbolos se fueron degenerando a medida que comenzaron a ser usados por el vulgo. Muchas ceremonias se adaptaron para al culto esotérico. Así, una vez desplazados los verdaderos guardianes del conocimiento, el pueblo que no comprendía de qué se trataban las escenificaciones, ni el fondo sagrado de los misterios, tejió toda clase de historias y fue adjudicando una suerte de obscenidades a lo que en un principio constituyó un sendero espiritual de la más alta naturaleza. Esto sucede cuando se conoce algo sólo superficialmente, como sucedió con los primeros cristianos a los que se les acusaba de sacrificios humanos y canibalismo, porque cuando celebraban el sacramento de la eucaristía, lo hacían a puerta cerrada, lejos del público. ¿Cómo se le explica a una persona, que nunca ha oído hablar de esta ceremonia, que comer la carne y beber la sangre de Cristo se refiere al divino sacramento de la sustanciación del pan y del vino? Todo visto a través del velo de la ignorancia conduce a aberrantes conclusiones.

Apoyándonos en las mismas tradiciones ancestrales, intentaremos transmitir de manera somera, parte de la información a la que nos referimos antes, esperando que sirva para responder algunas de las interrogantes.

Existe más de lo que perciben nuestros sentidos físicos

Nuestro mundo[2] no es sólo el espacio que percibimos con los sentidos físicos, sino que está formado por siete partes, una visible y seis invisibles, y por los elementos de que están compuestas cada una; el ser humano tiene partículas reunidas a su derredor, y a cada grupo de tales partículas se le llama cuerpo. Por lo tanto, el hombre tiene siete cuerpos, uno por cada parte del mundo, cuyo propósito es comunicarse y estar en sintonía con la parte del mundo al que pertenece, por esto se dice que los seres humanos somos seres multidimensionales, ya que tenemos contrapartes activas en otros planos. Por ejemplo, con el cuerpo físico es posible mantenerse consciente del mundo material; con el cuerpo mental, conectarse con el mundo de los pensamientos; con el alma o cuerpo causal, vincularse con el mundo espiritual. Cada uno de nuestros cuerpos invisibles están organizados con la misma perfección que el cuerpo físico, y su anatomía y fisiología son igual de complejas, con excepción de los cuerpos que forman el espíritu que se encuentran todavía menos desarrollados porque necesitan que el hombre ponga mayor atención al plano a que corresponden para que, de esta manera, comiencen a organizarse mejor. Las contrapartes del mundo son conocidas como "dimensiones", "planos", "espacios", "frecuencias vibratorias", "ondas longitudinales", "mundos", "esferas". Son espacios objetivos dentro de su frecuencia, pero para nosotros desde este espacio tridimensional son tan sutiles que los percibimos como estados de conciencia, porque para acceder a ellos desde aquí, necesitamos enfocar allí nuestra conciencia. Sin embargo, cuando morimos no sucede lo mismo, ya que al dejar atrás un cuerpo, el plano que sigue se vuelve objetivo porque allí estamos conscientes; es decir, cuando dejamos el mundo material y el cuerpo físico, de manera

---

[2] Lo mismo ocurre con nuestro Sistema Solar.

inmediata, se vuelve objetivo el plano etérico. Al dejar el plano etérico, se vuelve real el plano astral, y así sucesivamente.

Los tres primeros mundos son eternos y corresponden a las moradas celestiales de la Santísima Trinidad: Padre, Hijo y Espíritu Santo. Estos planos no tuvieron principio ni tendrán fin. De aquí salimos como espíritus trinos individualizados y nuestra tendencia es volver allí, por esto se dice que son nuestro "hogar celestial". Los cuatro mundos que siguen en orden descendente son temporales, es decir, que algún día dejarán de existir porque sólo lo que vibra en las frecuencias de los tres mundos superiores es eterno. Los cuatro mundos inferiores fueron formados cuando el ser humano comenzó a ejercitar su libre albedrío que, en un principio, lo hizo con irresponsabilidad y formó mundos imperfectos, pero a medida que se responsabilice con la forma en que usa su energía de vida, comenzará a purificar esos mundos inferiores y sus partículas densas continuarán su transformación en los espacios correspondientes, pero ya no formarán parte de nuestro mundo espiritual que en esencia es igual a nuestro espíritu. A los planos temporales, igual que a nuestros cuerpos perecederos, como no son eternos se les llama estructuras artificiales. Los nombres de cada plano corresponden a sus características, éstos son:

- *Mundo del espíritu o plano átmico:* está formado por partículas que vibran en frecuencias tan elevadas que son difíciles de describir. En este espacio no podemos imaginar cómo se organiza la energía para manifestarse ante seres que allí habitan, por esto se dice que es un mundo sin formas. Éste es el mundo más elevado y se conoce como el plano del padre. Es eterno, igual que nuestro cuerpo átmico.

- *Mundo de la bienaventuranza, plano crístico o búdico:* este espacio cobra existencia con elementos que vibran en elevadísima frecuencia, aunque menor a la de los del plano átmico. Es el plano del Hijo. Es eterno, igual que nuestro cuerpo de bienaventuranza.

- *Mundo causal o manásico* (del sánscrito *manas,* proviene de *man,* hombre, pensador): es el plano del alma o del Espíritu Santo. Es eterno, igual que nuestro cuerpo causal o alma. Nuestro espíritu es trino y está formado con esencia del Padre, del Hijo y del Espíritu Santo, además procede de estos tres planos superiores.

Los cuatro planos inferiores son:
- *Mundo mental concreto o mental inferior:* es un plano temporal.
- *Mundo astral o de los sentimientos:* es un plano temporal.
- *Mundo etérico:* es donde se reúne la energía pránica; es un plano temporal.
- *Mundo físico, tridimensional o mundo de la acción:* es donde tenemos nuestra conciencia; es un plano temporal.

Cada uno de estos planos está habitado; sólo en el mundo material existen seres con cuerpo material tridimensional, pero en todos hay vida organizada con formas objetivas vibrando en su frecuencia.[3] Al acceder a otros planos, es posible percibirlos con una forma corpórea semejante a la que tenemos en el mundo físico.

El ser humano forma parte del ángel planetario

...por cuanto recibí de Dios la misión de llevar a efecto entre ustedes su proyecto, su plan misterioso que permaneció secreto durante siglos y generaciones
Colosenses 1: 25-26

La creencia en la preexistencia del alma antes de revestirse de materia carnal existió en los primeros años del cristianismo. Muchos escritos judíos y algunos de los primeros doctores de la Iglesia católica —entre ellos Orígenes y san Jerónimo— promulgaban que el espíritu es eterno y deriva de Dios; que el alma no empieza a existir en el momento de la aparición del cuerpo físico, sino, desde antes, y que todos los espíritus que existen no necesariamente están encarnados con el cuerpo físico que conocemos en la Tierra, porque hay muchos sin cuerpo tridimensional que habitan los planos invisibles. También se manejaba la creencia de que muchos espíritus habían debido pasar por diversos mundos y distintas etapas hasta lograr la perfección que perdieron al

---

[3] Existen otros planetas con cuerpos físicos igual que el nuestro, pero en todos, igual que en la Tierra, sólo los planos físicos tienen cuerpos materiales.

descender a la materia donde llegaron para aprender a dominar el mundo de la densidad. Existen también escritos antiguos que contemplan que el espíritu que emana de Dios es santo por el hecho de provenir de él, pero la santidad del individuo en quien se encuentra aprisionado no es intrínseca, sino que deberá lograrse con sus experiencias en el mundo de la carne. A medida que el espíritu va recibiendo las experiencias gloriosas a través del alma, se va iluminando más y más, y se dice que va creciendo tanto su luz que ya no tiene cabida en un cuerpo humano, por lo que deberá continuar su ascensión animando a cuerpos cada vez mayores. De allí deriva la teoría de que eventualmente cada espíritu debe animar un cuerpo en el espacio, como un planeta y, posteriormente, un sistema solar. De acuerdo con esta información milenaria, todos los planetas tienen vida gracias al espíritu que los anima; en el caso de la Tierra, se dice que su espíritu es un grandioso ángel que tiene siete cuerpos que se conocen como planos, de la misma manera que cada ser humano posee siete cuerpos que están unidos al cuerpo del espíritu o ángel planetario. Cada cuerpo vibra en frecuencias distintas, según el plano al que corresponde la sustancia que lo compone. El cuerpo físico está formado de sustancia del plano físico y corresponde al plano que se relaciona con el cuerpo físico del ángel planetario que, en este caso, sería la parte física del planeta Tierra. Lo mismo sucede con el cuerpo etérico, el astral y el mental, que están constituidos de la sustancia que forman esos mismos cuerpos de nuestro ángel planetario. De hecho, en perfecta armonía con él, cada uno de los planos está bajo el gobierno de un ángel que tiene a su cargo a numerosos ángeles que vigilan que la ley suprema establecida por Dios, se cumpla en su espacio. De estos siete ángeles, se dice que cuatro administran directamente la ley en nuestro mundo.

Los cuerpos perecederos del ser humano y sus símbolos

De acuerdo con lo anterior, el ser humano está compuesto por siete partes —tres de ellas eternas— que configuran su espíritu, y cuatro perecederas que forman la personalidad. Las cuatro partes de la personalidad, llamadas también inferiores, son usadas temporalmente por el espíritu, a través del alma, hasta que llegue el momento en que haya completado su estancia en el mundo físico, luego las dejará para poner toda su atención en el mundo espiritual. Estos cuatro cuerpos perecederos forman, por lo tanto, la vestimenta del alma. Están compuestos por los cuatro principios perecederos y se representan con los brazos de la cruz; por esto se dice que el cuerpo es nuestra cruz. Dichos cuerpos son:

1. Cuerpo físico o terrestre.
2. Cuerpo etérico o acuático.
3. Cuerpo astral o ardiente.
4. Cuerpo mental o aéreo.

En la antigüedad, se conocía la importancia de estos cuerpos como vehículos de expresión del alma, es decir, como herramientas para reunir experiencias en la Tierra; así, los templos se construían relacionándolos con los cuerpos. Existen innumerables ejemplos, entre ellos, el templo egipcio de Karnak o el tabernáculo de los judíos. Esa costumbre perduró hasta que fue recogida por las iglesias cristianas, las que originalmente eran dispuestas en forma de cruz representando la composición de estos cuatro cuerpos del ser humano con los brazos extendidos y la cabeza descansando sobre la parte del templo que corresponde al altar. En principio, en estos lugares se impartían enseñanzas sobre cómo entender básicamente al hombre, porque los sabios de entonces suponían que al llegar a ese conocimiento se podría comprender el universo. Los sacerdotes de la antigüedad hablaban sobre la anatomía del cuerpo humano y encontraban que cada estrella en el cielo, cada elemento en la Tierra y cada función de la naturaleza, tenía correspondencia con el cuerpo humano, y que sólo conociendo las contrapartes sutiles del cuerpo físico podría el hombre recorrer de manera exitosa el camino para el que fue puesto sobre el planeta.

Muchos símbolos que los antiguos sacerdotes desarrollaron para representar los cuerpos del hombre aún se conservan, aunque su significado se ha perdido en apariencia. Por ejemplo, la columna vertebral con la cabeza se relacionaba con las escaleras de Jacob que conectaban con el cielo, que místicamente significaba la energía que asciende (la escalera simbolizaba la columna) hasta llegar al templo (el cielo representaba la cabeza), cuando el ser ha elevado su conciencia. El mismo significado guarda el templo en la cima de la montaña. Por la montaña (el cuerpo) la conciencia deberá escalar con sacrificios hasta llegar al templo (la cabeza). La cabeza también se vuelve símbolo sagrado porque es la zona por donde sale el espíritu del iluminado, como vemos en las imágenes que existen de san Judas Tadeo, el Pentecostés o Buda, entre otros, con el fuego sagrado representando el espíritu que busca ascender al Padre.

La información sobre los cuatro cuerpos perecederos del hombre se oculta también en el símbolo de los querubines de cuatro caras que describe Ezequiel en el Antiguo Testamento. Este símbolo se interpreta de muchas maneras, pero se relaciona también con los elementos representados con los cuatro signos fijos del Zodiaco:

- Tauro (el toro), tierra: se relaciona con el cuerpo físico o terrestre, significa el trabajo y el sacrificio que lleva a cabo la personalidad cuando ya ha permitido que el alma tome las riendas.
- Escorpión (el águila), agua: representa el cuerpo etérico, la vestimenta sutil que usa el espíritu para comenzar su ascensión una vez que se despoja del cuerpo de sacrificio.
- Leo (el león), fuego: el cuerpo astral que debe ser controlado con la fuerza y movido en la dirección correcta para continuar el camino evolutivo.
- Acuario (el hombre), aire: representa el cuerpo mental, la inteligencia necesaria para comprender la razón de estar en el mundo material, Acuario representa al ser humano, la encarnación.
- Tauro representa la pasión (el animal de sacrificio). El león representa la resurrección, y el águila, la ascensión.

Los cuatro evangelistas también simbolizan cada uno de estos cuerpos:

- Lucas, el toro: cuerpo físico.
- Juan, el águila: cuerpo etérico.
- Marcos, el león: cuerpo astral.
- Mateo, el ser humano: cuerpo mental.

Los cuatro evangelistas son, de algún modo, los historiadores de la vida de cada individuo sobre la Tierra, porque guardan la memoria del cuerpo que les corresponde. La personalidad formada por los cuerpos perecederos es el yo inferior, que debe ser crucificado,[4] y cuando todo esté consumado, la conciencia ascenderá al declarar el alma: "Padre, en tus manos encomiendo mi espíritu."

El ser humano es su espíritu eterno e inmortal, no su cuerpo material

Y el Señor me habló, diciendo: "Antes de que yo te fomara en el seno materno te conocí; y antes de que nacieras te santifiqué, y te destiné para profeta entre las naciones."
Jeremías 1: 4-5

El ser humano es su espíritu, no su cuerpo físico. A lo largo del tiempo se nos ha enseñado que somos mamíferos, animales racionales del reino animal —y lo somos—, pero sólo en la parte que corresponde al cuerpo físico. Primordialmente somos seres espirituales, por lo que tenemos la oportunidad de ascender hacia la eternidad con nuestra conciencia individualizada, con

---

[4] Esto indica que nuestro cuerpo debe ser sometido por nuestra voluntad, es decir, dominar la materia, que es vencer los apegos para que ellos no nos controlen, porque cuando dependemos de factores externos, dejamos que éstos nos dominen; por ejemplo, si no nos invitan a una fiesta, nos resentimos; si las cosas no salen como pensábamos, nos afligimos y podemos sentirnos indispuestos; si alguien altera nuestro ritmo, nos molestamos, etcétera. Todos esos sentimientos de energía densa se producen porque damos el control a otros; pero en el momento que dejamos que sólo la voluntad de nuestra alma nos guíe, todo lo que hacen las otras personas no llega a alterarnos. Para lograr esto se requiere análisis y, de manera sistemática, control de las emociones. Todo esto entraña sacrificio porque es más fácil dar rienda suelta a la venganza, la desesperación y la ira, que sólo conduce a malestares. Dominar estos impulsos y todas las incomodidades que se nos presentan a diario significa crucificar el cuerpo. Una vez que logremos esto, podremos elevarnos sobre las pasiones humanas para resucitar al mundo espiritual. Permitir que otros nos alteren indica que les damos ese poder, y para romper esas cadenas de control que muchos tienen sobre nosotros es necesario dar la batuta a nuestra alma, para que sea ella quien dirija nuestra vida, para que sólo nuestra alma tenga el control de todo.

la identidad que hoy conocemos, hacia un mundo glorioso donde seguiremos creciendo y auxiliando a quienes vienen detrás, escalando las gradas que ya habremos ascendido. Para manifestar nuestro cuerpo glorioso (que es nuestro cuerpo de luz), es preciso que primero nos despojemos de la envoltura opaca que lo cubre: el cuerpo de carne y hueso. Cada ser humano es aquello que le da vida, por lo que cada uno somos nuestro espíritu eterno, inmortal e individualizado, pero debemos reunir experiencias nobles en el mundo, para conducir nuestra conciencia hasta nuestro espíritu que nos espera ansioso para entregarnos la corona de la inmortalidad.

La existencia del ser humano tiene sentido porque todos hemos nacido con una misión específica que nos es señalada desde antes de llegar al mundo. Dios, nuestro Padre, dota a cada uno con las características necesarias (que conocemos como habilidades, dones, talentos), para que construyamos la parte que nos corresponde dentro del grupo en el que nos ha tocado vivir. El hombre no debe sentir que su vida no tiene un propósito, porque sí lo tiene, ya que todos hemos nacido con una misión especial que ha sido maravillosamente dispuesta por Dios, nuestro Padre, y como sabe que todos somos chiquillos comenzando a experimentar, podremos andar confundidos un tiempo, pero gracias a nuestro libre albedrío, tenemos la opción de elegir el cambio y comenzar, en cualquier momento, a cumplir con nuestra función: expresarnos a través del amor noble y altruista. Desde antes de nacer nuestra vida tiene marcado el rumbo que le ha dado Dios.

Somos parte de un plan divino, y a medida que el ser humano despierta al mundo espiritual, comienza a comprender esto, y a entender el sentido de su presencia en el planeta. Observando un poco, podemos darnos cuenta de que la humanidad ha pasado por distintas etapas cíclicas dentro del plan de Dios, quien, para conducirnos, ha dispuesto a los ángeles, sus celestiales mensajeros, quienes con profundo amor nos guían para que aprendamos a caminar en el mundo material. Son ellos, los ángeles, quienes de acuerdo con la voluntad de Dios disponen las condiciones en todos los reinos para que sean las propicias para nuestro desarrollo. En el volumen 1 del *Manual de Ángeles*, se habla sobre la forma en que estos seres hacen favorables las condiciones para nuestra evolución, conduciéndonos sabiamen-

te por el proceso de cambios que se necesita para que lleguemos a manifestar el amor noble que corresponde a la etapa a la que estamos a punto de ingresar:

Cuando Dios decidió que los espíritus que de él habían brotado iniciaran su trabajo en la Tierra, envió primero a los ángeles con la finalidad de que hicieran habitable el planeta; una vez que estuvieron listas las condiciones, apareció el hombre desarrollado, el ser que se yergue y tiene capacidad de albergar la "chispa divina". Es un hombre primitivo y los demás reinos de la Naturaleza tienen afinidad con él: el reino mineral emite sustancias tóxicas, agresivas; el vegetal ha desarrollado plantas carnívoras; el animal, cuenta entre sus especies con animales gigantescos, monstruosos. Todo está dispuesto para que el hombre adquiera plasticidad en la materia y desarrolle sus instintos. Cuando ha completado el ciclo estipulado por los decretos divinos, los seres que guían la evolución planetaria, los ángeles, laboran incansablemente preparando el terreno para el hombre nuevo que deberá sustituir al primitivo. Este hombre ahora deberá desarrollar la inteligencia y las condiciones del pasado se convertirían en un estorbo para esta nueva etapa humana. Las situaciones se propician para este nuevo ser que habitará el planeta: el reino mineral se convierte en uno capaz de producir elementos que favorecen al humano; aparecen las gemas y piedras preciosas; del reino vegetal desaparece la flora hostil y empieza a producir bellísimas y aromáticas flores; plantas medicinales aptas para combatir las enfermedades del cuerpo humano. El reino animal se vuelve afín al hombre que comienza a desarrollar el intelecto.

Es interesante el comentario que en relación a este punto hace Whitley Streiber en su libro *The Secret School*, cuando concluye que las cosas que suceden casi "casualmente" van mejorando el desarrollo de los reinos en el planeta pero, en realidad, al observar bien nos damos cuenta de que todo corresponde a un plan bien coordinado: sabemos lo que devastó el planeta, pero no precisamente por qué los dinosaurios y solamente los dinosaurios fueron exterminados por completo. El azar hubiera determinado que una mezcla de criaturas primitivas sobrevivieran, pero esto no fue lo que sucedió. Agrega que pareciera que la evolución tiende a producir estructuras cada vez más elegantes, como en los animales que sucesivamente aparecen con cuerpos mejor constituidos. Esto, naturalmente, se debe a la dirección de los seres de luz que Dios ha designado para supervisar la evolución del planeta.

Dios, nuestro Padre, ha organizado todo de manera maravillosa, y cuando intentamos fluir con la energía de amor que nos envía a diario, empezamos a experimentar una vida distinta, llena de armonía, sabiendo que está en nuestras manos ser felices o no, y después, a medida que comencemos a reparar en las emanaciones de amor que siempre han estado allí para nosotros, sabremos aprovecharlas y paulatinamente empezaremos a comprender más sobre los acontecimientos cíclicos, sobre los fenómenos de la naturaleza que afectan a la humanidad, y sobre la condición humana y su responsabilidad dentro de la evolución. Comprenderemos que no hay nada extraño en todo lo que antes nos parecía inexplicable, y agradeceremos a Dios por la oportunidad de participar dentro de su divino esquema celestial.

Apenas se oiga el sonido de la trompeta del séptimo ángel, se habrá cumplido el plan misterioso de Dios.
(Apocalipsis 10: 7)

La personalidad

La personalidad es el conjunto de los cuatro cuerpos inferiores y perecederos con que se reviste el espíritu para tener experiencias en el mundo material. La palabra "persona" se relaciona con la construcción de la "máscara de actor"; en su composición, tiene dos voces latinas, *per* y *sonus*, que significan: "por" y "sonido", es decir, "el medio por el que se expresa el sonido", esto es: el cuerpo que actúa en el mundo.

Todo lo animado tiene personalidad propia, es decir, en la naturaleza no existe un solo ejemplar en cualquiera de los reinos mineral, vegetal, animal y humano que sea una réplica exacta de otro. Se dice que la personalidad es la composición de los principios inferiores o perecederos, porque a los eternos e imperecederos se les llama espíritu. A los seres que forman la humanidad se les conoce como humanos o *individuos*, porque tienen un espíritu *individualizado.* A las especies del reino inferior que ya tienen palpable su personalidad se les llama *animales,* por estar animadas por un alma o ánima grupal compuesta de esencia astral o emocional, no tienen espíritu como el hombre. En los reinos más inferiores —vegetal y mineral—, aunque a simple vista pareciera que no tuvieran desarrollado su aspecto emocional, si observamos con detenimiento, notaremos que existe manifestación objetiva de éste: como la atracción que ejerce el imán en el hierro, en el reino mineral; o en el reino vegetal, la repulsión de algunas plantas hacia otras, como la rosa que se altera profundamente cuando se siembran claveles al lado.

El hombre, el ser humano, está compuesto por siete contrapartes, y cada una vibra en una frecuencia distinta. A la amalgama de los elementos de cada una de estas sustancias se les llama cuerpos. De los siete, tres son eternos y cuatro perecederos. A los tres eternos se les conoce como espíritu y a los perecederos, personalidad. Los cuerpos que forman al hombre no están sobrepuestos como quien se pusiera un ropaje encima de otro, sino que cada cuerpo tiene partículas unidas por la ley de atracción, y cada una de estas partículas penetran las de los otros cuerpos; es decir, las más lentas están comprendidas dentro de las de regular, mediana y mayor vibración. Cada grupo de células de un cuerpo está organizado formando, por ejemplo, un organismo astral, si son partículas astrales, o un organismo físico, si son físicas. Cada grupo que conforma un organismo no está separado del otro, más bien los siete permanecen interconectados. De tal manera que en cada célula del organismo físico está completo el grupo de partículas que forman sus otros cuerpos. Si se separa una célula del cuerpo del ser humano, implícitamente lleva la del cuerpo etérico, el cuerpo astral, el cuerpo mental concreto y el eterno o espiritual, es decir, cada célula lleva la chispa divina. Por lo tanto, si se usaran células humanas para producir otro ser humano, automáticamente el humano producido a partir de ellas contaría con cuerpo etérico, astral, mental y espiritual: *un clon tiene espíritu eterno e inmortal.* Y no es un "dios" el que hace la manipulación genética, porque produce clones a partir de células y no a partir de otra cosa, porque para producir un ser humano, es necesario usar la vida que sólo Dios, nuestro Padre celestial puede dar.

Siempre ha existido el conocimiento relacionado con la composición septenaria del hombre, de la inmortalidad del espíritu y de la necesidad del esfuerzo para unir nuestras experiencias del mundo material a la conciencia del alma. El hombre es su espíritu eterno e individualizado que requiere recibir experiencias en los planos inferiores. Para preservar su individualidad, para que su conciencia sea inmortal, debe aprender a usar de manera correcta la energía de vida que Dios le da. Toda esta sabiduría, con los símbolos de la creación, el plan divino para nuestra humanidad, los ciclos de este plan y la razón del hombre en la Tierra, se preservaron en libros y tradiciones milenarias, y aunque en otros lugares se ha conservado con más pureza, llegó al mundo occidental por medio de los judíos que la recogieron mientras estaban en cautiverio y, posteriormente, mediante símbolos, información mística y claves ocultas que colocaron en el Antiguo Testamento, legaron la información a la humanidad, por ello son accesibles en nuestros días. Toda la sabiduría está contenida en el Antiguo Testamento, que se conoce como el *Manual celestial*. Sin embargo, cuando se lee sin saber que hay simbolismos que deben ser interpretados, es posible confundirnos y captar sólo las intrigantes narraciones llenas de crueldad, masacres, injusticias y promiscuidades que aparecen a lo largo de sus páginas. La intención de quienes recopilaron la información guardada en estas escrituras fue que se accediera a ellas y se interpretara sólo después de conocer las claves ocultas tras cada una de sus letras. En el volumen 1 del *Manual de Ángeles*, se profundiza sobre el tema, de allí proviene el siguiente fragmento: "Según los cabalistas, Dios entregó el planeta a los seres humanos con un manual para operarlo. El manual es la Biblia, que contiene un código o método oculto a la vista profana, que cuando se descifra permite al hombre trabajar con las fuerzas de la creación."

De acuerdo con algunos rabinos, los cristianos nunca han entendido el Antiguo Testamento, ya que interpretan de manera literal sus narraciones, las ven como históricas y alegóricas, cuando en realidad son los medios usados para explicar los misterios del universo. Jesús habló sobre este conocimiento oculto y según vemos en los próximos pasajes de los evangelios, abiertamente les decía a sus discípulos que el tiempo en que él estuviera en la Tierra, no era el propicio para divulgarlo:

Aún tengo otras muchas cosas que deciros; mas ahora no podéis comprenderlas. Pero cuando él venga, el espíritu de verdad, os guiará hacia la verdad completa; pues no hablará de suyo, sino que dirá todas las cosas que habrá oído y os pronunciará, las venideras. Él me glorificará porque recibirá de lo mío, y os lo anunciará.

(Juan 16: 12-14)

Porque ellos viendo no miran, y oyendo no escuchan, ni entienden con qué viene a cumplirse en ellos la profecía de Isaías que dice: "Oiréis con vuestros oídos, y no entenderéis: y por más que miréis con vuestros ojos, no veréis." Dichosos vuestros ojos porque ven, y dichosos vuestros oídos porque oyen pues, en verdad, os digo que muchos profetas y justos ansiaron ver lo que vosotros veis, y no lo vieron; y oír lo que oís, y no lo oyeron.

(Marcos 13: 13-17)

Estando después a solas, le preguntaron los doce que estaban con él la parábola, y él les decía: "A vosotros se os ha dado el misterio del reino de Dios; pero a los que son extraños todo se les anuncia en parábolas: de modo que viendo, vean y no reparen, oigan y no entiendan."

(Marcos 4: 10-12)

A esta información mística tuvieron acceso los fundadores de las primeras religiones, quienes la fueron transmitiendo a través del tiempo, a veces de forma explícita, otras en clave, sustrayendo y añadiendo lo que convenía o no a los grupos que han manejado el poder, a la élite que ha decidido qué es lo que debe aceptarse o difundirse de la tradición, qué debe transformarse o desechar; qué conviene a sus intereses que sepa la gente, y qué necesita permanecer oculto.

Quizá este conocimiento está disponible para todos hasta hoy, porque es ahora que el hombre manifiesta más inquietud por conocer las leyes del universo, y de qué manera puede participar conscientemente en el plan de Dios. Hoy sabe cómo iniciar con sabiduría la práctica de la ley suprema, la regla de oro: "Amar a Dios sobre todas las cosas y al prójimo como a sí mismo", comprendiendo que amar a Dios es amar al ser eterno, nuestro Padre celestial, que vive dentro y fuera de nosotros, que

Dios vive en nuestro corazón y dentro del corazón de nuestro prójimo; por lo que amar al prójimo es amar su espíritu que proviene de Dios. Que la regla no se refiere a amar la personalidad del individuo, sino respetarlo y ayudarle en todo lo posible, porque la personalidad aún está evolucionando y podrá tener aspectos que analizados en el mundo de los sentidos físicos podrían no ser agradables.

Los cuerpos que corresponden al espíritu

Aunque los cuerpos ya se describieron someramente en páginas anteriores, aquí se definen con más precisión. El hombre es un ser espiritual con tres cuerpos inmortales que forman el espíritu o yo superior, y cuatro mortales conocidos como el cuaternario inferior o personalidad. Al descender hacia la materia para lograr experiencias, el espíritu se va revistiendo de sustancias cada vez más densas hasta que queda totalmente aprisionado en el cuerpo físico. Al llegar a esta etapa, el ser humano queda conformado y ha olvidado quién es, por lo que vive confundido, creyendo que es su personalidad, cuando en realidad es su espíritu eterno e inmortal. Los tres cuerpos inmortales se representan con un triángulo.

1. *El espíritu.* Es la parte más sutil de la naturaleza humana. Aquí irradia el verdadero ser que se envuelve en el cuerpo crístico. Es el Padre, se le conoce como *atma* o cuerpo átmico. Es el yo superior, el espíritu divino, la mónada divina. Se representa con el color azul, y simboliza la vida.

2. *El cuerpo de la bienaventuranza o cuerpo crístico.* Se nutre de aspiraciones elevadas y amorosas, ternura y compasión para toda la humanidad. Es la intuición en el hombre, es el hijo, la mónada cósmica. En la filosofía oriental se le conoce como cuerpo búdico. Es representado con el color amarillo o dorado, y simboliza la conciencia.

3. *El cuerpo causal, mente superior o mente abstracta.* Contiene materia del plano mental. Se le conoce como *manas* (del sánscrito *mánas*, *man*, hombre, pensar y significa "el pensador"). Es la inteligencia del ser humano, el yo superior o ángel solar, nuestro verdadero ángel

guardián. Es el Espíritu Santo, es la parte femenina de la triada superior. Se le representa con el color rosa, y simboliza la forma.

De acuerdo con H. R. Blavatsky:

"[...] el alma [espíritu] del hombre es un individuo o conciencia permanente, que vive en una forma o cuerpo de materia invisible. A este alma-cuerpo, compuesto de un tipo de materia llamado mental superior, se le denomina 'cuerpo causal' (porque es la causa de nuestra existencia). Es una forma humana sin caracteres sexuales de hombre o mujer, como el ángel de la tradición, que es rodeada por un ovoide de materia resplandeciente luminosa, pero delicada como los desvanecidos colores de una puesta de sol. Esta forma llamada *augoeides* y el ovoide de materia luminosa que la rodea forman la habitación permanente del alma, el cuerpo causal. En este cuerpo causal vive ella inmortal y eterna; para ella no hay nacimiento, niñez, vejez ni muerte; es inmortal y crece en el poder de amar, pensar y obrar con el pasar de los siglos."

Vive exclusivamente para adiestrarse en algún aspecto de la vida por las experiencias que ha de adquirir para llegar a cifrar su felicidad suprema en cooperar con la realización del plan evolutivo del divino Padre. Estos tres cuerpos, espíritu, cuerpo crístico y cuerpo causal, forman uno solo. El yo superior es cualquiera de estos tres o los tres juntos. Los tres cuerpos componen la mónada (del griego *monas* que significa "unidad"). Esa mónada puede manifestarse con un solo aspecto o con dos o los tres. Es decir, es *uno* aunque aparezca como *tres*, como *dos* o como *uno*. Éste es nuestro espíritu eterno e inmortal: no tiene sexo, no es masculino ni femenino, sino que contiene ambas naturalezas y puede manifestarse con cualquier personalidad al revestirse con un cuerpo humano.

> Los cuatro cuerpos mortales, perecederos o desechables, son las prendas de manifestación del hombre, que es un ser espiritual. Son llamados cuerpos lunares o personalidad (de persona, máscara). Los cuatro forman el yo inferior y se representan con un cuadrado.

El cuerpo mental superior proyecta una parte de sí para formar un puente y quedar unido al cuerpo mental concreto o inferior. Esta sustancia es parte del Espíritu Santo, y como su función es transmitir conciencia elevada a la personalidad, para luego recoger sus experiencias nobles, se le llama alma, porque debe revestirse de las virtudes que es capaz de inspirar, es decir, debe recoger la conciencia del ser a medida que va evolucionando. Lleva dentro una vibración celestial que es "desarrollarse en los mundos inferiores, dominar la materia y ascender nuevamente a recibir la corona de Gloria". Como está formada de sustancia divina, que es parte del espíritu, también se llama su "imagen y semejanza", y además se conoce como *antakarana*:[5] puente del arcoíris, árbol de la vida, entre otros. El alma es, como su nombre lo indica, el centro, el corazón, la esencia, que debe ser envuelta por las vibraciones provenientes del ser humano que se desarrolla en la Tierra. El alma es como un vestido que debe ser cubierto de flores que representan las virtudes que cada individuo deberá lograr con base en el esfuerzo personal.[6] El alma está unida a los cuerpos inferiores por medio de un hilo mediante el cual les infunde vida. Si reiteradamente el individuo no responde al llamado del alma, llega un momento en que el espíritu recoge de nuevo la porción de sí que prestó y con ello se corta el hilo de vida de la conciencia que nunca evolucionó. A ello se le llama "perder el alma". Aunque en realidad el alma no se pierde, sólo regresa al espíritu sin la conciencia del indivi-

---

[5] *Antakarana* es el puente que debe construirse entre el cuerpo mental concreto y el mental superior. En otras palabras, la unión entre el cuerpo mental concreto y el Espíritu Santo debe ser construida por medio del traslado de la conciencia a ese espacio. La conciencia llega allí cuando el individuo se esfuerza por desarrollar virtudes. Construir el *antakarana* es otra manera de decir "bordar el vestido de bodas".

[6] Tomando en cuenta que la palabra alma se relaciona con "lo que guarda algo", hay algunas filosofías que llaman alma a la vestimenta de cada uno de los cuerpos; para otras un "alma astral" reúne las experiencias emocionales, sentimentales, pasionales, etcétera. O bien, un alma mental es el conjunto de los pensamientos del individuo, y más. En este libro, nos referimos al alma como la porción que reúne sólo las experiencias que expresan amor, bondad, compasión, colaboración, es decir, las manifestaciones más elevadas del ser humano, que deben ser rescatadas para formar su conciencia inmortal.

duo. En otras palabras, es cuando el ser no deposita en el alma las emanaciones provenientes de pensamientos, sentimientos, palabras y actos que vibren en la perfección de las partículas del plano del alma y, más bien, toda su vida se malgasta con pasiones bajas, brutalidad, injusticias y delitos de toda clase. El alma no puede almacenar sus experiencias de vida, pues a su espacio sólo asciende lo que tiene la frecuencia de su plano. Por lo que retoma su fuente sin el revestimiento de la individualidad del ser que animó en su estadía en la Tierra, porque no tiene sentido que se conserve una conciencia tan corrupta que no desea revertirse, ya que en nada contribuye a la creación, sino más bien entorpece continuamente la evolución, contamina la esencia de creación y es un obstáculo para el resto de la humanidad.

El alma es la inteligencia que actúa entre los cuerpos inferiores y el espíritu. La teoría de la reencarnación contempla que el alma deberá regresar a la Tierra todas las veces que sean necesarias —dentro del ciclo establecido por Dios— para que pueda recoger experiencias de vida.

4. *Cuerpo mental concreto o mental inferior.* Es la inteligencia identificada con los procesos mentales del cerebro humano. Es el yo personal del hombre. Está formado por partículas de las cuatro subdivisiones inferiores del plano mental. Se puede manifestar en los planos inferiores. Aparece como una densa neblina con la forma del cuerpo físico y la porción que sobresale se conoce como el aura mental. Este cuerpo crece a medida que el hombre evoluciona. Su materia mental vibra igual que las cuatro subdivisiones de materia astral, y con la materia sólida, líquida, gaseosa y etérica del plano físico. Tiene por función dar al ser la capacidad de discernir, discriminar y conocer las diferencias entre las cosas. El pensamiento no está asentado en el cerebro, sino en el cuerpo mental.

5. *Cuerpo astral, emocional o de los deseos.* Está compuesto por siete grados de materia astral y se manifiesta en el plano astral. No puede subir al plano mental. Aparece en la mayoría de los seres humanos como sustancia astral amorfa. Cuando el ser humano es más evolucionado y disciplina sus pensamientos y sus sentimientos, se manifiesta como un cuerpo más definido y capacita poderosamente a su poseedor. Su aura es la porción que sobresale y se extiende

como una nube alrededor del cuerpo físico, alrededor de treinta centímetros en la mayoría de las personas. En los individuos evolucionados se extiende a mayor distancia, pudiendo abarcar varios metros. Es de muchos colores y su brillantez y claridad dependen de la calidad de los pensamientos y sentimientos de su poseedor. Varía continuamente, porque el humano cambia de pensamientos con asombrosa frecuencia. Sus funciones son:

a. Producir sensaciones, para que el individuo pueda sentir física y emocionalmente.

b. Ser el puente entre la mente concreta y el cuerpo físico.

c. Recoger la conciencia que no asciende hasta el alma, es decir, la conciencia inferior. Todo lo que se relaciona con las vibraciones materiales de egoísmo, maldad, perversión e indiferencia a las necesidades de los demás como: mentiras, enredos, chismes, orgullo, rencor, ofensas y otras vibraciones que por ser densas no pueden ascender al espacio del alma. Las partículas densas son las que se van incrustando en el cuerpo astral de tal forma que pueden convertirse en verdaderas ronchas negras, que son los pecados. El vocablo latíno *peccare* significa "peca", que es una mancha en la piel. Así, los pecados son grotescas pecas que manchan la piel astral y se producen al contravenir las emanaciones de amor que riega Dios a diario sobre la humanidad y el planeta, en general.

6. *Cuerpo etérico o doble etérico.* Es el vehículo del *prana*, es decir, el cuerpo que recibe el *prana* para transmitirlo al cuerpo físico. Es un molde exacto del cuerpo físico, al que une con el cuerpo astral. Tiene el tamaño del cuerpo físico pero sobresale como dos centímetros de la piel. La porción que sobresale como aura del cuerpo etérico o aura de salud es más extensa, su tamaño depende de su estado de salud. No puede dejar el plano físico porque es parte del cuerpo físico. Si se separa la totalidad de la sustancia de este cuerpo, se produce la muerte en el cuerpo físico. No tiene mentalidad. Su función es transmitir al cuerpo físico la corriente de vida y protegerlo de los bamboleos emotivos del cuerpo astral. Si se separa del físico,

se desfasan los *chakras* o centros que transmiten la energía de vida, de las zonas correspondientes en el cuerpo físico y se perjudica la salud del físico. Cualquier daño en el etérico aparece en el cuerpo físico. Las enfermedades se manifiestan primero en el etérico y después en el físico. Para curar el físico es necesario curar antes el etérico. El doble etéreo está formado por cuatro éteres físicos:

a. Etérico o medio conductor de la corriente ordinaria de electricidad y sonido.

b. Superetérico, núcleo positivo o el medio conductor de la luz.

c. Subatómico, núcleo neutralizado o el medio conductor de las formas más sutiles de la electricidad.

d. Atómico, medio para la transmisión del pensamiento de cerebro a cerebro.

Al doble etérico se le conoce también como cuerpo vital. En la India su nombre es *pranamayakosha*. En él se encuentran los *chakras* y los meridianos que tienen correspondencia con los órganos, las glándulas y los sistemas del cuerpo físico. La función de este cuerpo es absorber *prana*, *ki* o *chi*, o vitalidad, repartirla en el cuerpo físico y transmitir las sensaciones al cuerpo astral, mediante el cerebro etérico. También es el medio a través del cual el cuerpo físico recibe información del astral y de los cuerpos superiores. Este cuerpo es como una red de corrientes de energías que da vida al cuerpo físico y lo mantiene estructurado, porque cuando llega la muerte, se corta el hilo que mantiene a los dos unidos, el cuerpo físico deja de recibir energía y sus partículas se desorganizan provocando la descomposición del cadáver. Como el doble etéreo está formado por cuatro éteres físicos, no puede viajar al plano astral porque todos sus componentes pertenecen al mundo físico y no puede alejarse de aquí ni separarse del cuerpo físico, en tanto no llega la muerte. Cuando el individuo duerme, este cuerpo está ligeramente suspendido sobre el cuerpo físico, unido a éste por medio del cordón de vida y enlazado por este mismo medio con el cuerpo astral.

7. *Cuerpo físico, denso o material.* Igual que el cuerpo mental y el astral, éste es animado por el Hijo o segundo

aspecto de la Trinidad; está formado por células, cada una de las cuales es una diminuta vida separada. Está compuesto por sólidos, gases y líquidos. El cuerpo físico no siente, sólo recibe el impacto que le transmite el cuerpo astral, porque el poder de sentir placer o dolor no está en sus células sino en el cuerpo de los sentimientos o astral. Por este motivo cuando duerme, está bajo anestesia o muere, se separa el astral y el físico deja de sentir. En este cuerpo es donde se manifiesta el género que puede ser femenino o masculino.

Los planos o estados donde está la conciencia de cada cuerpo del individuo

Interconectados con nuestro cuerpo físico, existen otros seis espacios, planos o mundos, vibrando cada uno en frecuencias distintas. De la misma manera que en el mundo físico, nuestro cuerpo de carne y hueso tiene su conciencia aquí; para cada plano el ser humano tiene un cuerpo cuya conciencia está en ese plano. Las partículas de estos cuerpos no son nuestras, sino del plano en el que vibran; cuando completemos nuestro viaje regresarán a su plano, así como el cuerpo de la Tierra se queda en la tierra. En la etapa actual, el ser humano tiene su conciencia en el cuerpo físico, no puede ver los otros cuerpos ni percibir, en estado de vigilia, los planos a que corresponden. Es decir, el cuerpo de carne y hueso tiene cinco sentidos: vista, oído, olfato, gusto y tacto, que perciben sólo en el mundo físico, porque las partículas que los componen no pueden entrar a otro plano. El cuerpo etérico, formado por componentes de los cuatro éteres, tiene su conciencia en el plano etérico, que es una subdivisión del mundo físico, por lo que está muy cercano al mundo material en cuanto a vibración, pero aún así no puede ser percibido con los sentidos físicos. El cuerpo astral, por su parte, está compuesto de partículas astrales y está activo en el mundo astral. Lo mismo sucede con el cuerpo mental concreto que, conformado por partículas mentales, sólo es consciente en dicho plano. Los cuatro cuerpos inferiores son temporales, sirven sólo para que el alma recoja experiencias en los planos perecederos, y cuando cumplan con su función ya no serán más. Por esto se dice que el ser vive dentro de un cuerpo artificial sobre una estructura también artificial, ya que lo único que es real es el espíritu y el mundo espiritual pues jamás se acaban y, para efectos de la eternidad, lo que algún día debe acabarse no es real. De esta manera el alma está conformada por una parte de la tercera persona de la Triada Superior o espíritu, lo cual indica que es eterna, porque sus partículas vibran en la perfección del plano del Espíritu Santo o Quinto Plano, donde reside su conciencia.

El alma de cada ser humano tiene su atención en Dios, pero en este momento su función es inspirar al ser individuo para que se interese en su desarrollo en el mundo material, reconociendo que su trabajo y presencia en la Tierra es eventual. También tiene la función de reunir todas las partículas de amor que emite el ser humano —del que forma parte— que corresponden a su plano de gloria. Deberá congregar en torno de sí las emisiones moleculares que derivan de la bondad, la benevolencia, el amor, la compasión, la tolerancia, y la espiritualidad, procedentes del ser. Con esto cumplirá su función: ser el alma (o receptáculo) de las moléculas de amor que provienen del trabajo del ser humano en el mundo material. Es importante saber que al espacio luminoso del alma no pueden acercarse otro tipo de partículas.

Todos los planos, mundos, espacios o esferas, son estados de conciencia, por lo que no están localizados en los espacios tridimensionales, como los del mundo material. A veces se piensa que no son mundos reales por ser invisibles a los ojos físicos; sin embargo, aun los que también son perecederos (como el plano etérico, el astral y el mental concreto) son más "reales" que el físico, porque su existencia es mayor. Los planos imperecederos, los eternos (mental superior o plano del Espíritu Santo, plano de la bienaventuranza o plano crístico o del hijo, y el plano más sutil y elevado de todos, conocido como el átmico o plano del padre), son espacios de gloria infinita y son los únicos reales porque jamás se acaban.

Se comprende la dificultad de aceptar la existencia de dichos planos, debido a que la humanidad está sumergida en los requerimientos del mundo material, por lo que se le dificulta reconocer su verdadera naturaleza y confunde lo irreal con lo real. No obstante, poco a poco, vivimos momentos de cambio, cada vez más seres humanos irán despertando a la realidad y sabrán que existen otros planos o mundos interactuando con el mundo físico. También tendrán la certeza de que la permanencia en el mundo material tiene la finalidad de reunir experiencias en este plano. Asimismo, sabrán que una vez que se deje este mundo tridimensional, su conciencia seguirá igual en los otros mundos o planos al que arribarán, con el fin de seguir su crecimiento. Es importante que se comprenda que cuando decimos que la conciencia persistirá en los otros planos, nos referimos a que esa conciencia estará protegida en una envoltura semejante al cuerpo de carne y hueso, sólo que en ese otro plano lumínico. Por ello, si logramos que nuestra conciencia sea pura, tendrá un cuerpo mucho más sutil y brillante. Este cuerpo glorioso ya lo tenemos, pero ahora está opacado con la densidad de las moléculas perecederas que lo recubren y sólo se percibirá cuando las purifiquemos.

La composición de los cuerpos puede resumirse de la siguiente manera: dentro de las moléculas de nuestro cuerpo de carne y hueso tenemos reunidas partículas del cuerpo etérico, del cuerpo astral, del cuerpo mental concreto, y de las que forman la sustancia eterna e inmortal de nuestro espíritu. Todas las partículas que conforman nuestro cuerpo de carne y hueso vibran en la misma frecuencia del mundo físico en el que vivimos con ese cuerpo. Las partículas del cuerpo astral tienen la misma frecuencia que las que conforman el plano astral. Las del cuerpo mental concreto son iguales a las del plano mental concreto, y lo mismo sucede con los otros cuerpos y sus planos.

El ser humano, a medida que se purifica y se acerca a Dios en vida, va despojándose de las moléculas astrales, a ello se le conoce como estado de gracia, es decir, su conciencia vibra sólo con la divinidad, y cuando esto sucede, el hombre percibe sólo el amor de Dios, es cuando de verdad vive para Él y ya no vive para sí.

¿Cómo construye o destruye el ser humano?

En un principio, cuando Dios decidió que sus hijos deberían tener experiencias y luego volver a Él con el resultado del amor noble que hubieran practicado, dispuso espacios para que allí crecieran. Estos espacios eran armoniosos. La función de los hijos era aprender a mantenerlos de la misma manera. Para todo lo nuevo que en estas áreas debía aparecer o para restaurar lo que no era perenne, Dios designó sustancia con vida, pero no compactada en formas objetivas. Esta sustancia, blanquísima, pura e inmaculada, vibraba en la perfección y traía el mandato divino de conformarse según el deseo de los hijos de Dios, que recién salían a recibir experiencias. Para moldear esta sustancia, es decir, para conformar los espacios, era indispensable que los seres humanos agregaran los ingredientes: su pensamiento, su sentimiento, su palabra y su acción, dones que usados de forma constructiva producirían obras semejantes a las de nuestro creador. Una vez que manaron las chispas del seno de Dios, nuestro Padre, se establecieron en el espacio perfecto, diseñado especialmente por Él para sus hijos, y éstos comenzaron a experimentar con la sustancia que automáticamente, con la pura vibración del pensamiento, el sentimiento, la palabra y la acción, se conformaba en estructuras. Como parte de su crecimiento, también debían ir comprendiendo que su voluntad era imperiosa para amalgamar los elementos para que éstos se manifestaran con formas, y que dependiendo de lo que pensaran, sintieran, hablaran e hicieran, serían las cosas que aparecerían en el planeta y en su espacio personal. Es decir, los pensamientos nobles, los sentimientos puros, las palabras que apoyan y los actos de caridad, producirían espacios armoniosos. Pensamientos, sentimientos, palabras y acciones irresponsables y negativas conformarían espacios caóticos.

En el primer espacio, donde se manifestaron originalmente, sólo poseían el cuerpo mental, por lo que usaron sólo el pensamiento; de esta manera se fue separando del depósito de Dios la sustancia que fue conformando el plano mental. Después, una vez que tuvieron cuerpo astral, comenzaron a desarrollar los sentimientos y se conjuntó sustancia en el plano astral. Finalmente, se fue reuniendo la esencia con la vibración de la palabra y las acciones, lo que formó el mundo material o plano físico o tridimensional. Mientras disfrutaban de otro grandioso regalo, el libre albedrío, debían aprender a encaminar sus facultades con responsabilidad y de forma positiva para lograr equilibrio y bienestar en sus vidas. Si en un principio sólo se hubieran tenido pensamientos que fluyeran con la energía del amor, no se habrían formado los planos inferiores.[7]

Como hemos visto, los seres humanos tenemos dentro el potencial para crear, porque Dios nuestro Padre nos lo ha dado. Él también ha puesto leyes que debemos cumplir para que el resultado del uso de ese poder inherente sea armonioso. Tenemos el poder para hacer lo que deseemos, podemos ejercer nuestra voluntad como queramos, pero sí somos responsables de la manera en que la ejercemos. A medida que vamos creciendo, vamos entendiendo las leyes de Dios y comprendemos que las situaciones que llamamos conflictivas, problemáticas, obstaculizadoras, limitantes, que se traducen en mala suerte, enfermedades, pobreza, desgracia, pocas oportunidades de progresar, infelicidad, pleitos o enemigos, desaparecen cuando vivimos en armonía con la voluntad de Dios. Percibimos, poco a poco, cómo nuestra vida se torna agradable.

Cada vez que el ser humano piensa, siente, habla y actúa, emite una energía que tiene la vibración de la calidad de su pensamiento, su sentimiento, su palabra y su acción. Esta energía recoge partículas del espacio al que entró y comienza a conformar figuras. Un objeto se forma a partir de un pensamiento, por esto se dice que los pensamientos son cosas, porque en realidad todo lo que se piensa primero aparece estructurado en los planos intangibles, y después se cristaliza como cosa o situación en el mundo material. Esta cosa o situación puede ser física, emocional, mental o espiritual. El pensamiento sostenido de un individuo emite una vibración; si es un pensamiento de miedo, angustia, depresión u odio, por ejemplo, atrae partículas con esa frecuencia y se conformará una imagen desagradable, que después aparece como situación conflictiva en la vida del que lo pensó. Al principio, cuando apenas se da lugar a un pensamiento determinado, las partículas que atrae no toman una forma definida de inmediato, sino que se inicia como nubarrones o figuras amorfas. Sin embargo, a medida que se refuerza el pensamiento, la forma nebulosa

---

[7] Existen universos donde los seres no descendieron a planos tan densos como los que rodean nuestra Tierra, porque sus habitantes no se rebelaron contra nuestro Creador (puedes ver más detalles en el capítulo "San Miguel, nuestro protector contra las fuerzas del Mal", del volumen 2 de *Los ángeles del destino humano*).

cobra fuerza y se define hasta convertirse en una entidad capaz de producir aquello que corresponde al pensamiento que la originó. Así, se va construyendo la imagen que corresponde al pensamiento; cuando está lista, baja al espacio físico. El pensamiento negativo construye escenarios negativos, porque las partículas de cada situación son dotadas con la esencia del pensamiento; en otras palabras, es el individuo quien, con lo que da cabida en su mente, proporciona la calidad de la materia prima para crear lo que experimenta en la vida.

Las partículas mentales se mueven rápido, pero en el cuerpo mental no todas están organizadas del mismo modo o al mismo nivel; este cuerpo está estriado con separaciones que lo dividen en porciones irregulares. Cada porción vibra en diferente frecuencia y tiene correspondencia con un segmento del cerebro físico, y cada segmento atrae el pensamiento que vibra en su frecuencia, es decir, cada pensamiento actúa mediante la parte del cerebro que le toca. Los pensamientos nobles tienen un efecto sobre las partículas más finas del cuerpo mental, y como éstas tienden a elevarse, en niveles sutiles se pueden percibir flotando en la parte superior del individuo. Por el contrario, los pensamientos bajos actúan por medio de las partículas más groseras, que gravitan hacia la parte inferior del individuo. Por este motivo, el cuerpo mental de una persona egoísta presenta la parte de abajo muy abultada, mientras que quien tiene pensamientos altruistas la tiene más expandida en la parte superior. Los colores que forman el cuerpo mental señalan las características de éste. Los colores claros y brillantes corresponden al que habitualmente ocupa su mente en proyectos elevados, y los colores oscuros y opacos, al que maneja el egoísmo y se entretiene con pensamientos bajos. Cada cuerpo mental tiene su simiente o átomo (ver "Los átomos permanentes o simientes en donde se registran las experiencias del individuo", en este capítulo) que registra todos los pensamientos del individuo; allí se guardan los pensamientos y el esfuerzo que se realiza para mejorarlos. Aunque los pensamientos cambian de manera continua, de la suma de su calidad impresa en este átomo depende el aspecto que presenta el cuerpo mental.

Como medida de precaución, es muy importante poner atención a nuestros pensamientos y trabajar arduamente en disciplinarlos, porque una vez que activemos las porciones del cerebro que corresponden a los pensamientos de amor altruista, es más difícil que desde afuera se pueda acceder a nuestro espacio mental para alterarnos. Ésta es la protección mayor con que cuenta un individuo: pensamientos de seguridad en el amor de Dios y confianza en la protección de nuestro ángel guardián. De otra manera, el individuo se encontraría a merced de cualquier emisión de partículas densas que alguien pudiera enviarle, sea de forma accidental o deliberada, como en el caso de lo que se conoce como brujería o magia negra.

Existen pensamientos de todas las formas y colores, todos los que tienen la misma onda longitudinal se aglutinan en un espacio llamado subplano. Muchos individuos, que por medio de los alucinógenos entran a algunos de estos subplanos, acceden a regiones llenas de colores chillones, vibrantes, con alebrijes y toda suerte de figuras quiméricas, caprichosas y psicodélicas. Los pensamientos irresponsables, ociosos y sin sentido, así como las fantasías que el ser humano suelta mentalmente en ese subplano se unen formando extrañas, increíbles, y a veces aberrantes, entidades animadas.

Figuras quiméricas y alebrijes

Cómo formar la mente

A lo largo de la vida, la mente del individuo se desarrolla a partir de sus pensamientos. Si toma un pensamiento y medita sobre él, estará proporcionándole nutrientes. Si el pensamiento es altruista y espiritualmente positivo, la mente se estará formando de partículas elevadas. El pensamiento debe ejercitarse hasta lograr la capacidad de meditar en un tema definido, porque al modelar los pensamientos con claridad se transmite suficiente vitalidad a la mente. El hombre afecta su mente continuamente con su pensamiento, por esto es necesario cultivarla de manera constante para que no sea influida en exceso por pensamientos externos. Así, si llegara a disciplinarla al grado de pensar correctamente, con justicia, verdad, sabiduría y amor, se volverá difícil que pensamientos injustos, de mentira, ignorancia y odio puedan ocupar su tiempo. Ejercitar la mente para que emita pensamientos constructivos es una función que se puede hacer durante toda la vida, y en cualquier lugar donde nos encontremos. No son necesarias sesiones tediosas de ejercicios complicados. Sólo basta reconocer el pensamiento negativo en el instante que nos llega y desecharlo mientras lo sustituimos por otro positivo. Lo único necesario es evitar que nuestra mente esté divagando o en el vacío, pues esto la convierte en terreno fértil para que se plante un pensamiento indeseable.

Es importante vigilar los pensamientos pues de ellos derivan los sentimientos, y aunque las sensaciones externas pueden ser detonador del pensamiento, sólo el que posee claridad mental: mente, puede organizar y unir ambos factores. Por esto se dice que el que piensa es el padre y la que siente es la madre, mientras que quien une pensamiento y sentimiento es el hijo. Los planos inferiores que circundan el planeta están organizados de la misma manera. Primero está el plano mental concreto, después el astral o de los sentimientos, luego el etérico y, al final, el físico. Esto confirma que primero vienen los pensamientos (cuerpo mental), luego los sentimientos (cuerpo astral o emocional) y, por último, las palabras y las obras (cuerpo físico).

La disciplina de la mente se logra con base en decisión, fuerza de voluntad, constancia y, también, a través de una actitud sistemática enfocada en erradicar el pensamiento pernicioso. Conforme el ser humano discipline su mente para el bien, actuará con nobleza, porque es hasta que se eleve la conciencia de la humanidad que podrá desaparecer el mal, ya que no existe ninguna ley, ni decreto, ni castigo, que pueda erradicar la maldad; nadie puede obligar al hombre a ser bueno, sólo se logrará cuando todos tengamos nuestro pensamiento puesto en el bien, deseándolo para los demás.

Plano astral

El plano astral, igual que los otros espacios intangibles, es una condición de la naturaleza. No está ubicado en un lugar, sino que desde este mundo tridimensional es un estado de conciencia. Sus partículas son invisibles e imperceptibles para nuestros sentidos físicos, pero nos atraviesan y rodean permanentemente. En este momento, nosotros podemos estar compartiendo el mismo espacio con un ser que está en el mundo astral, sin que nos estorbemos y sin que ninguno de los dos sea consciente de que ocupa el mismo sitio. Este plano está conformado por esencia elemental del plano astral, que con sorprendente rapidez cambia de forma a medida que recibe las vibraciones de los pensamientos, los sentimientos, las emociones, los anhelos, las ansias y los deseos. Está formado básicamente por copias de lo que hay en el mundo físico, aunque algunas cosas tienen características propias del plano al que pertenecen.

El plano astral es objetivo para quienes llegan a él o lo habitan. Con ello queremos decir que en ese plano se perciben paisajes, construcciones, vegetación, y más. En los subplanos elevados, lo que existe es bello y agradable, mientras que en los planos inferiores, encontraremos lo aberrante, monstruoso, demoniaco, agresivo y tétrico. Un ser que se encuentre en determinado subplano no atraviesa sus paredes como si fuera un fantasma, porque su cuerpo vibra en la misma frecuencia del lugar en que se encuentra; por lo que si alguien pudiera verlo, aunque pareciera atravesar nuestros muros, no lo hace en su mundo. Sin embargo, es probable que logren ver a algún habitante del mundo físico; de hecho parecerá que atraviesa sus paredes astrales, porque el cuerpo físico está en una frecuencia distinta. Así, cuando nosotros vemos que accidentalmente ellos atraviesan nuestras paredes en la Tierra, significa que, en su plano, hay un espacio abierto donde está nuestra pared.

Ahora bien, el plano astral se divide en siete subplanos, siendo el más ínfimo el conocido como séptimo subplano astral o infierno (inferior). Es allí donde habitan las criaturas más abyectas y desalmadas (que, literalmente, no tienen alma). Este es un universo paralelo donde radican las entidades de la perversión que ya no pueden aspirar a la inmortalidad.

Durante la vida hacemos acopio de partículas correspondientes a diferentes planos u ondas longitudinales del astral;

éstas permanecen con nosotros si no las eliminamos antes de que llegue el momento de separarnos del mundo físico. Por ejemplo, por todas las actitudes irresponsables, ofensas leves, incumplimientos, chismecillos, mentirillas, pereza, etcétera (acciones que violentaron la energía constructiva del universo), se nos adhieren partículas con esas vibraciones, y van formando una especie de capa. Si somos responsables de alteraciones más fuertes en el universo, como mentiras mayores, intrigas, deseos bajos, obstáculos impuestos a otros para su crecimiento en el ámbito social, laboral o familiar, se nos adhiere una capa más gruesa de partículas de vibración más densa. Si se han cometido crímenes de naturaleza más grotesca, se atropella más agresivamente la emanación de amor que nos envía Dios, y se forma otra capa más gruesa que se encima a las anteriores. Si se constriñe la energía celestial que envía Dios para amalgamar situaciones bellas en el mundo, y se llevan a cabo actividades horrendas en verdad, se constituye otra capa francamente grotesca que se adhiere a las anteriores, y así sucesivamente se va conformando el cuerpo astral durante la vida de las personas.

Hay quienes no tienen capas gruesas y otros que las tienen verdaderamente infranqueables, pero todos los seres humanos tenemos partículas de alguno o de varios de los múltiples subplanos del mundo astral. Cada capa de partículas pertenece a una frecuencia diferente; cuando la persona fallece, tendrá que pasar por el primer subplano del que tiene partículas para desprenderse de la primera capa, y así de manera progresiva irá subiendo a los planos de menor densidad, dejando en cada uno los elementos que de allí reunió en vida. Ninguna partícula de un plano inferior puede subir al plano que sigue en frecuencia, es forzoso que se desalojen en el lugar que corresponde. A esto se le llama diferentes planos de purificación o purgatorios, porque el ser debe pasar por allí para purgar, drenar, desalojar o dejar las partículas, porque no podrá ascender si carga con ellas. No existe un ser humano que no tenga partículas astrales, pues la razón de estar en la Tierra con un cuerpo físico es aprender a vivir sin recoger partículas, y aprender a soltar las que guardamos. Aun las personas a quienes reconocemos una santidad inalterable, si tienen un cuerpo físico, tienen partículas astrales. De esto habla la anécdota de un discípulo de Buda, que le preguntó: "Maestro, he oído hablar de otro maestro que es purísimo y tiene más seguidores que tú; ¿este maestro tan santo tendrá karma negativo?" Buda se limitó a contestarle con otra pregunta: "¿Este maestro de quien hablas proyecta sombra?" Con esto comprendemos que todo el que transita por el mundo material tiene un cuerpo material, que proyecta sombra, y este cuerpo forzosamente está estructurado sobre partículas astrales y etéricas. En el caso del cuerpo de Jesucristo, se comprende que lo que sucedió es una historia milagrosa y extraordinaria.

Cuando llega el momento de la muerte y la persona despierta en el subplano que corresponde a la primera capa que recubre su cuerpo astral, allí está consciente y maneja las mismas pasiones y ansias desmedidas que mantuvo en vida (si es que las tuvo), asimismo permanecerá allí hasta que mediante el sufrimiento se disgreguen las partículas, lo que le permitirá seguir hacia el segundo subplano. Este es un proceso por el que todos pasaremos.[8] Algunos planos deben tener aspectos más desagradables que otros; a partir de las acciones en la vida, será el plano en el que abriremos los ojos. El sentido de la vida de cada ser humano, decidido por Dios, nuestro Padre, es desalojar cuantas partículas astrales sean posibles; esto se realiza cuando damos amor a otros, cuando cumplimos con aquello que nos corresponde como deber en la vida: ser buen hijo, buen hermano, buen padre, etcétera. En resumen, hacer todo con amor noble para que fluya igual que el amor que Dios manda continuamente hacia nosotros.

Al plano astral se le denomina también plano o mundo de las emociones y plano de los deseos, entre otros nombres.[9] Dicho plano tiene subdivisiones con partículas vibrando en diferentes frecuencias. Al igual que en los otros planos, en éste existen habitantes con la particularidad de que poseen la capacidad de cambiar su aspecto con gran rapidez. Cuando alguien, mediante

---

[8] Según la teoría de la reencarnación, actualmente, por la aceleración del planeta que se lleva a cabo, los que mueren están renaciendo, sin eliminar estas partículas en el subplano astral; es decir, nacen con tendencias negativas muy latentes, como se percibe en muchos niños que, desde temprana edad, cometen grotescos crímenes.

[9] El plano astral entre los tibetanos se conoce como bardo. El libro tibetano de la muerte, llamado *Bardo Thodöl*, es un instructivo que contiene información para ayudar a bien morir; en él se dan instrucciones al ser, desde su fallecimiento hasta que vuelve a encarnar. El b*ardo* o estado intermedio debe ser recorrido de acuerdo con las direcciones que debe escuchar (*Thodöl*) el difunto para lograr su pronta liberación.

trances, realiza viajes astrales, visualizaciones a distancia, o en sueños, accede a este plano, se le dificulta definir con la misma claridad que lo hace en estado consciente. Esto se debe a que el plano astral no es tridimensional como el físico, y los objetos se perciben con los ojos del cuerpo astral, cuyos sentidos tienen un campo de acción mayor. Por lo que a la hora de visualizar algo, se ve en su totalidad y no un solo lado; pareciera que los objetos fueran transparentes porque al mismo tiempo se pueden ver sus contornos internos y externos, el revés y el derecho. Por ejemplo, al ver un libro se puede ver su portada, contraportada, lomo y las páginas con texto, todo al mismo tiempo. Es por ello que cuando se incursiona en este plano, la persona no experimentada no sabe definir correctamente lo que percibe y le parece que todo es confuso y enredado. Una de las equivocaciones más comunes está relacionada con las cifras, porque pueden leerse en un orden distinto a como están escritas; por ejemplo, el año 2014 puede ser confundido con el 4102, 1204, 4201 o el 1042, lo que explica por qué algunos adivinos o médiums no aciertan con exactitud el momento preciso en que sucederá lo que vaticinan.

Es importante que los espacios donde permanecemos estén libres de contaminantes astrales, porque si no, afectarán negativamente nuestro cuerpo físico. De manera especial debemos procurar que nuestra recámara esté libre de estos elementos, pues cuando dormimos nos volvemos más vulnerables a cualquier influencia externa. Por este motivo se sugieren siempre unos minutos de recogimiento antes de retirarnos dormir, así como evitar escuchar relatos o sucesos que despierten el morbo del cuerpo astral. Recordemos que es conveniente cuidar todo lo que llega a nuestra mente, porque de allí mana la energía que impulsa al cuerpo astral; por esto, si cuando nos disponemos a dormir nos dedicamos a leer un libro inquietante o ver en la televisión noticias escalofriantes, programas bélicos, crueles, siniestros o relacionados con el miedo y el terror, esas energías (que vibran en la misma frecuencia de lo que leemos o escuchamos) se quedan en nuestro espacio, y al quedarnos dormidos nos impulsan a un plano de idéntica vibración, que es un plano astral bajo; por lo que no debe extrañarnos tener experiencias desagradables con entidades que pertenecen precisamente al plano al cual le abrimos la puerta justo unos minutos antes de quedarnos dormidos. Lo mismo sucede si exageramos en la comida y la bebida antes de ir a la cama, ya que la digestión se imposibilita y las toxinas no pueden ser eliminadas después de las ocho de la noche, y se traducen en partículas pesadas que, como catapulta, nos envían hacia la densidad del plano astral. De este modo, a la mañana siguiente, despertaremos pensando que tuvimos una pesadilla y, más bien, habremos incursionado en el espacio que (con nuestras actividades irresponsables) atrajimos unos minutos antes de entrar en el crepúsculo del sueño. Ésta es la razón por la que en la mayor parte de las culturas se sugiere comer liviano antes de dormir y elevar una dulce meditación, con pensamientos de agradecimiento y amor hacia Dios. Es recomendable también pedir que nuestro ángel nos cubra con sus alas celestiales, y que Jesús y la Virgen nos cobijen con su manto de resguardo cada noche.

Todas las vibraciones densas que entran al plano astral (o purgatorio) proceden de los seres humanos que habitamos la Tierra, no vienen de otro planeta ni de otra galaxia. El plano astral se sigue oscureciendo por partículas que emitimos continuamente, que se condensan y se ubican allí. Este plano, igual que el físico, el etérico y el mental concreto, como hemos visto, es temporal, y ahí aterrizan las vibraciones que no son espirituales. Cuando la humanidad eleve sus pensamientos, sentimientos, palabras y acciones, toda la energía tendrá una vibración que no podrá detenerse en el plano astral. Y a medida que persista este estado de conciencia, llegará un instante en la creación en que el astral desaparecerá porque sus partículas se habrán purificado y no existirán elementos para seguir conformando su plano. Como todas las partículas que existen allí se originaron por la forma irresponsable en que los seres humanos han manejado su vida desde el inicio de su historia, sólo pueden ser transformadas en el lugar donde se originaron: en el plano físico. Así, el astral se ha conformado de la suma de las emisiones de todos los seres humanos —los que han existido y existen— y se expandirá cada vez más si nos aferramos a este estado de conciencia irresponsable. Aun cuando aparece como una masa indescifrable, hay partículas de cada uno de nosotros, con nuestra impronta personal; partículas que gravitan continuamente hacia nosotros, sus creadores, tanto ahora que tenemos cuerpo físico, como cuando morimos y lo dejamos atrás. Cada quien debe limpiar su espacio, debe producir suficientes partículas lumínicas para transformar las oscuras, o para que éstas se separen de nosotros; esto lo debe hacer mientras tiene vida en el mundo material. Cuando alguien muere, no lo puede hacer, por esto es que el difunto, al lograr conciencia en el más allá, quiere regresar para reparar lo que hizo mal; y al comprender que todo es un proceso, se encuentra desesperado porque necesita recibir partículas de amor capaces de desintegrar las densas con que es atormentado. Finalmente, llega a la comprensión de que su única esperanza radica en lo que haya hecho para mover el corazón de los que quedaron en la Tierra. Sabe que sólo sus deudos podrán ayudarlo a quitar la basura energética que lo rodea. ¡Necesita de los seres vivos! Y comienza su peregrinar alrededor de sus deudos confiando en que de alguna manera será escuchado y rezarán por él, o se harán obras y sacrificios en su nombre.

Si los ángeles no tienen cuerpo astral o emocional, ¿pueden sentir?

El cuerpo emocional o astral existe en la composición septenaria de los cuerpos del hombre, a fin de que desarrolle sentimientos y tenga sensibilidad emocional, física, intelectual y espiritual. Cada sentimiento puro, tierno, libre de egoísmo, como el amor noble por nuestros hijos y seres queridos, o un amor altruista por otros seres humanos como compasión, ternura o solidaridad que experimenta el individuo, de inmediato es rescatado por el alma y guardado para la eternidad. Cuando se tiene un sentimiento egoísta, denso, de rencor, crítica, angustia o perversión, esta energía, de manera mecánica, cae dentro del espacio del cuerpo astral, es decir, no puede subir hasta el alma porque su vibración no corresponde al plano celestial donde habita el alma. Lo rescatable para la eternidad es sólo lo que corresponde a nuestros pensamientos, sentimientos, palabras y acciones nobles. Todo lo demás es impureza y no puede guardarse eternamente. Si el ser humano no tuviera un cuerpo astral o emocional en esta etapa de su desarrollo, sería como un robot. Nuestra tarea es aprender a purificar nuestros deseos y anhelos. Por ello es indispensable que podamos sentir las emociones por medio del impulso que nos da el cuerpo astral. Cuando llega el momento en que el ser humano sólo aspira a Dios y siente sólo amor puro, noble, sincero, honesto por toda la humanidad, quiere decir que sus sentimientos se han purificado, que ya todo lo que corresponde a esa área ha ascendido hasta el alma. Al llegar a esa etapa de crecimiento, el ser humano aún siente, sólo que ahora ya no puede sentir rencor, envidia, predilección, rivalidad, ni deseo de reconocimientos, sino que sus sentimientos corresponden al espacio de su alma; eso es lo que sucede con los ángeles.

Ellos sienten, pero sus sentimientos siempre, invariablemente, son de amor. Los ángeles no saben sentir otra cosa, por este motivo todos los que han podido tener una visión de ellos han percibido sus emanaciones de amor, incluso cuando en ese momento se estuviera haciendo algo inadecuado o incorrecto. Como la vivencia del mayor David Morehouse, que leerás más adelante, o como el caso de la sacerdotisa de una cofradía de magos negros. Sí, los ángeles sienten, pero sienten sólo con el alma; todo lo que sienten está revestido de un amor purísimo, profundo, completo y eterno.

Funciones del cuerpo etérico

Los componentes del cuerpo etérico son físicos, pertenecen a la materia física, por lo que este cuerpo es muy sensible a elementos externos y puede ser afectado por la suciedad, las radiaciones derivadas de aparatos eléctricos, los cambios de temperatura, la cercanía de vibraciones densas provenientes de personas enfermas o de pensamientos, sentimientos y acciones turbias. Para ejemplificar su sensibilidad hacia las situaciones del mundo material, pensemos en quienes han perdido una pierna por amputación que, en distintos momentos (como el cambio de temperatura), experimentan dolor o incomodidad en el miembro perdido. De hecho, existen terapias para acostumbrar a estos pacientes a que dominen la sensación de un miembro fantasma, porque aunque se ampute la carne y el hueso, el doble etérico persiste conformando el molde del miembro que ya no está. Las curaciones que se hacen imponiendo las manos o transmitiendo energía se enfocan en trasladar al paciente las vibraciones etéricas del sanador, o a quitarle al paciente las ondas perniciosas que pudiera traer atoradas en el campo etérico, en lo que se conoce como limpia, para luego fortalecerlo al transmitirle parte de su propia energía. Los objetos recogen fluido etérico de las personas que los tocan, en especial la comida, por lo que es importante tener cierta afinidad con quien nos cocina, sobre todo en donde intervienen directamente las manos —como cuando se amasa el pan o se hacen tortillas a mano—, porque se emiten fuertemente radiaciones etéricas en las puntas de los dedos de las manos y de los pies. Las bendiciones sobre nuestros objetos personales y sobre lo que consumimos también cobran importancia porque, de esta manera, al imponer nuestras manos con la bendición celestial, estamos purificando y poniendo nuestro propio fluido etérico que se exalta con la esencia pura del Espíritu Santo al pedir a Dios su bendición. Es importante que después de llevar a cabo una curación, se realice una purificación por medio de un baño o se laven las manos. Es prudente pedir energía adicional cada vez que damos fluido vital. El cuerpo etérico se carga de energía con el agua, el mar, la vegetación, los minerales, las piedras, la tierra; por ello, es benéfico tener plantas en nuestro entorno y, si es posible, algún árbol de pino o eucalipto. Como la conciencia que tiene este cuerpo es limitada porque actúa mediante una idea elemental que sólo comprende que necesita tener fortalecido el cuerpo físico, si se encuentra pobre de energía, por naturaleza trata de recogerla donde la encuentre, lo que convierte a toda la humanidad en una especie de esponja que succiona la energía de cualquiera que esté cerca, en especial si está junto a alguien pletórico. Ejemplo de ello son las personas alcoholizadas que, de manera inconsciente, tocan a quienes se acercan, lo que los reanima y fortalece para seguir bebiendo. Esto también lo vemos en los bebés, cuando se les despierta para acariciarlos, al principio se les dificulta despertarse, pero una vez que tienen el contacto físico, se cargan de energía y ya no quieren volver a dormir. Sucede igual con las personas ancianas o enfermas, que se revitalizan sólo con el contacto físico de quienes se les aproximan. Éste es el motivo por el que muchas personas se sienten débiles después de visitar hospitales. Cuando realizamos estas acciones caritativas, se sugiere que antes de iniciar mentalmente hagamos una petición a Dios para que nos cubra con su luz de protección, y que a la vez nos permita energía extra para transmitir a los necesitados. Naturalmente que también hay personas que de forma premeditada roban energía, lo que se conoce como magia negra. La energía que proviene de nuestro cuerpo etérico es la que codician las entidades del mal, por ella asedian a los vivos intentando sustraerla, ejemplo de lo cual encontramos en narraciones como las de vampiros y hombres lobo, temas que se abordarán en este capítulo. Esto también explica por qué algunas personas que viven cerca de los cementerios, rastros o zonas conflictivas —lugares donde pululan entidades ávidas de sangre y emanaciones etéricas— muchas veces se encuentran lánguidas, aletargadas, drenadas, cansadas o deprimidas.

El doble etéreo es el cuerpo que, cuando el ser humano fallece, puede aparecer como fantasma o espectro, algunas veces se manifiesta ante un allegado que no se encuentra muy lejos del cadáver, y en estas apariciones, por lo general, no se expresa verbalmente ni se le percibe con la conciencia del ser al que perteneció, sólo se deja ver. También es el mismo cuerpo que algunas personas ven salir del cuerpo físico al momento de la muerte o que se manifiesta como luz violácea en el cementerio, sobre la tumba, junto al cadáver del que formó parte. En las sesiones espiritistas, por ejemplo, las entidades que se manifiestan lo hacen mediante el ectoplasma que sustraen del cuerpo etérico del médium, por ello suelen debilitarse después de una consulta, y en ocasiones hasta los mismos espectadores sienten mermar su energía.

Este cuerpo es muy sensible a los vapores del alcohol, a estupefacientes, anestesias y drogas, en general. Cuando recibe tales vibraciones, es como si recibiera un golpe que desubica sus moléculas del lugar correspondiente y se desfasa del cuerpo físico, dejándolo sin lograr que coordine correctamente. En caso de anestesia o de dosis de drogas más altas que las que puede soportar, el cuerpo físico puede sentir mareos, baja temperatura, poca vitalidad orgánica, dar traspiés, tener caídas y hasta sufrir inconsciencia. Lo mismo puede suceder en casos de accidentes, caídas o golpes bruscos; también con los viajes astrales, las visualizaciones remotas, la mediumnidad, la hipnosis, los ataques de epilepsia, de catalepsia, etcétera. En todos los casos, las partículas etéricas del individuo se perturban y éste puede acceder al plano astral y tener experiencias desagradables. Naturalmente, dependiendo de lo fuerte del producto que se consuma, o de la sección del cerebro hacia donde se dirija, es el subplano que se percibirá. Esta falta de coordinación es evidente, por ejemplo, en el niño que aún no camina, ya que las moléculas etéricas que forman su cuerpo o doble etéreo tardan más de un año, después de su nacimiento, en interrelacionarse por completo con las físicas.

El doble etérico es el mediador, es el que protege al cuerpo físico de los embates de ansias descontroladas del cuerpo astral. Podríamos imaginarlo como una especie de capa protectora entre el cuerpo físico y el astral.[10] El cuerpo mental envía ideas que el cuerpo de los deseos o astral recibe como impulsos emocionales fuertes, esto lo conduce a producir descargas de deseos desmedidos sobre el cuerpo físico; pero gracias a que el físico está protegido por el cuerpo etérico, puede pasar mucho tiempo antes de ser afectado por las ondas violentas que generan estas frecuencias que desarmonizan. Cuando suceden estos embates, frecuentes en el ser humano promedio —pues casi siempre está pensando de manera irresponsable, sin controlar la mente—, llega un momento en que se va perforando la zona que corresponde al pensamiento incorrecto y aparece el primer síntoma de una enfermedad. A esto se refiere la medicina holística (del griego *holos* que significa "todo"), la cual enseña que para curar una enfermedad hay que remontarse al origen, es decir, ver cómo está el cuerpo mental para saber qué provocó el sentimiento, y así diagnosticar la causa y proceder a recetar el remedio, porque si no se cura la raíz, no mejora el tallo.

Este cuerpo se refina cuando nos purificamos física, emocional y mentalmente, por esto es muy importante que, además de hacer ejercicio y llevar una alimentación balanceada, elevemos la conciencia por medio de pensamientos nobles, sentimientos bondadosos y palabras y acciones honestas, pues todo repercute en este transmisor de energías y protector contra vibraciones densas. Cuando se está formando el cuerpo del bebé en el vientre de la madre, ella proporciona las partículas para conformar su cuerpo etérico, así que es crucial que durante la gestación no consuma nada que contamine sus partículas, no fume, ni use drogas, ni fármacos. También deberá evitar los lugares contaminados, las riñas y los altercados. Benefician al bebé los alimentos sanos y balanceados, permanecer en zonas agradables el mayor tiempo posible, en ambientes armoniosos sin música tendenciosa, ni sonidos discordantes, ni películas

---

[10] En realidad, el cuerpo etérico, así como los otros cuerpos que conforman al ser humano, no está sobrepuesto, sino que sus partículas están interconectadas, aunque para lograr imaginarlas tridimensionalmente se presentan como capas, una encima de la otra.

agresivas, ni programas televisivos que inquieten. En la antigua Grecia, cuando el culto era al físico, mientras crecía el bebé en su vientre, las mujeres visitaban museos donde contemplaban esculturas de bellos rostros y armoniosos cuerpos, con el fin de que su hijo naciera con esos atributos. Hoy, cuando nuestra atención debe estar más enfocada en el mundo espiritual, es importante desear para el bebé por nacer, con las gracias necesarias para transitar por el mundo, los dones de amor, bondad, compasión y entrega espiritual. El cuerpo físico del bebé depende en gran medida del pensamiento de la madre y de las formas de pensamiento que le rodean.

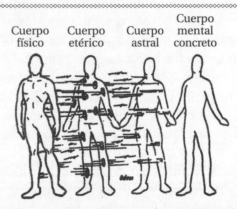

Cuerpo físico   Cuerpo etérico   Cuerpo astral   Cuerpo mental concreto

El cuerpo etérico se va perforando con las ansias insaciables del cuerpo astral. Cuando no se controla el cuerpo astral, llega el momento en que el etérico se empieza a perforar y aparece una enfermedad. El doble etéreo está estructurado para durar más de cien años, pero en la época en la que vivimos, desde mucho antes empieza a adelgazarse y no puede realizar su función de protección de la manera más adecuada para que el cuerpo físico esté sano, por lo que la muerte llega antes de lo que debiera. El cuerpo etérico comienza a sustraerse desde mucho antes, y es cuando comienzan a aparecer las arrugas y la flacidez en la piel del cuerpo físico.

Plano físico, el mundo de la acción

Cada cuerpo sólo funciona en el plano de cuya sustancia está compuesto, por lo que el cuerpo físico sólo funciona en el mundo físico, no puede entrar al plano etérico, ni al astral, ni al mental, tampoco al causal. Para tener acceso a esos planos debemos usar el cuerpo que corresponde a cada uno. Es función del individuo despertar su conciencia a los planos invisibles, y a medida que mantenga más su mente en ellos, con más facilidad, podrá acceder a ellos, pero siempre, invariablemente, dejando atrás el cuerpo físico. Es decir, entrará al mundo espiritual sólo con su pensamiento, tendrá su conciencia puesta en ese mundo. Sin embargo, cuando fallece, de manera automática aparece en un mundo intangible. Así que, cuando alguien muere, aunque no haga esfuerzo, estará en un plano invisible, que podrá ser agradable o desagradable, según lo haya definido mientras tuvo su cuerpo material. Para estar en el plano espiritual mientras tenga cuerpo físico, deberá disciplinar el cuerpo físico, mantener tranquilo el cuerpo emocional, y con el pensamiento entrar en ese estado o mundo. Cuando el hombre tiene cuerpo material —mientras está con vida física— es muy importante, y además fácil, aprender a entrar al mundo espiritual; si lo hace, al morir no se verá envuelto en el torbellino de energías incontrolables, que dejan muchos individuos que fallecen. El plano físico es el espacio que conocemos, en el que vivimos, el que percibimos porque tenemos un cuerpo físico que posee su misma frecuencia vibratoria. Este cuerpo tiene cinco sentidos activos, creados para percibir lo que existe en este plano. Con estos sentidos es improbable que podamos percibir otros planos que tengan ondas longitudinales diferentes al físico. Dicho plano físico está formado por elementos que corresponden a su misma frecuencia vibratoria: agua, fuego, aire y tierra; y tiene tres dimensiones: altura, anchura y profundidad. Es un plano de sustancia compactada objetivamente que corresponde a lo que vemos en nuestro planeta Tierra; además de esto que percibimos con nuestros ojos físicos, nuestros oídos, nuestro tacto, nuestro olfato y nuestro paladar, sentidos que nos dan la facultad de recibir las impresiones de los objetos externos a nosotros en nuestro planeta, existen también otros espacios insustanciales alrededor. Para actuar en este espacio material en el que tenemos puesta nuestra conciencia por medio de nuestros sentidos físicos, como dijimos anteriormente, Dios nos ha dado un vehículo de expresión: nuestro cuerpo físico compuesto por sólidos, gases y líquidos. Este cuerpo físico tiene las limitaciones que conocemos: si queremos estar en Hawai, necesitamos transportarlo hacia allá en un avión, coche, tren, barco o cualquier otro vehículo, según de donde partamos. En los otros planos, las cosas no son como aquí, el cuerpo que se usa allá no es tridimensional y, tratándose del plano causal o cielo, la manera en que se traslada en el tiempo y el espacio es diferente porque se usa un cuerpo glorificado, igual al que usan los ángeles, que les permite manifestarse en todo el espacio que abarca su aura, espacio que no está limitado como el cuerpo de carne y hueso. Sin embargo, aún ahora que el ser humano está en el mundo físico, a medida que crezca en amor, comprenderá que activando el cuerpo mental —por medio del pensamiento— puede transportarse a espacios intangibles y comunicarse con los ángeles, con quienes podrá aprender a ver el mundo por medio de sus sentidos espirituales y percibir sólo lo bello que emana de cada persona, y a disfrutar de forma objetiva de todas las bendiciones que Dios nos da.

El plano físico es conocido como el plano o mundo de la acción, porque es aquí donde actuamos; aquí podemos percibir lo que hace la persona, pero desconocemos cuál es su intención. En los otros planos no actuamos sino somos, porque allí se refleja exactamente cuál es la intención de lo que ejecutamos en el mundo material. Este plano es una estructura artificial porque es una especie de teatro donde hacemos cosas que en realidad —la mayor parte de las veces— no son congruentes con lo que pensamos o sentimos; además, como todas las estructuras temporales o pasajeras, algún día deberá desaparecer, pero nosotros continuaremos conscientes en los otros planos intangibles. En este mundo físico se desintegra el cuerpo físico cuando llega la muerte; todas sus partículas se quedan ahí, ninguna viaja a otro plano.

Nuestro espacio electromagnético o aura

En el momento de la muerte, nuestros cuerpos espiritual, mental y el astral, es decir, nuestros pensamientos y sentimientos, dejan de ser transmitidos mediante el cuerpo físico. En ese momento, el cuerpo de carne y hueso deja de sentir malestar físico, y aunque al principio —si ha partido llevando un sufrimiento— pensará que experimenta el dolor moral en el cuerpo físico, después de un tiempo descubrirá que el dolor no se ubica allí.

Cuando llega la muerte, los cuerpos sutiles se trasladan a otra onda longitudinal, a otro plano, a otro espacio, a otro mundo, para continuar con su evolución. Como expresamos, cada uno de los cuerpos que conforman al ser humano están compuestos de energía que vibra en frecuencias diferentes, cada cuerpo tiene partículas que corresponden a un plano y no se mezclan con las del otro cuerpo, no interfieren entre sí, sino que su conciencia está activa en la frecuencia que les corresponde; por esto se dice que los seres humanos somos multidimensionales, pues tenemos partículas que vibran en planos distintos, y aunque nuestro cerebro no lo registra, cada cuerpo tiene su atención enfocada en su dimensión. Sólo cuando aprendemos a elevar la conciencia podremos conocer lo que percibe el cuerpo correspondiente a la dimensión a la que accedamos. Estos planos de los que hablamos no están ubicados en un espacio como conocemos en el mundo material, sino que comparten el mismo lugar, así como en este momento estamos compartiendo el mismo espacio por donde pasan ondas de radio, televisión y todo tipo de telecomunicaciones sin que podamos percibirlas objetivamente, a menos que usemos un transformador. Estas ondas entre sí tampoco se interfieren porque son de frecuencias, planos o dimensiones, que vibran a diferente velocidad.

Con esto comprendemos que nuestros cuerpos mental, emocional y espiritual, son una serie de campos de energía magnética que están interactuando entre sí a través de vórtices de energía que la filosofía hindú ha denominado *chakras* (palabra sánscrita que significa "ruedas de luz"). Estos vórtices son espirales de energía que se cruzan por todos los niveles de nuestro ser y permiten que la energía pase a través de ellos. Debido a esto, cuando existe un desequilibrio a nivel emocional, quizá producido por tensión o una noticia inesperada, por medio de este sistema se pasa a los otros niveles, llegando inclusive a nuestro cuerpo físico, y puede producir una enfermedad. Lo que se llama enfermedad (del latín *infermus*, *in* "negativo" y *fermus* "firme") es realmente la no constancia en recibir la energía cósmica, o una desarmonía multidimensional o malestar ("estar" recibiendo "mal" las energías cósmicas). Continuamente, absorbemos energía magnética del cosmos, primordialmente a través del *chakra* rádico ubicado en la base de la columna vertebral. Una vez que esta energía de vida pasa por nuestro cuerpo y tomamos la necesaria (o la que podemos), la volvemos a enviar al cosmos y al mundo que nos rodea. Estas energías procesadas son las que la gente siente en un lugar y dice "percibo buenas vibras" o "malas vibras". Son las mismas que producen un ambiente agradable, alegre, armonioso y tranquilo cuando se transforman bien las energías; pero cuando son mal procesadas se dice que el lugar se siente tétrico, agresivo o que asusta, porque lo que llamamos ambiente está formado por las vibraciones del campo energético de las personas, ya sea que se produzcan en ese momento o que hayan sido dejadas en el lugar en el pasado, porque las energías pueden permanecer en un espacio; de allí las famosas limpias, que sirven para desalojarlas cuando las consideramos negativas. Esto explica por qué cuando vemos programas grotescos, de terror, masacres o agresiones, se altera el cuerpo, porque las energías de dolor, agresión, horror o sufrimiento —aunque sea simulado— son percibidas por el espectador. Además, quedan en el espacio emitiendo sus vibraciones; lo mismo sucede con cualquier objeto que tenemos en nuestro hogar, lo que emite puede favorecer o desarmonizar, de allí los objetos que "traen buena suerte" que, seguramente, tienen un campo electromagnético que tiene empatía con el nuestro. Hay algunas cosas que por haber participado en rituales cruentos o en crímenes, pueden contrariar un espacio, por lo que se sugiere que sean desechadas. Por lo explicado, todo lo que existe es energía y una persona es un conjunto de campos energéticos, y estos campos están en todas partes.

Hay una gran diferencia entre la energía que recibimos y la que emitimos, porque la que recibimos cambia su naturaleza y su forma cuando pasa a través de nosotros. En el momento que se recibe la energía, automáticamente ésta queda grabada con nuestro particular patrón de energía, y este patrón refleja precisamente lo que nos pasa en ese momento, ya sea mental, emocional o espiritualmente.[11] Cada segundo de nuestra vida

---

[11] Partiendo de la base que sostiene que los pensamientos se graban en la energía, en mi libro *Quiénes somos, a dónde vamos* hablo de la forma en que las moléculas de agua guardan la conciencia de los habitantes del lugar, las vivencias, etcétera. Ahí se deduce que estos campos tienen memoria, por lo que las energías que quedan en un lugar pueden guardar el recuerdo de quien las coloreó. Así se explica cómo en un lugar se conservan las imágenes de los que vivieron allí o tuvieron una experiencia

estamos emitiendo nuestro campo de energía, el que refleja lo que pensamos y lo que sentimos. Con este proceso estamos moldeando continuamente capas magnéticas o auras que nos rodean; por lo tanto, nuestras auras son la conciencia que se refleja a nuestro alrededor. De acuerdo con la ley de "lo semejante atrae lo semejante", este reflejo externo de lo que somos internamente atraerá campos energéticos compatibles o de igual naturaleza. Por eso es que cada persona tiene exactamente lo que merece, pues, de acuerdo con el conjunto de las energías que forman su campo electromagnético, será lo que atraiga a su vida. Lo mismo vale para una familia, una ciudad, un país, un mundo, pues la suma de sus energías atraerá lo que le sucede y formará su historia presente y futura. La atracción que sentimos hacia una persona, un grupo o un lugar, se debe a que estamos magnéticamente atraídos a ellos porque nuestro campo electromagnético vibra en la misma frecuencia. Cuando existe repulsión, tenemos un campo áurico totalmente diferente al de la persona, grupo o lugar que rechazamos; y cuando se trata de imponer la convivencia con la persona o grupo o la permanencia en un lugar que no nos atrae, se percibe una alteración en el campo que puede producir un desequilibrio que se manifiesta como una contrariedad que se traduce en discusiones, enfrentamientos y malestar.

Con lo anterior es posible comprender por qué vale la pena corregir los pensamientos: porque sabemos que detonan sentimientos, y que éstos conducen a la palabra y a la acción. Recordemos también que nuestros recubrimientos electromagnéticos son una copia fiel de lo que en realidad somos y si disciplinamos nuestros pensamientos para pensar siempre en lo positivo, en el bien y en el amor noble, empezaremos a producir energía lumínica a nuestro alrededor que atraerá personas de igual naturaleza, porque se conectarán magnéticamente a nuestro manto de energía luminosa. Esta conexión se percibe de manera diferente a lo que podemos imaginar en el mundo tridimensional, porque a veces lo que se recibe es el bien aunque proceda de una fuente que no es de la misma vibración de nuestro espacio, y se hace

---

muy fuerte, y cobra sentido la frase: "Si las paredes hablaran", pues como todo en el mundo, las paredes también están compuestas de campos de energía que llevan el registro de sus habitantes.

evidente cuando, por ejemplo, una persona recibe agresión (esta persona, quizá no sabe que proyecta lo mismo) de un individuo que a la vez se expresa con tranquilidad y afecto hacia otro (este otro vibra en la frecuencia de amor y tranquilidad, por lo que sólo eso puede recibir). Cuando permitimos que nuestras capas se contaminen con pensamientos de impaciencia, intolerancia, y similares, no debe sorprendernos que encontremos lo mismo desde que despertamos. Todo lo que nos llega se corresponde con nuestro campo electromagnético; si somos honestos, nos daremos cuenta de que es una ley invariable. Naturalmente que si hemos permitido que se ensucie nuestro espacio (siempre se contamina desde adentro, desde nosotros mismos), podemos cambiarlo al reaccionar de manera positiva usando el poder del pensamiento y, por ejemplo, ante una agresión, responder con paciencia, lo que de acuerdo con la ley producirá una respuesta diferente al arrebato original del agresor. Es importante recordar que cada instante estamos transformando nuestras capas electromagnéticas, por lo que vale la pena desechar los pensamientos de angustia, depresión, invalidez, autocompasión, complejos, resentimientos, crítica, envidia, hipocondría, etcétera, pues todo eso conforma nuestro manto y, de acuerdo con este recubrimiento, será nuestra vida. Nuestro campo electromagnético también puede ser perturbado por otras formas de electromagnetismo, como las personas que viven debajo o cerca de transformadores o trabajan con equipos electromagnéticos que tocan su propio campo; en este caso, esta energía se filtra hasta el cuerpo físico produciendo un efecto nocivo en la salud. Así, volvemos al principio anterior, cuando se cambia la conducta, se alejan las vibraciones que perjudican.

Para ilustrarlo escribimos este ejemplo: una mujer se pasaba la vida indispuesta por tener frente a su departamento un transformador. Se quejaba continuamente de su mala suerte hasta que un día decidió entregar su sacrificio a Dios y elevar sus plegaria a Él; casualmente le ofrecieron un trabajo mejor remunerado a su esposo en una ciudad de provincia, donde pudo escoger una casa con la vibración adecuada.

Con lo expuesto en los párrafos anteriores, se explica por qué los ángeles no pueden manifestarse en la vida de una persona cuya capa vibratoria rechaza su presencia, porque es precisamente nuestro espacio el que tiene que iluminarse para que ellos actúen, y es por esto que se dice que una persona que tiene pensamientos puros, sentimientos nobles, dice palabras que engrandecen y realiza actos de bondad, tiene junto a sí no sólo a un ángel sino a una legión completa, porque ellos se acercan a los espacios iluminados, puesto que es más fácil llegar al corazón del que tiene un campo energético así e inspirarlo para que colabore en llevar amor a los demás. Es pues, nuestra capa electromagnética armoniosa, la que permite que los ángeles puedan participar en nuestra vida.

Cuando nosotros cambiamos, el mundo cambia. Si continuamente respondemos provocación con agresión, viviremos en un espacio intolerable. En el momento que decidimos cambiar y ofrecer amabilidad, encontraremos gente agradable en nuestra vida. Cuando comenzamos a emitir amor, aun las personas violentas serán amables con nosotros.

El personaje No. 1 siempre es agresivo con el que le responde con agresividad

El mismo personaje 1 es amable con quien es amable con él. Nosotros debemos ser siempre como el personaje No. 3, de esta manera continuamente recibiremos lo mejor de cada persona

Las auras del ser humano

Como se ha dicho, el individuo proyecta campos electromagnéticos que vibran en diversas frecuencias. A cada campo se le llama aura, y existe uno diferente para cada cuerpo. El más luminoso es el que proyecta el cuerpo espiritual y sus partículas corresponden al espacio dimensional de nuestro espíritu. Sigue el aura de nuestra alma, que se proyecta desde el espacio causal. Continúa el aura del cuerpo mental concreto, que puede ser percibido sólo en el plano mental, y se ve como una luz vibrante, pero es superior en brillantez en quienes están más desarrollados intelectualmente. En este cuerpo se percibe una gama de colores que reverberan continuamente respondiendo a las vibraciones de los pensamientos que experimentamos.

Después está el aura del cuerpo astral, y luego la del cuerpo etérico. Las personas que han transmitido esta información, y que tuvieron acceso a esos planos para describirlos, afirman que al observar las auras de una persona se pueden dar cuenta de su grado de desarrollo. El aura astral manifiesta los colores más densos, puesto que está conformada por partículas de ese mundo, donde se encuentran las moléculas que corresponden a los deseos y los apetitos insaciables, a las pasiones, los rencores, la codicia, la envidia, los celos y más, de la mayor parte de la humanidad, aunque en las personas más desarrolladas espiritualmente los colores que refleja son más claros y puros. Cuando la persona está entregada por completo a Dios y se dedica a llenar de amor a los demás, los colores del aura manan tonalidades sutiles y delicadas. El aura del cuerpo mental está muy desarrollada en quienes se cultivan mentalmente. El aura causal, aún para los investigadores espirituales, sólo puede percibirse en los seres que han logrado un elevado grado de desarrollo, y en éstos se proyecta como un glorioso campo luminoso, con matices de colores diferentes a los conocidos en el mundo tridimensional. Éste es el campo electromagnético que los artistas tratan de reflejar cuando pintan los rayos que rodean a Jesús, a la Virgen y a los ángeles.

El aura de la salud

Es el aura que proyecta el cuerpo etérico. Según la persona, puede manifestarse de color blanco azulado (como el agua clara), con matices metálicos y brillantes. Su forma es similar a la de un huevo dentro del cual se ve al individuo rodeado de un campo estriado con agujas luminosas y centellantes. En caso de que la persona tenga alguna enfermedad, estas agujas se ven como filamentos lánguidos y torcidos, enroscándose como cairel en la zona donde se manifiesta la enfermedad. Cuando la persona se encuentra saludable y llena de vitalidad, las agujas se ven rectas, claras y brillantes. Las partículas que se desprenden de esta aura son radioactivas y están impregnadas de esencia etérica. Éstas son las partículas que va dejando la persona por donde pasa, son las mismas que pueden ser detectadas por los perros rastreadores, y también son las mismas que se pierden cuando la persona pasa por el agua, ya que ésta absorbe la electricidad de las partículas. Cuando alguien está alterado, deprimido o nervioso, se le sugiere un baño para limpiar y energizar el aura. Pero para conservarla libre de contaminantes, deben mantenerse pensamientos puros y nobles. Cuando esta aura presenta los filamentos separados, está abriendo un espacio para que entren las partículas de mala vibra, que son bacterias, virus, microbios o cualquier otro tipo de energía perniciosa. Estos filamentos se separan en el área donde se practicó alguna intervención quirúrgica en la persona, también se vuelven lánguidos en la zona donde existe o está a punto de manifestarse una enfermedad. Todo esto puede ser detectado por quienes practican la radiestesia.

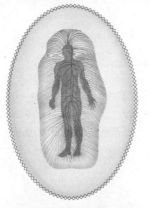

Aura de una persona con salud afligida

Aura de una persona con buena salud

Cuando la salud está afectada, las líneas que forman su campo etérico se debilitan y se enredan, dejando espacios abiertos por donde entra la mala vibra: bacilos, microbios, bacterias, y todo tipo de influencias físicas y psíquicas. Los filamentos del aura muestran también esta confusión por una herida o lesión, por trabajo excesivo, debilidad, desvelos y cualquier abuso del organismo.

Cuando el cuerpo está sano irradia mucha fuerza vital, por lo que las líneas del aura son rígidas y paralelas. Cuando el aura tiene este aspecto armonioso, es posible construir con el pensamiento una especie de escudo protector, visualizándose dentro de una cápsula transparente. Esto no se sugiere cuando la salud está alterada, puesto que las partículas densas pueden quedar atrapadas en la cápsula protectora, debilitando aún más a la persona. En caso de algún ataque psíquico, como medida temporal de prevención, se puede hacer en cualquier momento.

Cuerpo astral de una persona superficial   Cuerpo astral de una persona devota

Alguien que se deja llevar por las bajas pasiones tiene el cuerpo astral formado por las partículas más densas del plano astral, lo que proyecta una forma opaca con colores oscuros predominando los distintos tonos de rojo y verde sucios, porque en una persona egoísta, por lo general, todos sus pensamientos están dirigidos al deseo, el morbo, la codicia, y pocas veces se entretiene en pensamientos altruistas; por esto sus irradiaciones son colores opacos y con manchas de sus ansias desmedidas por las cosas y sensaciones materiales.

Cuerpo astral de una persona evolucionada espiritualmente

Aura astral de una persona avara

El cuerpo astral de alguien más evolucionado está conformado por partículas astrales de mayor vibración, por lo que los colores que proyecta son más brillantes y sutiles.

Aura astral de un científico

Aura astral de una persona colérica

El cuerpo mental de una
persona superficial

El cuerpo causal de una
persona superficial

El cuerpo causal de una persona
evolucionada espiritualmente

El cuerpo causal de una persona
entregada al servicio a la humanidad

Las oraciones de las madres por sus hijos se convierten en formas que semejan querubines y actúan como escudos de protección rodeando al hijo por quien se ora.

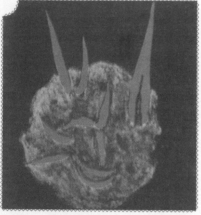

Una forma de pensamiento con mezcla de celos y cólera.

Cuerpo astral que refleja cólera intensa.

Forma de pensamiento que indica renuncia de sí y entrega a Dios.

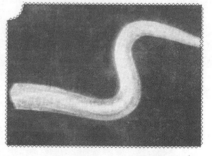

Pensamiento de celos que muestra una serpiente color verde terroso que levanta la cabeza denotando el ardor con el que el celoso ansía corroborar su sospecha. Aquí no hay cólera, sólo deseos de sorprender a quien es vigilado.

Nota: imágenes tomadas del libro *Formas del pensamiento*, de A. Besant y C. W. Leadbeater.

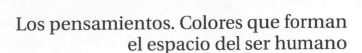
Los pensamientos. Colores que forman el espacio del ser humano

El campo electromagnético del ser humano, como vimos, está compuesto de energías. Poco a poco, a medida que más tiempo se piense en algo, estas energías se van conformando en figuras agradables o desagradables, lo que dependerá de la calidad de los pensamientos que emita el pensador. El pensamiento sostenido produce una forma más compactada, en cambio las formas menos definidas corresponden a pensamientos erráticos.

Los pensamientos de bondad se traducen en formas agradables que vibran en luminosidad traslúcida, son colores limpios y claros. La oración y los sentimientos de amor noble y puro generan las más radiantes emanaciones cromáticas: colores rosados o violetas inmaculados, sin manchas ni tintes de maldad. Los pensamientos de maldad producen formas desagradables con colores sucios, grasientos, pegajosos, espesos, pestilentes, oscurecidos por el odio, el rencor, la ira, la envidia y la codicia. Cuando existe una devoción egoísta, soberbia espiritual o fanatismo religioso, alrededor de la persona se despliega un color azul oscuro desagradable que no es grato observar. Cuando la entrega fervorosa es pura, el sentimiento religioso es elevado y no existe egoísmo ni soberbia en la búsqueda del crecimiento espiritual, se emite un color azul de profunda belleza y diáfana claridad.

Así, por los colores que rodean al individuo se puede percibir su calidad humana y saber cuáles son sus intenciones. Los colores más claros y bellos se dan con la oración fervorosa y el pensamiento en el bien. Cuando el individuo ora pensando en Dios, deseando el bien para los demás y la paz para el mundo entero, todo su espacio se aclara, los colores se vuelven puros, lumínicos y se producen formas bellísimas que dan tranquilidad y confianza. Lo mismo produce la meditación con fines altruistas. Es importante recalcar que cuando la oración se pronuncia de manera mecánica, recitando sin atención, sin fe y sin amor, cuando las peticiones son desmedidas, cuando los ruegos implican perjudicar a terceros, cuando se ora ruidosamente sólo con el fin de impresionar a otros, o cuando se carece de verdadero sentimiento espiritual, los colores que emite la persona no serán celestiales emanaciones de pureza. Para que los colores sean emisiones gloriosas que asciendan hacia los planos de luz se necesita entrega del emisor, amor, renuncia y comunión espiritual con Dios. No se requiere mucho conocimiento, ni poseer gran cultura, ni buscar palabras elegantes para orar, sólo es preciso tener humildad, confiar en Dios y estar desprovisto de expectativas egoístas y, con profunda sinceridad y palabras sencillas que broten del alma, elevar nuestros ruegos a Dios. Los colores sublimes se forman alrededor de las almas buenas, humildes y sencillas, las que carecen de pretensiones, de aquellas cuya naturaleza es pura porque sus intereses no son personales, sólo añoran el bien para todos y desean tener sólo lo necesario para vivir y amar a Dios.

Cuando se piensan y desean cosas materiales, éstas aparecen con las características de los objetos deseados, visibles alrededor de su emisor. Cuando el individuo está enamorado, junto a él tiene continuamente una imagen que corresponde al ser amado, que se ve como una especie de fotografía dentro de un marco. Si el amor es puro y sincero, el marco se rodea de tonos rosados claros, cuando es pasional y egoísta, surgen contornos y formas de color rojo sangre. De hecho, todos los enamorados están rodeados de una bruma rosácea que obnubila la visión; cuanto mayor sea la pasión, más oscuro es el tono, alcanzando hasta el rojo frenesí que ciega casi totalmente, por eso se dice que "el amor es ciego". Una vez que pasa el enamoramiento, esta nube se va disipando y todo comienza a verse con más claridad; es hasta entonces cuando se pueden advertir los defectos de la persona y percibirla tal cual es.

Durante la meditación, la persona se encuentra rodeada de nubes de colores, las que corresponderán al tema en el que medita o hacia donde divaga su pensamiento. Un individuo de gran devoción que ha aprendido a disciplinar la mente para que no se distraiga y pueda mantener la atención en la figura divina que se ha propuesto, proyecta luces que se remontan a las esferas celestiales; a veces podrá generar un símbolo místico vinculado con su fe, como una cruz, una paloma, un triángulo, una estrella, o el ser celestial, cuya imagen venera. Naturalmente que todas estas formas se encuentran cubiertas con oleadas de nubes de colores de singular belleza que denotan su pureza, amor y ardiente fervor. Cuanto más aprende a mantener su pensamiento en el objeto de su veneración, más precisas serán las formas generadas; cuanto más aspiración espiritual y entrega, más bellos, brillantes y lumínicos serán los colores que envuelven las formas. En nuestra cultura podemos meditar en una imagen que represente a Jesús, la Virgen o nuestro ángel guardián; estas imágenes se irán grabando en nuestro espacio mental. Además, las imágenes sagradas permiten que nuestras células se muevan a mayor velocidad y se armonicen en gloriosos diseños. Tener figuras celestiales adornando nuestros espacios produce el mismo efecto que los mandalas que se visualizan en Oriente.

Cuando se trata de personas que practican la meditación y la concentración, pero sus aspiraciones no son muy espirituales, sino más bien son con miras de lograr alguna meta material, las formas que se producen son rígidas, geométricas, delineadas con precisión. En ellas no se encuentra el suave y delicado contorno de las formas amalgamadas con la amorosa entrega devocional, y los colores no vibran con la misma claridad celestial que en el caso del devoto, tampoco ascienden las emanaciones como brillantes ráfagas hacia el plano celestial, sino que se mantienen a la altura del subplano mental que les corresponde, según el deseo que se plasmó en el pensamiento.

En el caso de un individuo que mantiene pensamientos negativos, ya sea por pesimismo, depresión, angustia, adicciones, temor, odio, envidia, lujuria, avaricia, celos o ira, se encuentra inmerso en un espacio nebuloso, pestilente. Los colores son oscuros y turbios, y no generan luz. Las formas que se conjuntan con esta sustancia que ha contaminado el individuo con su constante manera de pensar son repulsivas, repugnantes, como terribles monstruos que lo acechan, lo bloquean y no le permiten moverse del lugar donde está atrapado. Estas formas, llamadas elementales artificiales o egrégores, se nutren de lo que sale del individuo y constantemente le exigen más energía con las mismas características que las que se usó originalmente para darles vida. Es decir, si es un pensamiento de autocompasión mantenido determinado tiempo, el ente que se forma se mueve, vive y se alimenta de la energía contaminada con autocompasión; no le hace ningún bien la energía del optimismo, amor o fe, razón por la que como lapa estará pegado al individuo exigiéndole que sienta autocompasión y hará todo para que su autor tenga siempre situaciones que le provoquen ese terrible sentimiento. Esto es lo que a veces perciben algunos videntes cuando dicen que alguien "lleva a un viejo pegado a la espalda", o que "carga a un mono, un monstruo o un diablo", que no le permite avanzar con facilidad. Sucede lo mismo con todos los hábitos, las adicciones y los pensamientos viciosos que las personas pueden tener. En una adicción donde el cuerpo absorbe algo por medio de cualquiera de los sentidos —gusto, tacto, vista, oído y olfato—, el ente adquiere mucha más consistencia, y puede presentar una pelea más fuerte cuando la persona trata de abandonar el hábito, ya que para él indica que se le quiere lanzar fuera de lo que considera sus dominios y su fuente de energía. Es por esto que existe un grado más alto de dificultad cuando se intenta erradicar un vicio, pues el ente que se engendró originalmente por curiosidad, morbo o debilidad, y se fortaleció con una sustancia externa (droga, cigarros, alcohol, fármacos, pornografía, música tendenciosa, juegos electrónicos crueles, etcétera), con el paso del tiempo adquiere un aspecto cada vez más tosco y fuerte, de tal manera que llega a dominar y controlar por completo al individuo. Al principio usa lo mismo que lo engendró, sabe cómo enviar ideas a su autor y, por la ley de atracción y repulsión, hace que la persona se aparte de lo que puede interferir con el vicio y la conduce hacia situaciones que le garanticen el suministro de la energía contaminada que requiere para alimentarse. Envía hacia su autor impulsos de curiosidad, deseo de sensaciones nuevas, ansias cada vez más fuertes para después, a medida que el individuo se sumerge en un callejón sin salida, el ente poco a poco toma el control de las células del cuerpo astral y, posteriormente, de las del físico. De tal manera que las personas se obsesionan y enferman si no tienen el objeto que satisface su vicio, el cual las sumerge cada vez más en la nebulosidad inconsciente, dando rienda suelta al engendro para actuar.

Esto explica por qué algunos individuos se transforman cuando adquieren un vicio, dejan atrás las buenas maneras, el buen juicio, la decencia y la cordura y, poco a poco, si antes no lo eran, pueden convertirse hasta en delincuentes con tal de obtener lo que requiere el elemental. Existen muchos casos donde el vicioso puede percibir al nefasto engendro que está permanentemente junto a él. Esto se debe a que la fuerza del vicio separa las partículas etéricas rasgando ese cuerpo y las células del cuerpo físico del adicto se van contaminando con sustancia del bajo astral del ente, de manera que poco a poco se incapacitan sus sentidos físicos, por lo que sus sentidos astrales están presentes y conscientes en el plano que corresponde a sus bajos deseos. Comienza a percibir lo que sucede en realidad en el mundo que astralmente le rodea; su conciencia está activa en ese plano la mayor parte del tiempo y se vuelve incongruente para quienes lo escuchan y ven en el mundo físico. Los que tienen que estar con él y soportarlo suponen que está delirando, pero lo que sucede es que el adicto ha permitido que el ente que engendró con el vicio llegue a dominarlo a tal grado que no comprende dónde está la línea que separa el mundo astral del físico. Cuando se ha sumergido por completo en el vicio por mucho tiempo, cada vez más comienza a actuar en el mundo astral que le rodea; aunque tenga un cuerpo físico, éste se va inutilizando y perdiendo conciencia hasta que se convierte en un desecho, un cadáver viviente. Cuanto más temprano se ataque un vicio, más facilidad existe para que no cobre existencia objetiva y consistente ningún ente de este tipo (ver "Pruebas documentadas del poder de la oración", apartado incluido en el capítulo 4 del libro *Quiénes somos. A dónde vamos*, para identificar cómo impactan las células los pensamientos amorosos y las oraciones).

Cuando un ser querido está controlado por un vicio, es de gran ayuda orar por él, pues la oración emite una luz poderosísima de purificación que influye en las células de la persona por quien se ora.[12] De esta manera se puede ir purificando el cuerpo astral de la persona, al tiempo que con la asistencia externa del tratamiento terapéutico se desintoxica el cuerpo físico y se envían mensajes correctos al cuerpo mental. La oración

---

[12] Se dice que, en el pasado, como castigo el culpable de un asesinato debía cargar el cadáver de su víctima, el cual era atado a su espalda donde debía permanecer hasta que el tiempo y los gusanos lo consumieran. Este castigo es un reflejo de lo que sucede en los niveles astrales, ya que nuestras faltas y pecados, que no son más que interferencia con la armonía en el universo, emiten una energía negra, oscura, de putrefacción y pestilencia que, literalmente, permanece adherida a nuestra espalda, hasta convertirse en carroña, si persistentemente la nutrimos con actos de igual naturaleza. A los entes creados de forma artificial, con adicciones, también se les llama elementales artificiales, egrégores o elementarios, que pueden ser buenos o malos. Son buenos cuando creamos un hábito positivo, como orar diario o ayudar a otros (ver el apartado "Elementales" en este libro, para ampliar la información sobre el tema).

permite a los seres de luz actuar sobre el cuerpo del enfermo, sanándolo en todos los niveles. Recuerda siempre que las enfermedades se originan primero en la mente cuando se sostiene un pensamiento no auspicioso, después, como consecuencia, el cuerpo astral es motivado de manera negativa y se lanza sobre el doble etérico para servirse del cuerpo material, con el fin de satisfacer sus ansias. El cuerpo físico está protegido por el doble etérico, pero éste se va perforando a medida que recibe los embates de deseos, sensaciones y emociones desmesurados del cuerpo astral.

En el mundo material, primero se piensa y luego se actúa. En principio se hace un diseño mental de lo que se planea hacer y después se lleva a cabo el acto de construcción o de destrucción. Por ejemplo, si queremos fabricar una mesa, forzosamente tenemos que pensar en ella, como una superficie cuadrada, rectangular o redonda, con patas, de determinado material y color. Ese pensamiento se compone de moléculas mentales y queda grabado en el mundo mental.

Todos los pensamientos de amor al prójimo, de ayuda al necesitado, y las acciones de amor puro que se efectúan, así como el pensamiento de entrega a Dios, de adoración y de alabanza, son emisiones que brotan de nuestro espacio y ascienden como ráfagas luminosas impregnando el espacio del alma. Estas bellas grabaciones son las florecitas de las virtudes que forman el blanco vestido de novia, y a las que nos referiremos en el apartado "Las almas gemelas" de este libro. Todo lo que piensa, siente, dice y hace el ser humano repercute en un plano y permanece impreso en él. Para quienes habitan dicho plano se vuelve objetivo, es decir, pueden ver cómo es el individuo.

Cuando los pensamientos salen del emisor, van al plano que les corresponde según su frecuencia vibratoria. Al estar en ese espacio, pueden ser percibidos por cualquiera que accede allí. De este modo, cuando nosotros dormimos entramos a esos espacios donde se encuentran los pensamientos de todos, e ingresamos al subplano que tiene la misma onda de nuestra inquietud o pensamiento habitual. Por eso es común que muchos inventores, investigadores o autores, a veces se duerman pensando cómo terminar su proyecto y tengan sueños lúcidos en los que encuentran la solución. Esto también explica por qué, a veces, de manera sincronizada, varios hacen pública la misma obra o una parecida, ocasionando juicios por derechos de autor y plagio. Incluso existen casos de imitación, robo y falsificación de personas sin escrúpulos que, en este plano, usurpan el trabajo de otros. Así, por medio de los sueños podemos entrar al plano de nuestro ángel, donde éste nos suministra ideas luminosas para completar nuestro trabajo.

Es muy importante observar lo que llega a nuestra mente, porque los pensamientos son tan poderosos que pueden afectar el código genético de nuestro ADN, y es el ADN lo que transmitimos al cuerpo físico de nuestros hijos. Si son pensamientos de amor noble, estaremos influyendo de manera positiva en nuestro código genético y en nuestra descendencia; pero si son pensamientos egoístas, el resultado será negativo. De hecho, todo lo que a nuestros antepasados afectó por emociones traumáticas o accidentes físicos que mantuvieron en su mente como un evento que les trajo desgracia, de seguro ha repercutido en nuestro cuerpo y en nuestra forma de ser. Los efectos de las tendencias negativas que se trasmiten a la descendencia se conocen como pecados de los antepasados. Sólo cuando se liberan los sentimientos negativos se repara el ADN, por lo que es fundamental aprender a perdonar. En el último capítulo encontrarás varias oraciones poderosas de perdón, para liberarte de cadenas de rencor y odio, y otras para romper lazos del pasado y compromisos negativos realizados por tus antepasados.

¿Qué es el cordón de plata o hilo de la vida?

Ten en cuenta a tu Creador en los días de tu juventud, antes de que lleguen los días malos y se acerquen los años. Antes de que se rompa el hilo de plata, y se destroce la lámpara de oro, se quiebre el cántaro en la fuente, y se caiga la cuerda en el pozo; antes de que regrese el polvo a la tierra de donde vino, y el espíritu regrese a Dios, que lo dio. Vanidad de vanidades. Todo es vanidad.

Eclesiastés 12: 1-8

El hilo o cordón de plata es el conducto por el que fluye la energía de vida que procede de Dios. Es la conexión intangible que une al espíritu con los cuerpos inferiores, y es el medio que el alma usa para depositar la energía de vida en el cuerpo material, para que éste pueda pensar, sentir, hablar y llevar a cabo actividades.

A través de este hilo o cordón el alma se expresa por medio del cuerpo físico, y cuando esta unión desaparece, no existe por dónde enviar la energía y sucede lo que se conoce como muerte. Esto es: cuando se rompe el hilo de plata el individuo fallece.

Esta corriente de vida, que en sánscrito se denomina *sutratma*, es una especie de hilo luminoso a través del cual fluye la esencia divina desde el Espíritu Santo hacia abajo, pasando por los cuerpos inferiores hasta llegar al vehículo físico para mantener la vida en el individuo que se desarrolla en el mundo. Mientras el cuerpo físico está con vida, recibe directamente la sustancia de vida del Espíritu Santo. Si el cuerpo físico está dormido, no hay rotura, sólo se alejan los cuerpos sutiles (los tres superiores y los otros tres inferiores) del cuerpo material, en tanto cada uno se recupera en su plano, pero el hilo continúa uniendo al cuerpo físico con el etérico. Estos cuerpos no se apartan, sino que experimentan un pequeño desfase durante las horas de sueño. Para infundir de vida al cuerpo material es indispensable que no se rompa el cordón que lo une al cuerpo etérico, porque mediante éste sus células físicas reciben energía. Cuando llega la muerte, el hilo se desconecta primero del cuerpo físico y, en un proceso que dura aproximadamente tres días, se separa de las partículas del etérico, pero permanece unido al astral. Cuando esto sucede, el cuerpo astral continúa unido al cuerpo mental y a los cuerpos superiores. De forma sucesiva el hilo de vida se va separando de los otros cuerpos a medida que éstos pasen por el proceso de purificación por los planos purgatorios o astrales. Las experiencias fuera del cuerpo material (experiencias cercanas a la muerte, NDE, *Near Death Experiences*) o las que se tienen en el lecho de muerte (experiencias fuera del cuerpo, OBE, *Out of Body Experiences*) se realizan cuando el cordón aún está unido al cuerpo físico, porque después de la rotura, no hay posibilidad de que el cuerpo físico se recupere para contar sus experiencias.

El hilo de plata es muy brillante.[13] Cuando se percibe la porción que corresponde a los subplanos del mundo físico,

---

[13] El hilo o cordón plateado o argentino es mencionado en el Antiguo Testamento en el libro del Eclesiastés 12: 1-18. Este hilo está representado por el cordón umbilical unido a la madre al nacer el bebé. De esta manera, estamos unidos con este hilo o conducto de plata al Espíritu Santo que, según la ciencia milenaria, corresponde al aspecto femenino de la Trinidad (ver "La Virgen, esposa del Espíritu Santo. Su imagen a través

semeja a dos números seis unidos. Por un lado, se divide en dos extremos: uno conectado al átomo simiente del corazón y el otro al vórtice central del cuerpo etérico. El otro lado está unido a los otros cuerpos, y esta porción, flexible en su naturaleza, puede extenderse hacia las regiones más remotas durante el sueño, durante la oración fervorosa o la meditación. Cuando el cadáver es cremado sucede en el instante de la cremación, pero es necesario ayudar al difunto (ver el capítulo "¡Morir sí es vivir!" de este libro).

El hilo se conecta de la siguiente manera: el alma es parte del Espíritu Santo, y de ella sale el hilo que tiene un extremo doble; un lado se conecta en el cuerpo mental en lo que es la contraparte correspondiente al cerebro, y el otro lado se une a la contraparte del corazón. Ocurre lo mismo con el cuerpo astral y el etérico para, finalmente, anclarse en el cerebro y en el corazón. Cada extremo dual se prolonga atravesándose hasta el siguiente cuerpo. En el cuerpo físico, cuando se retira del cerebro, éste sigue con vida, pero no trabaja el cerebro, recordemos que la mente no está en el cerebro sino en el cuerpo mental. Cuando se retira del corazón, sobreviene la muerte.

Las energías que fluyen a través del conducto de plata que hace del ser un individuo (espíritu individualizado) lo hacen de la siguiente forma:

1. La corriente de vida llamada alma, que hace al individuo un ser autoconsciente, racional, pensante, inteligente y autodirigido, llega a la glándula pineal, una región del cerebro. Es la esencia que permite revelar la conciencia

---

de la historia" en mi libro *Apariciones*). Se puede decir que la esencia que mantiene con vida al ser humano viene de nuestra Madre celestial (Espíritu Santo). La contraparte del cordón umbilical sigue unida a la madre, aunque éste se corte al nacer el infante, de allí que dicho nexo sea tan sagrado. Mediante esta línea se transmiten las esencias de uno a otro, y se explica también por qué influyen tanto las bendiciones y las oraciones de las madres por sus hijos. En los misterios antiguos encontramos la simbología del hilo de vida, por ejemplo, en parte del mito de El hilo de Ariadna (el amor), que conduce a Teseo por el laberinto (lo intrincado del mundo material) para matar al Minotauro (los peligros del mundo, el yo inferior), y una vez dominado el monstruo, a través del hilo se encuentra el camino de regreso a casa. Este mito señala que, aun cuando andemos por el laberinto de la vida mortal, estamos unidos a la fuente del amor por medio del hilo que conduce la esencia de vida.

del individuo: decidir entre el bien y el mal, entre lo correcto y lo incorrecto, lo justo y lo injusto. De acuerdo con su evolución, puede percibir de diferentes maneras el mundo en que vive, porque todas las cosas tienen un valor relativo, y de acuerdo con el estado de conciencia de cada uno será la importancia que tengan. Cuando aún lo gobiernan las cosas materiales, se sentirá infeliz porque siempre ansiará acumular más y más, y si no logra lo que disfrutan otros, percibirá al mundo como injusto. Quien haya trascendido los deseos desmedidos por las cosas materiales y aspire más las espirituales, anhelará pocas cosas materiales y contemplará un amanecer como un tesoro invaluable. Ejemplo de tres percepciones de una misma cosa: aunque diez mil pesos tienen un valor objetivo —es decir, sólo una determinada cantidad de cosas se pueden comprar con ellos—, para una persona acostumbrada a gastar mucho, tienen un valor mínimo, y, probablemente, si los recibe como regalo, no le producirán gran alegría, pues para ser feliz necesita diez millones; para alguien de escasos ingresos, los mismos diez mil pesos quizá representan su sobrevivencia temporal; para alguien que tiene sólo lo necesario porque así es feliz viviendo, tal vez, al recibir el dinero lo regale a otros más necesitados. Para el primero el mundo es injusto; el segundo siente que el mundo es duro, pero a veces se puede tener suerte; el tercero vive en un mundo feliz.

2. La energía que anima cada célula del cuerpo del ser humano para permitirle integración y coherencia llega por medio del hilo y se ancla en el corazón, permaneciendo allí hasta que, de acuerdo con la decisión del alma, se cumpla el ciclo de vida en el mundo terrenal. Este es el núcleo central de la energía positiva que permite que los átomos del cuerpo se mantengan en su lugar y obedezcan la voluntad del alma de permanecer amalgamados formando un cuerpo, un organismo estructurado. Esta energía o principio de vida usa la corriente sanguínea para expresarse y para controlar el cuerpo, y está unido al sistema endocrino. Así, el ser humano es un ser viviente, consciente de que puede manifestar el propósito del alma en todo lo que realiza a diario.

Existe otra corriente más pequeña de energía universal o prana que entra al cuerpo físico por el bazo. Esta energía no corresponde a la fuerza o esencia individualizada de vida, pero desde el bazo asciende hasta el corazón y allí se une a la esencia de vida. Tal corriente vitaliza los átomos y las células del cuerpo.

Conectado con la energía que entra por el cerebro, existe otra corriente que se caracteriza por ser sensible a las emanaciones astrales o emocionales. Esta energía se conoce como la de personalidad, y es para producir sentimientos. El cuerpo físico la absorbe a través del plexo solar, y cuando es usada correctamente, el individuo expresa sentimientos y anhelos elevados. Por medio de esta energía el ser humano se relaciona con el plano astral, de esta manera, cuando no se ocupa de lo espiritual percibe como correcto lo que no lo es, o como real lo que es sólo temporal. Con esta energía el hombre puede creer que lo único real y verdadero es lo que corresponde al mundo material, porque estas emanaciones obnubilan los sentidos y dificultan la percepción de lo que es verdadero y eterno. Las personas que no se interesan por las cosas espirituales sólo prestan atención a esas energías y su conciencia corresponde a lo que perciben desde el plexo solar, éste es su foco de conciencia, de allí la expresión: "Su conciencia está debajo del diafragma." A esto se debe que cuando la persona identificada con el plexo solar está a punto de morir, la tendencia de su ser es buscar la salida por dicha región.

A través de las energías arriba especificadas el individuo puede actuar en el mundo físico y expresarse mediante una vida con pensamientos, sentimientos, palabras y acciones. Cuando Dios retira estas conexiones del cuerpo, sucede lo que se conoce como muerte: pérdida de la conciencia en el mundo material y desintegración del cuerpo.

El cuerpo en que expresamos la vida está compuesto de lo que se conoce como:

• *Nadis* y los siete centros energéticos o *chakras*.[14]

---

[14] *Nadis* proviene del sánscrito y significa "río, torrente, corriente, etcétera". Esta palabra se aplica de forma indistinta a los vasos sanguíneos y a los nervios. Representa una línea o vaso por el que fluye una corriente de fuerza. Representa también los plexos, ganglios, nodos y, en general, todos los centros de fuerza vital o nerviosa del cuerpo. Los tres *nadis* principales en el conducto medular de la columna vertebral son *pingala*, *ida* y *sushumna*, que transportan la energía que se denomina *kundalini*.

- Sistema nervioso: cerebro-espinal, gran simpático y periférico.
- Sistema endocrino (que es el aspecto de expresión más denso).

¿Qué sucede con la energía de vida cuando dormimos?

La energía que llega al cerebro por medio del hilo de vida durante las horas de sueño es retirada (no se corta el hilo, sólo deja de fluir energía) y esto explica por qué somos inconscientes del mundo material cuando dormimos. Durante ese tiempo, la conciencia está enfocada en otro plano, ya no en las cosas que corresponden al mundo físico, sino que percibe acontecimientos y sucesos que corresponden al plano donde entramos cuando la energía se sustrae del cerebro. Recordemos que al retirarse la energía del cerebro físico aún está fluyendo a la contraparte etérica, astral y mental. La diferencia entre el sueño y la muerte es que, al morir, ambas conexiones (la del cerebro y la del corazón) son retiradas y el hilo se rompe. En el momento de la muerte, el cerebro deja de registrar, se interrumpe la vida en la corriente sanguínea, el corazón se detiene, y la vida como la conocemos en el mundo tridimensional no se expresa más, porque el alma ha desalojado el vehículo que correspondía a un trabajo temporal, ya no lo necesita porque se ha tornado obsoleto. A partir de entonces, la materia comienza su proceso de descomposición de acuerdo con el mandato vibratorio que contiene, y la conciencia del individuo empieza a enfocarse en otra parte. Cuando dormimos no pasa esto, lo único que sucede es que sin que se desconecte la unión, el cerebro deja de recibir la energía. Cuando dormimos, nuestro cerebro queda desconectado de las energías que recibe cuando estamos despiertos, por lo que no participa en las experiencias que tiene nuestra conciencia durante

---

A su vez, la palabra *chakra* también proviene del sánscrito y significa "rueda, disco o círculo". Aquí se refiere a los siete centros o núcleos de fuerzas vitales que no son percibidos por los sentidos físicos. Cada uno de ellos tiene correspondencia con una zona en el cuerpo físico, en la médula espinal y en los centros nerviosos, cada uno tiene control sobre una función especial del cuerpo físico (ver apartado "Los *chakras*" más adelante).

las horas de sueño. Durante ese tiempo, nuestra conciencia está en otro plano, pero nuestro cerebro permanece en el cuerpo físico.

En estado de coma, ¿qué sucede con el hilo de vida?

Existen dos tipos de estados de coma: uno se conoce como estado de coma de lucha, y sucede antes de la muerte; es decir, en la agonía que es cuando el alma decide que el cuerpo de carne y hueso ha cumplido su función, y la vida organizada —por medio de un elemental— que existe en él, trata de permanecer aferrado al cuerpo físico.[15] Aunque esta batalla que entabla el elemental puede prolongarse, cuando el alma ha tomado la resolución de abandonar el cuerpo nada la detiene, emite una nota a la que responden los ángeles que auxilian en ese momento, ellos se encargan de que la energía que llega al bazo se suspenda. Después cortan el suministro de los centros menores y, finalmente, desconectan la energía de vida que está anclada en el corazón. En ese momento sobreviene la verdadera muerte.

El segundo se conoce como estado de coma de restauración, y sucede cuando el alma permite que se retire la energía del hilo de la conciencia que está en el cerebro, pero sigue fluyendo por el extremo del hilo conectado al corazón. Este coma puede darse en caso de una enfermedad o accidente y, después de un tiempo corto o largo, cuando el alma lo estima conveniente emite la nota para que se desbloquee el conducto del cerebro. Entonces recupera su influencia sobre el organismo y se restablece la salud. En este tipo de coma siguen recibiendo energía el centro del corazón, el bazo y los otros dos centros menores conectados al aparato respiratorio.

---

[15] Existe una vida organizada, conocida como elemental del cuerpo, para mantener unidas las moléculas de un cuerpo. Hay un elemental para cada cuerpo, cada uno con un programa con indicaciones para mantener los átomos juntos durante el tiempo que el alma decide que manifestará vida. El elemental no tiene conciencia, sólo posee un programa que ejecuta. Al transcurrir el tiempo, el elemental va comprendiendo rudimentariamente que su conciencia permanece mientras existe el cuerpo al que está asignado y, por lo general, se aferra a él.

Los átomos permanentes o simientes donde se registran las experiencias del individuo

Ya de niño era yo de buen ingenio, y me cupo por suerte una
buena alma.
O mejor; siendo bueno, tuve también un cuerpo sin mancha.

Sabiduría 8: 19-20

En este capítulo se mencionarán someramente los cuatro ángeles del destino humano, pues gracias a su labor existen y se conservan los átomos permanentes o simientes. Estos celestiales mensajeros de Dios son el ángel de la vida, el ángel de la memoria o de los registros, el ángel de la justicia y el ángel de los nacimientos. Cada uno cuenta con una hueste que lo asiste con el fin de supervisar el cumplimiento del plan para el planeta y para todo lo que aquí se desarrolla. La forma en que acceden a la historia de la vida de cada ser humano es mediante átomos especiales que reciben el nombre de permanentes o simientes. Existe uno por cada cuerpo, pero aquí enumeramos sólo los que están conectados a los cuatro inferiores donde se registran todos los pensamientos, sentimientos, palabras y acciones del ser humano. Cuando llega el momento de la muerte y se disocian las moléculas de estos cuerpos, los átomos se recogen porque es el medio para conocer el resultado de lo que ha vivido el individuo. Los ángeles de los registros son quienes archivan los átomos simientes para que, a partir de la información guardada, supervisen las condiciones que experimentará cada individuo al nacer.

Cuando el individuo muere, deja el cuerpo físico y recobra el conocimiento en otro plano; se dice que llega a ser profundamente consciente de sí mismo, porque adquiere una claridad de percepción que no conocía mientras vivía en el mundo material. Tampoco percibe el tiempo como en el mundo tridimensional porque en los otros planos no es igual, allí, en instantes, puede ver cómo su vida completa aparece ante sí proyectada sobre una pantalla. El momento de esta experiencia es trascendental, porque el individuo descubre que todo lo que ve y siente corresponde a la realidad y que no existe nada ni nadie que esté suministrando algún dato equivocado referente a la existencia que acaba de dejar. Según la teoría de la reencarnación, toda la información que en ese momento percibe, proviene de lo registrado en cada uno de los átomos permanentes, y una vez que pase por el recuento de su vida y vaya trascendiendo por los planos que le tocan, dejará las partículas de cada uno (las que le correspondía desechar en la vida que acaba de dejar y no lo hizo), pero llevando el átomo con el registro; es decir, aunque se purifique el ser en un plano y deje todo lo que de allí cargaba como tarea para una vida, el recuerdo siempre se guarda porque es de él, es su vivencia, y a partir de ésta se estructurarán los cuerpos para una vida siguiente.

Los cuatro átomos son:

1. *Átomo simiente del cuerpo físico.* Se ubica en el corazón, lleva un registro exacto de todas las acciones que realizó y las palabras que pronunció el individuo mientras vivió. Según la teoría de la reencarnación, el registro de este átomo será el indicativo para seleccionar el medio ambiente en el que el ser tendrá su próxima experiencia de vida. También determinará las características del cuerpo físico, su plasticidad y capacidad para llevar a cabo determinadas funciones.

2. *Átomo simiente del cuerpo etérico o vital.* Se ubica en el plexo solar, lleva el registro de todos los incidentes en los que participaron las energías etéricas que usó el ser. Cuando el ser renace, de acuerdo con la memoria guardada en este átomo, será la salud, vitalidad y energía con que contará para resistir embates del astral. A partir de esta información se determinará cómo estarán los *chakras* y cuál de estos centros de energía estará más activo.

3. *Átomo simiente del cuerpo astral.* Está ubicado en el hígado, lleva registrado todos los incidentes relativos a emociones, sentimientos y deseos efectuados en todos los ciclos que el ser estuvo revestido con esta sustancia astral. La información guardada en este átomo será usada para determinar con quiénes se relacionará el individuo en una próxima encarnación; de acuerdo con estos datos, alternará con las personas con las que mantuvo contacto en una vivencia previa; los seres a los que amó seguirán siendo amados porque la relación se ha establecido en muchas encarnaciones; y aquellas personas con las que

se vincula y aparentemente le producen conflictos o él les altera su vida, estarán presentes para que aprenda a establecer una comunicación positiva y una convivencia armoniosa. Por medio de este átomo encuentra los grupos con los que se relaciona, y es por lo que puede reconocer a las personas aun cuando tienen un cuerpo físico diferente. La razón por la que está aquí guardado en este átomo es que siente atracción o repulsión por determinada persona o grupo, casi desde el primer momento en que se encuentran.

4. *Átomo simiente del cuerpo mental.* Se ubica en el cerebro, conserva el recuerdo exacto de todos los pensamientos que ha tenido el ser. Los datos aquí guardados serán los que definan el grado de inteligencia, intelecto y habilidad creativa del individuo cuando renazca. A esto se refería Platón cuando decía: "Toda habilidad es una reminiscencia."

Estos átomos simientes guardan las experiencias del ser humano, es decir, conservan un registro exacto de las vidas que ha experimentado cada uno a lo largo de milenios, y no se pierden en el momento de la muerte, sino que son conservados para que en cada vida, en torno a éstos, se estructuren los cuerpos que el individuo usará cuando vuelva a encarnar. Estos registros se conservan y enriquecen de vida en vida; de acuerdo con el resultado de la suma de la información acumulada en cada átomo, se forman los cuatro cuerpos que usará el ser encarnado. De esta manera no puede existir injusticia, sino que cada quien tendrá el cuerpo con las características que corresponden a lo que desarrolló o dejó de hacer en sus vidas previas. Por ejemplo, alguien sólo dedicado al culto del cuerpo físico, que descuida el cuerpo mental, podrá llegar a una vida con un cuerpo físico muy fuerte, pero con poca capacidad intelectual. De la misma manera, si alguien se dedica sólo a cultivarse intelectualmente y olvida fortificar su cuerpo físico, es probable que nazca con mucha inteligencia, pero con un cuerpo físico débil o malformado. Pues tanto lo que se descuidó como aquello en lo que se progresó se va registrando en los átomos simientes, por lo que los cuerpos futuros que se estructuran en torno a los átomos serán lo que arrojen los pensamientos y las acciones del individuo en vidas anteriores. El cuerpo físico y las características morales y mentales de una persona son consecuencia de las perfecciones o imperfecciones registradas previamente en sus átomos simientes. Cada uno puede saber cómo será su cuerpo y su adelanto en una vida futura, puesto que lo está creando en el aquí y el ahora. Las personas espirituales lo son porque se han disciplinado en vidas anteriores para serlo; lo mismo se puede decir de los artistas, filósofos, escritores, atletas, etcétera, ya que sus átomos han guardado un registro exacto de su esfuerzo. Allí están asentados todos sus intentos, desvelos, luchas y todos los sistemas que usaron para llegar al grado de avance que se manifiestan hoy como talentos.

Los ángeles de los registros acceden a la calidad de vida física, etérica, emocional, mental y espiritual del ser humano por medio de lo que durante su existencia se fue grabando en cada uno de los átomos permanentes. Sus experiencias físicas se almacenan en forma de vibraciones, porque cualquier situación que vive el individuo produce una nota que corresponde a la cualidad de la situación; por ejemplo: si es un acto de bondad, produce una emisión lumínica que absorbe el átomo físico; si es un acto de maldad, tiene una conmoción densa que también es recibida, pero en otra sección dentro del mismo átomo físico. Absolutamente todo lo que vive el cuerpo físico repercute en el átomo permanente y le va dando una nueva vibración. O mejor dicho, todo lo que experimenta el ser humano va conformando la vibración del átomo permanente. Cuando concluye la vida del individuo en el mundo material, el átomo puede responder de múltiples maneras al mundo exterior y sabe reaccionar por medio de impulsos vibratorios a todo lo que le rodea. Como se dijo anteriormente, en el proceso que se conoce como muerte, las partículas del cuerpo físico se disocian, pero el átomo permanente que corresponde al cuerpo físico se rescata porque lleva guardadas todas las experiencias del individuo, vida tras vida. Aquí queda registrado cómo, a fuerza de conmociones o choques a través del tiempo, el hombre aprende a apartarse de lo que es incorrecto y a buscar lo que lo conduce al mundo celestial. Cuando, a la hora de la muerte, el alma se retira con el átomo, éste sirve de núcleo sobre el que se construirá el próximo cuerpo material al momento de encarnar de nuevo.

En el cuerpo del ser humano, el átomo simiente del cuerpo físico se encuentra localizado en el ventrículo izquierdo del corazón y por medio del fluir de la sangre sobre éste se imprime una huella que corresponde a lo que el individuo está experimentando. Se podría decir que es una especie de cámara con un rollo que recoge todo lo que vive, anhela, desea, piensa, siente, percibe, omite, decide y hace el individuo. Retrata lo que experimenta el individuo. Sobre este átomo queda impreso lo que ha desarrollado como conciencia. Éste es el mismo registro que se despliega a la hora de la muerte.[16] Desde este átomo se desprende el cordón de plata o hilo invisible que une a los cuerpos sutiles con el cuerpo físico. Cuando llega la muerte, este cordón se rompe y absorbe el átomo que sube pasando por el nervio pneumogástrico por medio del tercer ventrículo del cerebro, y luego al exterior por la fisura que existe entre los huesos occipital y parietal del cráneo hasta llegar a los cuerpos superiores. Cuando se da esta ruptura, se separa el cuerpo etérico que queda flotando sobre el cadáver alrededor de tres días y medio. Después, salvo raras excepciones, este cuerpo se desintegra con el cuerpo material. En el momento de la separación del cuerpo etérico, el cordón se rompe a la mitad y es sólo entonces cuando se encuentra el espíritu separado del mundo material, aunque aún sigue envuelto en las vestiduras astral, mental y causal, y conserva los átomos.

A la hora de la muerte, el espíritu, envuelto en el cuerpo astral o emocional y mental, se retira del cuerpo físico que ya tiene interrumpidas sus funciones vitales, por lo que el cuerpo etérico o vital también se sale y queda el cuerpo físico sin vida. Es el cadáver. Conforme se transitan los diferentes planos dejando partículas de cada uno, estos átomos subsisten porque deben servir de núcleos para cada uno de los cuerpos en la siguiente encarnación.[17]

¿Cómo se transmite la información de los átomos simientes al ser cuando es concebido?

Como vimos anteriormente, apoyándonos en la teoría de la reencarnación, los átomos simientes no se renuevan como los otros átomos del cuerpo humano, sino que son indestructibles

---

[16] En algunos accidentes, en especial en los que se está a punto de morir ahogado, hay personas que aseguran haber visto en un instante las escenas de su vida grabadas como si estuvieran ante una pantalla de cine.

[17] Hay casos en los que el cuerpo etérico permanece durante el tiempo en que es conservado el cuerpo físico sin desintegrarse, como ocurre con las momias.

y permanentes. Han participado en todas las vidas que experimentó el ser humano preservando sus vivencias y han formado parte de cada uno de los cuerpos que han ocupado en la Tierra. Cuando el individuo fallece, estos átomos se retiran y son conservados para participar una vez más en el nuevo cuerpo que ocupará el ser cuando vuelva a nacer. A partir de la concepción entran en acción las partículas que pertenecen al plano del átomo en cuestión y se arremolinan a su alrededor. No existe la casualidad, cada ser tiene la configuración física: características morfológicas, emocionales, mentales, talentos, gracias, dones especiales, tendencias de hacer el bien y evitar dañar, y el estado de conciencia, de acuerdo con lo que se encuentra detallado en estos átomos. Se dice que antes de la concepción, el átomo que corresponde al cuerpo físico es ubicado en la cabeza triangular de uno de los espermatozoides del semen del que será el padre y sólo cuando este átomo esté colocado será posible la fertilización. Con esto se comprende que cada concepción, en los ámbitos sutiles, está seriamente considerada; no existe la casualidad, todo tiene una razón de ser, aún en los casos que rebasan nuestra comprensión.

¿Por qué algunas personas pueden tener visiones sobre acontecimientos futuros?

Para acceder a sucesos pasados y futuros se debe entrar al plano al que corresponden por frecuencia vibratoria: los acontecimientos espirituales se perciben en los planos elevados y los sucesos trágicos se ven en los planos astrales. En cualquiera de los casos, es necesario que exista una rasgadura en el cuerpo etérico para que el individuo, estando despierto, pueda percibir el acontecimiento. Esta rasgadura debe ser suficientemente grande como para permitir la entrada de la conciencia al plano y percibir las escenas. Recordemos que el cuerpo etérico es como una membrana que bloquea la visión del consciente al mundo astral. Durante el sueño, también entramos al mundo astral y percibimos acontecimientos pasados o futuros como si estuvieran sucediendo en el presente. En este caso no se rasga el etérico, sino que actuamos en el cuerpo astral directamente (ver apartado "Los sueños: ¿qué sucede cuando dormimos?" más adelante en este capítulo).

Hay personas que pueden tener visiones premonitorias o percepciones del más allá, ya sea en trance provocado por medio de sustancias tóxicas o espontáneamente. Esto se debe a que las moléculas que conforman su cuerpo etérico se adelgazan o perforan en alguna zona abriendo una ventana hacia el mundo astral, por lo que pone a la persona en contacto directo con acontecimientos astrales. Esto puede deberse a lo siguiente:

El cuerpo etérico del individuo se desarrolla con esta característica desde el nacimiento, momento en que sus moléculas etéricas deberían comenzar a acomodarse de manera sincronizada con las del cuerpo físico. Se dice que este hecho cuando produce bienestar a la persona que lo tiene y lo ocupa como un don para beneficiar a otras, pertenece a seres que por su pureza espiritual están llamados a profetizar y dar testimonios de acontecimientos celestiales. Ejemplo de esto es la vida de los santos que con sólo pensar en Dios podían acceder al mundo celestial y ver a Jesucristo, a la Virgen, a los ángeles y a los seres divinos, para luego narrar sus experiencias. Algunos de ellos también han tenido que sufrir las visiones del ínfimo astral, con el fin de informar sobre la realidad de ese espacio. Son personas que renuncian a las cosas mundanas y se dedican sólo a cumplir la voluntad de Dios. Cuando las experiencias generalmente son desagradables, o si las visiones que se perciben son comercializadas o usadas para alimentar el ego, de acuerdo con la teoría de la reencarnación, se habla de personas que en vidas anteriores hicieron uso inadecuado de la energía *kundalini*, y abusaron de las facultades que lograron adquirir. Cualquiera que posee cierta facultad innata para conocer el pasado y el futuro, y no la desarrolla positivamente sino que intenta mercantilizarla, puede tener mayores desgarres psíquicos y ser asediado de manera continua por seres del mundo inferior.

Otras circunstancias que pueden producir visiones son el exceso de oxigenación, los ejercicios respiratorios que se practican de manera indiscriminada, sin investigar antes qué consecuencias pueden tener. También suele suceder cuando se evocan fuerzas cósmicas o se intenta la comunicación con entidades astrales. Esto último se ha convertido en una actividad cotidiana especialmente entre niños y jóvenes que son inducidos por medio de caricaturas y programas televisivos al ocultismo, y a ciertas actividades riesgosas porque aunque muchos ritos y ceremonias mágicas se presentan en el cine y la televisión como juegos inofensivos, por lo general no son así; detrás de ellos hay verdaderos magos que dirigen y dan los pasos exactos a seguir para invocar entidades negativas.

La habilidad de separarse del cuerpo físico también es empleada a veces para incursionar en el astral con el fin de defenderse de ataques astrales o para llevarlos a cabo. En su libro *Autodefensa psíquica*, Dion Fortune relata cómo combatió durante un ataque psíquico contra una persona versada en el ocultismo. Después de esta experiencia ella quedó desgastada emocionalmente, enferma de los nervios y sintió que su energía se drenó por completo. Existen diversas rutinas enfocadas a despertar el tercer ojo, hacer viajes astrales (llamados también proyecciones astrales o exteriorizaciones), ejercicios cuya finalidad es ver sucesos que se realizan en otros espacios y tiempos. La percepción a distancia, que de acuerdo con Frederick W. H. Myers, fundador de la Sociedad para Investigación Psíquica en Londres a fines del siglo xix (*Society for Phychical Research*), conjunta la telepatía, la retrocognición (ver el pasado), la precognición (ver el futuro) y la clarividencia, y se refiere a tener impresiones psíquicas con la participación de todos los sentidos: vista, tacto, oído, olfato y gusto, y también para mantener una conversación con seres en diferente tiempo y espacio. Hay personas que nacen con esta habilidad para ver en el plano astral algunos acontecimientos del futuro, otras tratan de cultivarlas por medio de dinámicas especiales. Es la misma habilidad que han desarrollado los chamanes de Norte, Centro y Sur de América, del Tibet, Siberia, África o la India, así como personajes conocidos por sus facultades clarividentes a lo largo de la historia, como Emmanuel Swedenborg, autor de libros inspirados por espíritus de otros planos (entre ellos *De planetas y ángeles*), de H. P. Blavatsky (autora de *La doctrina secreta*), Alice Bailey (inspirada por Dwjal Khul), los profetas del Antiguo Testamento y del Apocalipsis, y otros célebres visionarios del pasado, y algunos que en la actualidad también están recibiendo información congruente de fuentes de elevada vibración, y otros de entidades densas que proporcionan datos dudosos. En 1972, los científicos Russel Targ y Harold Puthoff acuñaron el término "visualizaciones a distancia", que reúne todas las habilidades extrasensoriales. Después de muchas investigaciones, concluyeron que una gran cantidad de seres humanos tienen experiencias psíquicas en algún momento de su vida, mientras que otros muchos parecen haber nacido con esta capacidad.

Experiencias fuera del cuerpo: viajes etéreos y viajes astrales

Las experiencias fuera del cuerpo están relacionadas con las vivencias que el individuo tiene en otro plano mientras su cuerpo físico descansa en el mundo físico. Se dice que éstas pueden ser etéreas, astrales, visualizaciones remotas, proyecciones con el cuerpo mental a planos de luz y canalizaciones, según la contraparte del cuerpo físico que se desplace. Asimismo, se dice que las proyecciones etéreas por lo general suceden cuando la persona hace visible su cuerpo etérico en un lugar estando en otro. A estos fenómenos se les conoce también como desdoblamiento o bilocación, y pueden suceder en momentos de suprema angustia, cuando el ser desea transmitir su presencia a otro, como en el caso de personas vistas poco tiempo antes o después de su fallecimiento, o como los místicos y grandes santos que podían realizar sus funciones en un espacio y, al mismo tiempo, ser percibidos realizando otra labor en diferente lugar. Muchas veces, el individuo no está consciente de que realiza esta proyección, pues la sola fuerza del pensamiento, un deseo vehemente, puede hacer que se efectúe, aunque hay quienes de forma natural conscientemente también la realizan. El padre Pío fue famoso por este tipo de experiencias, a veces mientras oraba en un lugar, era visto curando y consolando en otro.

Se conocen como experiencias en el plano astral, cuando el individuo tiene su conciencia en ese sitio mediante los sentidos del cuerpo astral. En la actualidad, existen muchos testimonios de personas confiables que relatan haber vivido acontecimientos separados de su cuerpo material, que han podido percibir situaciones de manera consciente en un lugar mientras su cuerpo físico estaba en otro. Las referencias de estas experiencias son universales y se han documentado a lo largo de la historia humana con diferentes nombres: experiencias fuera del cuerpo, viajes astrales, fenómenos extra sensoriales (o ESP, *Extrasensory Perception*) o sexto sentido, proyecciones astrales, exteriorizaciones, viajes a través del tiempo y del espacio, videncias, profecías, visualizaciones remotas, etcétera.[18] En inglés se les conoce con las siglas OBE (*out-of-body experience*). Todas ellas se refieren a cómo una parte intangible o conciencia se separa del cuerpo físico cuando la persona medita o se transporta en éxtasis espiritual; también cuando duerme, porque todos los seres humanos viajan a otros planos cuando dormitan o acceden al sueño profundo.

Esto se puede dar de manera espontánea antes de dormir y antes de despertar, en lo que se conoce como el crepúsculo del sueño; también en enfermedades graves, traumas, pánico, y cuando existe tensión emocional, gran cansancio físico, etcétera. Estas experiencias también se pueden lograr por medio de ejercicios, prácticas o dinámicas especiales. Existen personas serias que lograron desarrollar esta capacidad y la han empleado de manera favorable para la humanidad; para conocer misterios de la naturaleza, hechos históricos confusos que supuestamente se encuentran registrados en los archivos akáshicos, para observar el campo electromagnético de las personas con el fin de diagnosticar algún padecimiento, entre

---

[18] Quienes practican visualizaciones remotas y quienes perciben escenas que pueden estar alejadas, tanto en el tiempo como en el espacio, afirman que esto es una experiencia distinta a los viajes astrales, porque sólo proyectan su vista psíquica hacia una región o blanco seleccionado de antemano. También aseguran que su experiencia es diferente a las canalizaciones, pues ellos son auxiliados por un monitor y no se conectan con guías o espíritus como los canales. Sin embargo, cuando llevan a cabo estas correrías psíquicas, su cuerpo astral (y también parte del etérico) sí participa, porque puede ser visto por otros seres que ya no tienen cuerpo material y habitan o deambulan por los espacios etéricos y astrales. Adicionalmente, su cuerpo físico se debilita y su desgaste mental es mayor. De acuerdo con narraciones de personas que practican esto como parte de su trabajo para el servicio de inteligencia de distintos gobiernos, la práctica excesiva de las visualizaciones remotas conduce a debilitamiento, perturbaciones y experiencias psíquicas terribles, semejantes a las que reportan algunos brujos o magos negros al final de sus días.

otros. De hecho, mucha información recopilada respecto a los planos que circundan nuestro planeta se debe a viajes de esta naturaleza. Hay quienes también intentan estas separaciones buscando secretos o conocimiento vedado a otros, o para contactar maestros cósmicos, difuntos, entes diabólicos, ángeles, duendes o hadas. También existen quienes, por medio de estupefacientes, drogas, fármacos, alcohol, sonidos de percusión, danzas, respiraciones, hipnosis y otros alteradores de la conciencia, pueden también realizar estas proyecciones, pero el plano al que arriban generalmente corresponde a uno de baja vibración y pueden ser engañados por las entidades con las que se ponen en contacto, pues en los planos muy bajos los habitantes son perversos y están ávidos por dar información engañosa que interfiera el crecimiento del humano. El cuerpo conocido como astral o emocional es el que ocupa el chamán de las diferentes culturas, y los magos negros y los brujos para llevar a cabo sus trabajos de hechicería. Las experiencias previas a la muerte también incluyen proyecciones etéreas, que ocurren en las muertes clínicas, conocidas como experiencias cercanas a la muerte, NDE por sus siglas en inglés (*near-death experience*). En cuanto a las OBE, las personas que han practicado estas proyecciones reportan que generalmente su contraparte sutil tiende a salir por un orificio en la cabeza o en el plexo solar, pero que a veces también sólo se elevan como flotando sobre su cuerpo físico.

La creencia en esta capacidad del ser humano de salir del cuerpo era compartida por grandes filósofos de la antigüedad como Platón, Sócrates, Plinio, Plotino o Plutarco. Todas las culturas hablan del cuerpo intangible que se separa del físico cuando la persona duerme, medita o se transporta en éxtasis espiritual. Como vimos al inicio de este capítulo, los misterios antiguos requerían que los discípulos practicaran estos viajes astrales, y los ritos de iniciación de los misterios de Mitra se basaban fundamentalmente en la proyección astral.

Rasgadura en el cuerpo etérico

La práctica de rituales extraños, magias ceremoniales y visualizaciones peligrosas pueden hacer que se rasguen los tejidos del cuerpo etérico, a tal grado que se vuelve imposible repararlo por completo. Cuando esto sucede, el mundo astral queda al descubierto, y el individuo tiene acceso a eventos en dimensiones diferentes al mundo material. Puede tener experiencias desagradables, incluso ser atormentado por entes que tienen su actividad en el subplano astral correspondiente a la abertura en el etérico.

Cada uno de los cuerpos del ser humano tiene su atención en su plano, o sea, tiene sus sentidos puestos en el plano que le corresponde por similitud de vibración: el cuerpo físico tiene su conciencia en el mundo físico, el cuerpo etérico, aunque no es plenamente consciente, está en el mundo etérico, el cuerpo astral vive en el mundo astral, y lo mismo ocurre con los otros cuerpos. Cada uno de ellos sólo puede funcionar en el plano que está formado con la misma sustancia. El cuerpo físico no puede entrar al plano etérico ni al astral; tampoco al mental inferior ni a las moradas celestiales. Por eso vemos que cuando sucede la muerte, el cuerpo físico debe desintegrarse en este mundo ya que no puede salir de él. Si la persona quiere realizar un viaje astral, deberá ocupar su cuerpo astral, mientras el cuerpo físico se encuentra reposando en la Tierra. Para centrar la conciencia en el mundo etérico se necesita ese cuerpo; es el campo al que más fácilmente se puede acceder. Puede suceder de manera accidental, cuando sin previo aviso se visualizan fantasmas o cuerpos etéreos que recientemente han abandonado su cuerpo material; o cuando los niños acceden a él y ven hadas, duendes, sílfides, etcétera.

Cuando el cuerpo etérico se ha rasgado, queda un hueco o ventana al más allá por donde la conciencia del individuo puede acceder y conocer mucho de lo que se lleva a cabo en el astral; pero quienes se dedican a realizar entradas a este espacio pueden tener experiencias desagradables, tanto psíquicas como físicas, porque cada vez que acceden al plano se rasga más el cuerpo etérico, lo que las debilita y, a veces, las conduce a experimentar alteraciones de salud que no pueden ser diagnosticadas (atribuidas a trabajos de brujería). También pueden experimentar lagunas mentales y otros malestares psicológicos, así como una angustia cada vez mayor. Incursionar al astral tiene riesgos, porque con cada entrada se va debilitando la membrana etérica que resguarda los sentidos físicos; según reportes de algunos que lo practican de manera habitual, con el tiempo comienzan a sentir desolación, melancolía, depresión, inquietud y desesperación, sentimientos propios de ese plano.

Existen también personas, como se expresó líneas arriba, que nacen con un desfase del cuerpo etérico respecto al cuerpo astral, en especial en la zona del bazo. En algunos casos se trata de personas altamente evolucionadas y desarrolladas espiritualmente, que han nacido con gracias especiales para servir a la humanidad y son fácilmente reconocibles por sus mensajes coherentes, su facilidad para la videncia y su auténtico interés por la superación del prójimo. Son seres confiables, de buena fe, con extraordinaria humildad que brota de su corazón, que en realidad poseen dones del Espíritu Santo. Repasando la vida de algunos místicos y santos, encontraremos que muchos poseían estas características, y no siempre se sentían dichosos por las visiones que percibían en el otro lado.

Aunque las moléculas de los cuerpos no están sobrepuestas sino interpenetradas, para intentar transmitir tridimensionalmente lo que sucede cuando una persona tiene experiencias en el plano astral, algunos estudiosos opinan que la membrana etérica se adelgaza o se perfora en el espacio o contrapartes moleculares que le corresponden, según sea la visión que tenga el que incursiona. Por ejemplo: si se trata de una visión divina, se apartan las partículas etéricas del cerebro, de la zona de la cabeza. Si se trata de una percepción de un plano de vibración menos celestial, se percibe a través del espacio que se abre del diafragma para arriba. En el caso de escenas no muy agradables, se trata de la zona que corresponde al diafragma para abajo. Con todo esto, lo que realmente se intenta transmitir es que para percibir lo que sucede en un plano diferente al mundo físico, forzosamente debe quitarse la barrera que nos resguarda de otro plano.

Cuando algunos médiums, clarividentes o psíquicos entran al plano astral para percibir y participar en sucesos que allí se desarrollan, entran en trance, y puede suceder que es otra entidad quien se posesiona del cuerpo del sujeto (se le llama "sujeto" a la persona sensitiva que reúne condiciones psíquicas especiales) quien, en esos casos, permanece inconsciente de lo sucedido una vez que despierta de la experiencia. Las entidades que irrespetuosamente toman posesión del cuerpo de un sujeto lo hacen a través del plexo solar. Aquí es preciso aclarar que los seres benignos, los seres de luz, y aún los seres cósmicos de elevada vibración, jamás toman posesión de un cuerpo; se comunican inspirando a la persona que es su receptor. Cuando se trata de psíquicos, videntes y clarividentes más evolucionados espiritualmente, es la trama o membrana del cerebro la que se rasga, y es por aquí donde entra la luz, la inspiración y la información recibidas mientras se mantiene la conciencia. Son estos mismos puntos: plexo solar y cerebro, además del corazón, por donde busca el alma su salida cuando llega la muerte.

Cuando por medios artificiales (drogas o alcohol), o por ejercicios respiratorios indiscriminados, se intenta lograr un estado alterado de conciencia, lo que puede suceder es que las uniones entre las células del cerebro y su contraparte etérica se rompan o estiren de tal manera que el individuo quede estancado en un submundo astral (lo que coloquialmente se llama "quedarse en el viaje") o llegar a la locura.[19] En el mejor de los casos, cuando las moléculas del etérico no se desfasan al grado de que la persona quede como vegetal, puede suceder que la separación parcial ocurra sólo en ciertas neuronas cerebrales, cuyos dobles etéricos a veces atinan a acomodarse momentáneamente y el sujeto tiene periodos esporádicos de lucidez; pero por lo general no coordina y presenta síntomas variados, todos relacionados con las visiones o percepciones astrales a las que se enfrenta continuamente en el plano astral en donde permanece su conciencia la mayor parte del tiempo. Esto mismo se puede observar —a veces en un plano menos denso— cuando por medio del alcohol se rasga la protección etérica y los adictos perciben figuras fantásticas como arañas desproporcionadas o elefantes color de rosa. En una persona amoral y de bajos instintos, la mayor parte del tiempo tiene su conciencia enlazada con entes aterradores del bajo astral quienes le hostigan continuamente y le amenazan con mayor sufrimiento si no les cumple lo que le ordenan.

---

[19] La locura se manifiesta cuando algún eslabón del hilo de la vida se rompe, ya sea en la porción que une el cerebro físico con el etérico, entre el etérico y el astral, o entre el astral y el mental, pero sólo en el extremo de la corriente dual que está anclado en el cerebro. En cada caso se presenta un tipo diferente de locura, desde el desquiciado tranquilo hasta el agresivo y el maniático incontrolable.

Los *chakras*

El ser humano para funcionar tiene dentro de sí varios tipos de energía: una se encuentra inherente en las células o átomos del cuerpo físico, distinta a la energía dual que es transmitida a través del cordón de vida. Este hilo se llama dual, porque lleva dos corrientes de energía que se unen y forman una sola, pero luego se separan en dos extensiones, una se ancla en el corazón físico del ser humano desde donde, a través de la corriente sanguínea, infunde vida a todo el cuerpo. Gracias a esta energía se mantiene la vida en los átomos y las células del cuerpo. Cuando se suspende la corriente, se separan los átomos, llega la muerte y comienza la desintegración. La otra afluencia de la energía dual entra al cerebro físico, anclándose en la región de la glándula pineal, desde donde el alma comienza a manejar y usar el cuerpo físico dándole la fuerza para que permanezca organizado y manifieste vida.

Existe también la energía que el cuerpo físico recibe por medio de centros especiales repartidos por todo el cuerpo etérico. El cuerpo físico toma su forma del cuerpo etérico, por eso se le llama doble, porque es una copia del de carne y hueso. En el cuerpo etéreo hay una sofisticada organización que permite que el cuerpo físico pueda absorber energía muy refinada y de diferentes tipos, porque es el doble etérico quien recoge las energías, luego las procesa para por último transmitirlas al cuerpo físico. Estas fuerzas las recibe el doble etérico a través de centros especiales que tiene ubicados en su cuerpo, los que tienen correspondencia con zonas específicas del cuerpo físico. Las estructuras en el cuerpo etéreo, de acuerdo con la información proveniente de los rishis hindús, semejan apéndices en forma de campana con pedúnculos que las unen a distintos puntos en un canal también etéreo que recorre todo lo largo de la columna vertebral. El nombre que le dieron a cada uno de estos centros es *chakra*, que en sánscrito significa "rueda", porque en su centro aparece de manera más reluciente, un vórtice giratorio que emana radios, que parecen ondas o pétalos de flores, con cantidades que varían en cada *chakra*. Cada radio representa un tipo de energía. Cuando se ven de frente, debido a la energía pránica que los irriga, reflejan colores desconocidos para el ojo humano, mientras imitan el movimiento giratorio de las hélices de un avión. Su tamaño y brillantez varía según cada persona, pero pueden ser entre cinco hasta aproximadamente quince centímetros de diámetro. En los bebés, apenas alcanzan sólo dos y medio centímetros. Estos centros energéticos tienen el potencial de atraer y desalojar la energía, además poseen dispositivos especiales para regular y controlar su efusión, así como para acumularla y mantener reservas para enviarla al cuerpo físico conforme la necesite. Mediante el canal o red a la que están unidos los pedúnculos, la energía que entra en un *chakra* se procesa y se remite a otro, y se va purificando a medida que fluye hacia los otros centros por encima del diafragma. La contraparte física que está en contacto directo con los puntos de unión de los pedúnculos es muy importante por los efectos que produce sobre los órganos que tiene cerca. Este es el sistema por el que el espíritu a través del alma transmite vida al cuerpo físico para que éste le responda como vehículo de expresión en el mundo físico.

El cuerpo etérico tiene siete centros mayores o *chakras*, y cuarenta y nueve centros menores. Los primeros inician al comienzo de la columna vertebral, terminando con dos sobre la cabeza. Los menores están repartidos por todo el cuerpo. Como mencionamos, existe una red de sustancia etérea que envía energía al organismo desde los centros anteriores que están conectados a un sistema mayor y a otro menor. Desde esta red, y en el triple sistema nervioso, salen millones y millones de pequeños hilos de energía que se conocen como *nadis* que son los responsables del mecanismo sensorial de respuesta que nos permite actuar, y una de sus manifestaciones externas son los cinco sentidos. La energía de los *nadis* se transmite al cuerpo físico a través del corazón, del sistema endocrino y del cerebro; se concentra básicamente en diferentes zonas del cuerpo del ser humano y de acuerdo con su evolución será el centro más cargado de energía. Las personas que no han podido superar las pasiones y están arraigadas de manera incontrolable a la materia tienen la energía localizada en la zona del plexo solar. Las personas comunes la tienen distribuida en la zona que abarca desde el plexo solar hasta el *chakra* laríngeo. Los más evolucionados espiritualmente tienen la energía mayormente repartida desde el plexo solar hasta el *chakra* coronario. Los dos primeros *chakras* tienen pocos radios y su función es transferir al cuerpo dos energías del plano físico (la *kundalini* o fuego serpentino que la tierra recoge del sol, y la energía que proviene directamente del sol). Los *chakras* sexto y séptimo sólo se ven totalmente activos en quienes han alcanzado cierto grado de espiritualidad. Para ampliar un poco más, a continuación aparecen los nombres en sánscrito y las zonas del cuerpo físico a que corresponden estos centros de energía:

1. *Muladhara. Chakra* básico o *kundalíneo* que se localiza en la base de la espina dorsal, junto al plexo sacro. Tiene cuatro pétalos u ondulaciones que sugieren la figura de una cruz. Su color es rojizo anaranjado. Se relaciona con los ovarios, el útero y la fuerza básica vital. Cuando gira correctamente vitaliza los órganos sexuales, la sangre, da calor al cuerpo, fortaleza, voluntad, ambición, afecto, calidez y energía creativa. Cuando no está completamente activo, puede manifestar síntomas como: circulación defectuosa, depresión, esterilidad, trastornos en la menstruación, anemia, neuralgia, parálisis y poca energía para realizar obras creativas.

   Existen personas que con fuerza de voluntad se apartan del mundo del placer, y de esta manera la energía de este *chakra* fluye con más pureza hasta el corazón, por lo que pueden manifestar más creatividad, mayor entrega devocional y extraordinario amor a sus semejantes. Este es el sentido original de la abstención sexual y el celibato bien llevado.

2. *Svadistana. Chakra* esplénico o del bazo, localizado en la región del bazo, junto al plexo mesentérico. Algunos autores sitúan este *chakra* en el vientre. Tiene seis pétalos y su símbolo es una luna creciente (otros autores lo relacionan con una delta o triángulo). Su color es el anaranjado que proviene del movimiento de los seis pétalos cuyos colores son: rojo oscuro, rojo rosáceo, anaranjado, amarillo, verde, azul y violeta. Su función es subdividir y difundir la energía que proviene del sol y conducirla por la columna vertebral para vitalizar el sistema nervioso y los plexos allí situados. Es la energía que se distribuye e irriga en el bulbo, el cerebelo y los hemisferios del cerebro. Es auxiliar del metabolismo y de la purificación sanguínea. Este *chakra* es uno de los más importantes en

la distribución de la energía vital. Las personas a quienes les funciona bien rebosan de energía, fortalecen a otros con su sola presencia. Se relaciona con el páncreas, los ovarios, el bazo, los pulmones, los deseos y las emociones, los gustos, los apetitos, el orgullo, los deseos sexuales. Cuando hay poca actividad en este *chakra*, se pueden manifestar síntomas como tos, fatiga, emociones intensas, calambres menstruales, artritis, trastornos sexuales, molestias renales, estado de ánimo cambiante, irritabilidad, nerviosismo, tendencia a sobresaltarse con cualquier ruido, etcétera. Cuando este *chakra* no funciona bien, las personas se encuentran débiles y su cuerpo etérico absorbe energía de quien está cerca, actuando como lo que se ha llamado vampiro energético.

3. *Manipura. Chakra* umbilical o gástrico, se ubica sobre el estómago, junto al plexo solar. Tiene diez rayos o pétalos y su símbolo es un círculo, para otros un triángulo. Su color es amarillo. Se relaciona con las glándulas adrenales o páncreas, el estómago y el sistema digestivo superior, la fuerza, el intelecto, los poderes de la mente, el equilibrio, la nutrición, el centro psíquico, los nervios, el poder personal, la confianza en uno mismo, el estímulo. Síntomas cuando no está completamente activo: temores, ansiedad, extenuación, apasionamiento, cólera, complicaciones digestivas, estreñimiento, desarrollo físico incorrecto, dificultad en el aprendizaje, etcétera. Cuando está activo, aumenta la percepción a las sensaciones ajenas y se adquiere un tacto instintivo o sensibilidad para detectar las vibraciones hostiles o afectivas en el ambiente.

4. *Anahata. Chakra* cardiaco o del corazón, está en la región precordial, junto al plexo cardiaco. Tiene doce pétalos, su color es verde y rosa, predominando el verde, pero refleja un oro brillante cuando manifiesta bien su energía. Su símbolo es la estrella de David, según otros es una cruz de brazos iguales. Se localiza en la primera vértebra torácica entre los omóplatos y por debajo de éstos. Se relaciona con la glándula timo, y de su buen funcionamiento depende la manifestación del amor, la compasión, la alegría; sus atributos son el amor, el amor propio, la concordancia afectiva, el interés por el prójimo, él éxito, la inteligen-

cia superior, la adaptabilidad, etcétera. Tiene el don del presentimiento, la percepción de acontecimientos futuros y la intuición. Influye en el corazón físico, la circulación, la glándula del timo, los pulmones y el pecho. Cuando no funciona activamente, sus síntomas pueden ser: malestares en los ojos, úlceras, quemaduras, pérdida del amor, soledad, dolor de cabeza e infecciones.

5. *Vishuda. Chakra* de la garganta o laríngeo, se localiza en el plexo laríngeo. Tiene dieciséis radios u ondulaciones que corresponden a otras tantas formas de energía. Su color es el azul claro con visos de plateado brillante. Se localiza en la tercera vértebra cervical, por la garganta, cerca de la glándula tiroides. Se relaciona con la glándula de la tiroides y paratiroides. Su símbolo es un círculo, para otros es una media luna. Cuando funciona bien da la habilidad de la clarividencia, buena comunicación, buen lenguaje, creatividad, sentido artístico, elocuencia, espiritualidad, sinceridad, autoconfianza e independencia. Cuando no reciben bien las energías, los síntomas pueden ser: enfriamientos, quemaduras, dolor de cabeza y dolores en general, sueño, inflamaciones, infecciones, hinchazones, fiebres, malestares en la garganta, calambres menstruales e intranquilidad.

6. *Ajna. Chakra* frontal, cerebral o del entrecejo, localizado en la frente, entre los ojos, por el plexo frontal. Está relacionado con el cuerpo pituitario. Tiene noventa y seis pétalos divididos en dos mitades de cuarenta y ocho pétalos cada uno. Una mitad se percibe de color rosado con mucho amarillo y la otra es azul purpúreo, juntas, componen el color índigo. No tiene símbolo, aunque algunos autores lo representan como una estrella de David. Las habilidades psíquicas se manifiestan cuando este *chakra* o tercer ojo se encuentra desarrollado y sus atributos son: la intuición, el conocimiento, la percepción, la curación psíquica, la telepatía, la concordancia afectiva, la espiritualidad, el idealismo y la capacidad de conectarse positivamente con los demás. Síntomas cuando la energía no fluye adecuadamente: malestares en ojos, nariz y oídos, negatividad mental, nerviosismo y neumonía.

7. *Sahasrara*. *Chakra* coronario o de la coronilla, ubicado como un cono en la parte alta de la cabeza, en el plexo coronario. Se relaciona con la glándula pineal. Se le llama la flor de mil pétalos y se encuentra muy desarrollado en las personas espiritualmente evolucionadas. Las imágenes de santos con la llama sobre la cabeza representa este *chakra* desarrollado, como en Buda, san Judas Tadeo y otros apóstoles. Es el *chakra* más brillante cuando está en completa actividad. Contiene todos los matices del espectro, pero al girar predomina el color violeta. Sus atributos son: la espiritualidad, el poder de trascender, la conexión con la divinidad y el desarrollo psíquico. Cuando no fluye la energía de manera adecuada, los síntomas pueden ser: trastornos por estrés, enfermedades nerviosas, cataratas, tumores, trastornos en el cuero cabelludo y el cráneo, entre otros.

Algunos autores dicen que los *chakras* giran de izquierda a derecha y están entre seis y siete milímetros de la superficie del doble etéreo. Otros estudiosos afirman que su movimiento se alterna, uno a la izquierda y otro a la derecha, dos de derecha a izquierda, como sigue: *muladhara* de derecha a izquierda; *svadistana* de izquierda a derecha; *manipura* de derecha a izquierda; *anahata* de izquierda a derecha; *vishuda* de derecha a izquierda; *ajna* de derecha a izquierda, y *sahasrara* de izquierda a derecha.

Existe también el octavo *chakra* que se relaciona con el punto transpersonal del alma, que según algunos autores puede desarrollarse cuando los primeros siete estén vibrando a la más alta frecuencia, es decir, cuando hay una manifestación plena de amor noble, desinterés y entrega a la causa divina. Se habla también de los *chakras* nueve y diez que están en relación con los órganos inferiores y algunos autores alertan sobre el peligro que encierra despertarlos, agregando que su activación podría considerarse una de las mayores desgracias.

En el cuerpo etérico se encuentran los centros energéticos mayores y menores, así como la red de *nadis*. También el cuerpo astral tiene sus centros energéticos que tienen relación con los *chakras* del cuerpo etérico, aunque no siempre coinciden exactamente. En el cuerpo astral, estos *chakras* se encuentran sumergidos dentro del cuerpo, y en el etérico están en su superficie.

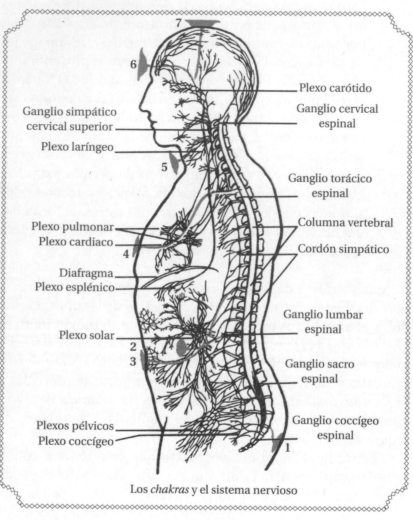

Plexo carótido
Ganglio cervical espinal
Ganglio simpático cervical superior
Plexo laríngeo
Ganglio torácico espinal
Columna vertebral
Plexo pulmonar
Plexo cardiaco
Cordón simpático
Diafragma
Plexo esplénico
Ganglio lumbar espinal
Plexo solar
Ganglio sacro espinal
Plexos pélvicos
Plexo coccígeo
Ganglio coccígeo espinal

Los *chakras* y el sistema nervioso

En la imagen se alcanza a ver los dibujos (como una flor de perfil)
De cada *chakra*:

1 Muladhara o *chakra* básico en el ganglio coccígeo espinal, a la altura de los glúteos
2 Svadistana está a la altura del bazo
3 Manipura está a la altura del ombligo
4 Anahata está a la altura del corazón
5 Vishuda está a la altura de la garganta
6 Ajna está en el entrecejo
7 Sahasrara está en la coronilla

116

¿Por qué la energía de los objetos emite vibraciones que pueden afectar positiva o negativamente?

Dios obraba prodigios extraordinarios por las manos de Pablo, hasta tal punto que imponían a los enfermos pañuelos o ropas que él había usado, y mejoraban.

Hechos 19: 11

No debemos olvidar que vivimos dentro de fuerzas invisibles mezcladas con los pensamientos, sentimientos, intenciones, palabras y acciones de todos los seres humanos. Estamos rodeados de formas invisibles que nos afectan continuamente, de las que no imaginamos su presencia, pero cuando aguzamos los sentidos y nos apoyamos en nuestro ángel guardián empezamos a estar conscientes de las vibraciones del lugar y aprendemos a interpretar las señales. Hay personas tan sensibles a las vibraciones incorrectas que de inmediato tienen una reacción física, como opresión en el pecho, palpitaciones, temblores, vahídos, escalofríos, etcétera, pero otras pueden estar recibiendo estas energías durante mucho tiempo y sólo perciben que su salud se va minando, se deprimen y viven con gran aflicción sin explicarse por qué.

Los objetos y lugares, en especial los cerrados, están impregnados de las emanaciones que emiten las personas que allí viven, entran o visitan. Y, como por regla general, los pensamientos, sentimientos y acciones de los seres humanos son irresponsables, es muy probable que la calidad del ambiente en el que nos movemos habitualmente no sea auspiciosa, por lo que es muy importante que con determinada frecuencia nos ocupemos de purificar nuestro hogar y lugar de trabajo. El pensamiento de amor, los buenos deseos, la oración, las bendiciones, los colores, la música con notas de elevada frecuencia y los objetos que existen en un lugar, pueden estar armonizando continuamente nuestros espacios.

La energía que existe en un lugar proviene de pensamientos, sentimientos, palabras y acciones de quienes están en él, sea que las personas lo hagan o no con intención. Cuando la intención es dejar magnetizado el lugar u objeto, se trabaja con el pensamiento sostenido en el deseo o la intención. Sabemos que las reliquias de los santos son objetos que ellos usaban con frecuencia, y que su importancia deriva del plasma energético impregnado en ellos. También se vuelven importantes los lugares por donde ha transitado un ser de elevada vibración, lo que explica por qué los productos de estas zonas o regiones llegan a considerarse objetos que despiertan veneración y respeto. Hay testimonios de personas muy sensibles que sanaron al acercarse a zonas donde fueron sepultados seres de gran santidad, y otras mediante las emanaciones curativas provenientes de fuentes o regiones donde hubo apariciones de seres celestiales. Tanto los objetos, como los lugares, con el tiempo dejan de ser milagrosos, porque la energía que originalmente está concentrada allí se va dispersando.

Los objetos personales reciben las vibraciones de su propietario de manera más directa, es por ello que los recuerdos que se intercambian los enamorados se conservan con tanto fervor (anillos, dijes, pañuelos, o los cabellos del ser amado que antiguamente se guardaban cerca del corazón en un estuche conocido como guardapelo). Es natural que el cabello tenga más irradiaciones de la persona y es por esto que así como las uñas o la sangre, son buscadas por personas que quieren dañar a otra, porque de esta manera pueden trabajar directamente con la esencia de su víctima. Sin embargo, son estos mismos elementos los que se ocupan para hacer curaciones a distancia, porque contienen el ADN del individuo.

Tanto los animales como las personas emiten consciente o inconscientemente una emanación llamada magnetismo o plasma. Los objetos inanimados la recogen en los espacios donde están expuestos y la emanan a la vez, produciendo ambientes agradables o desagradables, según lo que han recogido en su aura. Un objeto que ha recibido bendiciones, que está recubierto con un aura de entrega devocional, adoración y respeto, porque forma o formó parte de un altar de una persona devota tiene una radiación que favorece, siempre que no esté recubierto de características egoístas, fanáticas o intolerantes. Sin embargo, algo perteneciente a una persona de bajos sentimientos o un objeto que ha participado en un ritual sangriento o fue usado para producir daño a otro, tendrá un aura que obstaculizará el ambiente donde se encuentre. Ésta es la razón por la que es importante limpiar perfectamente las antigüedades o los artículos extraños que adquirimos. Las cosas nuevas tienen la energía confusa de las personas que participaron en su elaboración y venta, pero mientras no han sido posesión de alguien en particular no necesariamente pueden afectar de forma negativa, a menos que hayan estado expuestos a un hecho nefasto o sangriento. Para el caso de manualidades o artículos personalizados, es importante su purificación ya que no se conoce el pensamiento, sentimiento o comportamiento de su autor. Recordemos que las obras de arte llevan el plasma del sentimiento del artista, al adquirirlas, estaremos recibiendo el reflejo de su conciencia y estado de ánimo. Los libros guardan mucho magnetismo, en especial si han sido leídos por gran cantidad de personas (como los de una biblioteca).

Las joyas, las piedras preciosas y los artículos que tienen contacto con el cuerpo de la persona, reciben de manera más directa sus vibraciones; de allí que existan tantas historias de piedras que, según el personaje que las usó, pueden armonizar o maldecir. Así como se puede bendecir algo para convertirlo en un artículo que emana vibraciones positivas, existen fórmulas para magnetizar negativamente un artículo para que haga daño. Existen casos donde brujos negros hacen trabajos auxiliados por entidades malignas tan fuertes que no es posible limpiarlos y se sugiere desprenderse de ellos; pero cuando se trata de prendas cuya función no es hacer mucho daño aunque sean preparadas por personas dedicadas a las artes negras, pueden ser purificadas por un sacerdote o un especialista. En el caso de objetos que reciben indirectamente vibraciones inadecuadas, éstos pueden ser depurados por el interesado de manera muy sencilla, pues basta bendecirlos por medio de la señal de la cruz pidiéndole a Dios que con su celestial emanación los libre de cualquier clase de contaminante que pudieran tener. Luego, se le pedirá que los llene de bendiciones especiales (que sea un objeto que emane paz, salud o felicidad) mientras se hace de nuevo la señal de la cruz; finalmente se sella la bendición con otra señal de la cruz mientras se agradece a Dios.

Todo pensamiento produce una reacción en el mundo físico. Cuando proviene de personas que piensan mal de todo y de todos, aunque no envíen directamente un pensamiento negativo a alguien, de todas maneras será una emisión incorrecta que hará daño, como si alguien desde una ventana suelta un ladrillo de manera irresponsable y le cae al transeúnte que va pasando. Con esto se quiere indicar que algunas cosas que nos llegan pueden tener mala vibra *per se*, no porque se programaron para afectarnos, pero aún así es necesario que las purifiquemos y armonicemos. En el caso de radiaciones terrestres producidas por vivir sobre lugares con geopatías,[20] la solución siempre será mudarnos o, en caso de que esto sea difícil, por lo menos mover del espacio donde existen estas perniciosas cortinas energéticas: la cama, el escritorio o mueble en el que debemos permanecer mucho tiempo descansando o trabajando.

¿Los muertos atraviesan paredes?

En los otros planos, los seres no son inmateriales del modo en que entendemos dicho estado en el plano físico; al contrario, son seres con un cuerpo parecido al nuestro, sólo que están vibrando en otra frecuencia y, si llegamos a verlos, desde nuestra perspectiva parecen etéreos y transparentes. Algunas personas los captan atravesando las paredes de nuestro mundo, pero en su plano no atraviesan sus paredes. Si ellos pudieran percibirnos, nos verían atravesar los muros de su plano, porque las partículas de todos los planos están interpenetradas, es decir, pueden ocupar el mismo espacio aunque tienen una vibración (y densidad) distinta. Por eso, al principio, algunos recién fallecidos pueden llegar a creer que quienes están muertos somos quienes aún permanecemos en el mundo físico.

Para entenderlo, es necesario que recordemos que los otros planos son objetivos para quienes los habitan. Por muy difícil que nos resulte creerlo, las imágenes que describen las personas que se han acercado momentáneamente a esas regiones —según la información recogida de libros milenarios— son parecidas a las que conocemos en el mundo material. Cuando se accede a uno de esos espacios intemporales de mejor frecuencia, los seres que allí habitan no son transparentes, ni lo son las praderas, jardines y casas que existen vibrando en esa frecuencia; como tampoco son nebulosos los espacios áridos, feos y deprimentes de los que

---

[20] En mi libro *Seres de luz y entes de la oscuridad* se puede encontrar información precisa sobre las geopatías.

también hablan los que lograron tener un vislumbre de lugares de vibración más baja.

Los campos, construcciones y muros en los otros planos, no están ajustados a nuestro espacio, no están encima, ni están debajo de nuestro plano material, están interpenetrados. Todos los planos sutiles que corresponden a nuestro planeta están dentro, alrededor, sobre, bajo, encima, a un lado de éste; así como éste lo está de los otros planos. Las paredes de una casa de un plano intangible no necesariamente tienen que coincidir con las de una casa en el mundo material. Sus puertas y ventanas no son un molde que se ajustan sobre las nuestras, aún cuando en algunos casos, existen contrapartes exactas.

Voces, mensajes divinos y mandatos irracionales

Es frecuente oír testimonios de personas que escuchan voces que les dan indicaciones, órdenes y a veces detalles de eventos por suceder. En ocasiones, no oyen voces pero en su cabeza rebotan terribles vibraciones o martirizantes ruidos. A medida que las voces o ruidos aumentan, crece el tormento de quien escucha, el suplicio se incrementa, porque el individuo va perdiendo la resistencia y parece que quienes emiten estos sonidos empiezan a tener un control total sobre la mente de la persona, produciéndole a veces —en mayor o menor medida— además de sufrimiento, debilidad y terribles dolores físicos, desarreglos mentales que derivan en pensamientos aberrantes y alucinaciones que sumen a la persona en un estado de angustia, confusión, depresión, rabia, impotencia y desesperación porque, generalmente al acudir con un especialista, se le hace sentir que todo es producto de su imaginación, consecuencia de su inestabilidad mental o que tiene un patrón de esquizofrenia muy común que puede resolverse al tomar medicamentos o drogas que supuestamente paliará la horrible realidad que vive. Existen casos, naturalmente, en que sí se trata de un problema biológico, un desequilibrio mental que requiere de tratamiento médico, pero hay ocasiones en que estas experiencias pueden tener un origen externo que se instala objetivamente en el interior de la persona.

Algunos investigadores aseguran que muchas experiencias de esta naturaleza son causadas por emisiones de frecuencias muy bajas que responden a experimentos llevados a cabo por departamentos gubernamentales de diferentes países.[21] Afirman que esto es mucho más común de lo que imaginamos, y que la finalidad es conocer cuál es la frecuencia que se necesita para tener un control total sobre una población y, llegado el momento, sobre el mundo entero. Proporcionan toda clase de descripciones sobre estos proyectos y sobre las listas de empresas dedicadas a la fabricación de minúsculos aparatos que, supuestamente, están siendo implantados en seres humanos de cada rincón del mundo, con el fin de convertirlos en una especie de autómata para llevar a cabo acciones ilícitas.[22] Claro está que

---

[21] Las siglas que se utilizan para nombrar a las bajas frecuencias son ELF (*Extreme Low Frecuency*, Frecuencia extremadamente baja). Casualmente, la palabra *elf* en inglés significa "gnomo, duende o diablillo". Mediante el empleo de ELF, así como de otras ondas electromagnéticas, se pueden controlar los pensamientos, manipular la cobertura del ácido ribonucleico (ARN) del canal neuronal hacia el subconsciente, enviar órdenes con palabras que sirven como detonantes para que se ejecute alguna acción, y otras formas de control.

[22] Existe una gran variedad de libros dedicados a denunciar lo que se supone una gran conspiración contra la población mundial. En ellos se habla del objetivo siniestro de tener a toda la humanidad conectada a un satélite que transmite datos a la red de una computadora global, y al mismo tiempo envía frecuencias bajas y órdenes tendenciosas a la mente de cada individuo. Según David Icke, en su libro *Children of the Matrix*, existen varias redes interconectadas que se localizan en diferentes regiones, como en las montañas Cheyenne, en Estados Unidos y en otros lugares, entre los cuales se menciona Bruselas, Bélgica, donde existe una computadora denominada "La Bestia 666", capaz de reunir los datos personales de los habitantes del planeta, los de varios miles de millones de individuos. El autor —igual que muchos otros— expone los peligros del microchip, y asegura que se planea extender un implante a nivel mundial, de manera obligatoria. Sugiere que la gente se informe más sobre el tema y comience una campaña de oposición. Agrega que tal programa, opcional en sus inicios, está planeado para que dentro de poco sea por ley; dice que primero se ofrecerá destacando una lista de "beneficios", y después quien se oponga será investigado y tildado de criminal. Se dice que ya hay implantes tan diminutos que pueden ser inyectados por una aguja hipodérmica, aprovechando los programas de vacunación masiva, además se hace referencia en particular a uno que sin ningún pudor llaman "Ángel digital". Los estudiosos de este fenómeno refieren que mediante este chip los controladores pueden emitir cualquier tipo de ideas a toda una humanidad cautiva, la cual eventualmente se irá desperso-

gracias a estos aparatos conectados a satélites, pueden emitir las voces y mandatos que deseen, y el sujeto se ve impulsado a cumplir lo que se le ordena.

No necesariamente todos los que supuestamente portan dichos implantes son utilizados para llevar a cabo asesinatos y crímenes, pues algunos (según esas investigaciones) son seleccionados para recibir mensajes divinos o de seres evolucionados de otros lugares en el tiempo y el espacio; el propósito de esto es sembrar confusión, formar grupos separatistas y presentar la imagen de la divinidad o del maestro que "supuestamente se está comunicando" de la manera que el emisor desea que se le perciba. Quizá a esto se debe que ya no se aceptan tan fácilmente las apariciones y mensajes de tantos videntes que existen hoy en día, y tal vez también explica por qué cada vidente tiene una percepción diferente de la misma divinidad y se vuelve dogmático, intolerante y cree que sólo su información es verdadera. Los investigadores aseguran que los supuestos controladores tienen sofisticados equipos que pueden proyectar hologramas a través de estos microchips con las imágenes que consideran apropiadas para el trabajo que requieren de cada sujeto. Agregan que equipos similares pueden crear figuras en el cielo y darle a las nubes la formación que deseen.

Es obvio que no todas las personas que escuchan voces son víctimas de estos programas de control mental, pero en caso de que exista alguna sospecha de serlo, Jim Keith en su libro *Mind Control World Control* propone —apoyándose en la sugerencia de la investigadora Judy Wall— realizar un electroencefalogra-

---

nalizando y volviendo autómata, incapaz de usar su mente ni ejercer su libre albedrío. En el libro *1984*, George Orwell (Eric Blair) narra la historia de una sociedad sometida a un tipo de totalitarismo, que él llama Big Brother; cuenta cómo el fin ulterior de los que mandan en el mundo es establecer un programa como el descrito anteriormente. A partir del nombre que sugiere Orwell en su novela, hace tiempo se lanzó la idea de llevar a cabo *reality* shows donde los seleccionados fueran sometidos a vigilancia las 24 horas del día. Se pensó que habría reclamos por la sola idea de sugerir este espectáculo, pero la sorpresa fue mayúscula cuando se dieron cuenta de que la gente estaba dispuesta a participar en un programa donde, además de perder su privacidad, se sometía gustosa a lo que otros le impusieran. El resultado de la encuesta fue mayor que lo que se imaginó, lo cual puede considerarse un indicativo de que la sociedad está lista para ser despersonalizada, controlada y vigilada.

ma, porque asegura que así se puede diferenciar entre las voces consecuencia de los efectos de microondas, de aquellas con un origen distinto. El obstáculo sería si el emisor se entera de que lo están monitoreando pues podría detener las emisiones y se dificultaría la comprobación. El autor añade —repitiendo las declaraciones de Wall— que aunque no es una solución perfecta, es un comienzo para detectar y corregir este abuso a que son sometidas personas inocentes.

Descartada la posibilidad anterior, existen también circunstancias donde la persona que oye voces y ruidos virulentos puede ser víctima de entidades que lograron acceder a su espacio mental después de que ella —ignorante o conscientemente— abrió la puerta para que entraran a su vida. Esto puede suceder mediante el consumo de drogas, estupefacientes, fármacos, etcétera, o si se practican ejercicios respiratorios irresponsables, rituales extraños, evocaciones, juegos hechos con el propósito de abrir puertas a entidades, como la güija, la escritura automática o las canalizaciones. Entidades extrañas y negativas también pueden atormentar a individuos que continuamente están en lugares donde la vibración es muy baja, como cuartos encerrados donde se escucha música con mensajes subliminales diabólicos, cuyas letras codificadas o no, son llamados a criaturas del mal, porque cuando a través de una vibración baja se rompe continuamente la barrera de protección del campo etérico, se les facilita su manifestación a los engendros que rondan los espacios con el fin de estar más cerca para succionar la energía de sus víctimas. Algunas veces, estos entes pueden treparse sobre sus víctimas cuando éstas visitan lugares donde se realizan o realizaron rituales oscuros, evocaciones, prácticas degeneradas, crímenes, suicidios, o se ha derramado sangre de una manera u otra. En ocasiones, cuando se trata de un sujeto propicio, puede suceder que sea atormentado por vivir cerca de un cementerio o un rastro, lugares donde pululan toda clase de entidades.

Cuando existe una conexión genuina, libre de contaminación y totalmente alejada del egoísmo y del mercantilismo, se puede establecer comunicación con seres espirituales de bondad suprema que buscan la luz del amor para acercarse y dar mensajes a personas nobles de corazón. Ejemplos de esta naturaleza podemos encontrar en personas de santidad incuestionable que han sido los recipientes de innumerables mensajes que a través de la historia han llenado de amor, esperanza y consuelo a la humanidad. De hecho, aun los más suspicaces investigadores coinciden en que el mundo espiritual es una realidad y que sus habitantes celestiales son los que están listos a auxiliarnos especialmente en estos momentos que la humanidad está tan sometida a las fuerzas de la oscuridad. Respondiendo a algunas preguntas que Uri Dowbenko hace a David Morehouse —autor de *Psychic Warrior* (*Guerrero psíquico*)—, en su libro *Inside stories of true compiracy*, éste habla extensamente sobre la presencia de los ángeles en su vida. Morehouse fue entrenado por el gobierno de Estados Unidos como visualizador a distancia y narra sus encuentros con seres en espacios que él recorría con su cuerpo sutil cuando realizaba investigaciones como parte de su trabajo. Cuenta que una ocasión vio un ser de inconmensurable luminosidad y belleza que irradiaba amor, un amor tan profundo que, dice, no hay palabras para expresarlo. Recuerda que, cuando lo percibía, la persona que lo monitoreaba le pidió que entablara conversación con él, y que se dio cuenta de que no podía acceder al espacio de esta criatura celestial. Fue una sensación plena, porque esta figura angelical le sonreía mientras le transmitía un sentimiento de profundo amor, aunque no se acercaba a él. Morehouse dice que percibió que el ángel —conclusión a la que llegó al describir la naturaleza de este ser maravilloso— lo amaba y lo seguiría amando sin importar lo que él hiciera, pero no podía acercarse a él porque su vibración era muy densa (ya que el trabajo que realizaba no tenía la vibración de amor tan necesaria para tener a los ángeles cerca). Concluye que sintió que el ángel no podía entrar a su frecuencia porque él invadía espacios prohibidos, pero aún así era amado profundamente y su libre albedrío era respetado.[23] Al preguntársele

---

[23] Los ángeles nos aman profundamente y nunca dejan de amarnos, aún cuando nosotros no respetamos las leyes. Nunca nos juzgan ni nos condenan, siempre nos transmiten amor y aguardan el momento en que despertemos a ellos y permitamos que nos conduzcan por el camino correcto hacia Dios, nuestro Padre celestial. Para más información sobre los ángeles, ver *Manual de Ángeles*, volumen 1, y *Di sí a los ángeles y sé completamente feliz*, de mi autoría.

sobre otro tipo de entidades, Morehouse agrega que en otra ocasión vio criaturas que al principio tenían un aspecto muy bello, que se acercaban a él y querían participar y establecer una conexión, pero cuando, por una intuición, percibía que eran entes malignos, éstos inmediatamente perdían su aspecto agradable y se volvían criaturas horrendas que lo atacaban, a tal grado que en una oportunidad lo agitaron en realidad y sintió un desprendimiento horrible mientras gritaba desconsoladamente. Gracias a que fue ayudado por la persona que lo monitoreaba pudo salvarse de perder su conciencia y volver de este terrible trance.

Si por descuido o prácticas irresponsables se ha abierto una puerta dimensional por donde penetran criaturas del mal, es necesario buscar ayuda divina. Es bastante difícil salir de estas vivencias de terror si no nos apoyamos en Dios. Cuando con fe le pedimos su ayuda, enviará a nuestro ángel guardián para que nos asista y conduzca por el camino apropiado para despojarnos de cualquier entidad que se haya acercado a nuestro espacio. Aún cuando llegamos a saber de alguien que en el plano material puede ayudarnos, es preciso que sea nuestro ángel quien nos conduzca, pues de esta manera podremos estar seguros de que la persona ha sido inspirada por él para asistirnos. Cuando deseamos auxiliar a un ser querido que se encuentra sumido en este tipo de sufrimiento, si oramos persistentemente por él tendremos la asistencia directa de nuestros seres angelicales que siempre velan por nosotros.

Los sueños: ¿qué sucede cuando dormimos?

Durante el tiempo que el individuo está despierto, el cuerpo astral o emocional continuamente está desgastando el cuerpo físico, porque cada instante le envía ráfagas de ansiedad y deseos por las cosas terrenales o sensoriales. Son verdaderos golpes, bamboleos de energías que corresponden a sentimientos egoístas contra los que tiene que lidiar el cuerpo etérico, y como su función es proteger al cuerpo físico, si éste no lo tuviera como escudo, su actividad física se acabaría desde niño. Debido a estas agresiones y exigencias insaciables del cuerpo astral, los tejidos del cuerpo etérico constantemente se destruyen, por lo que debe reponerse cada noche mientras duerme el cuerpo físico. Cuando el individuo se retira a dormir, el cuerpo etérico pone su atención en el plano etérico y durante estas horas restaura el equilibrio y repara los daños producidos por los embates del cuerpo astral, y después de este descanso está nuevamente listo para realizar sus funciones. Pero a medida que pasan los años, es tanto el desgaste, que se dificulta la restauración durante las horas del sueño, por lo que deja de tener la capacidad para recibir la cantidad de fluido energético que necesita para transmitir al cuerpo físico y, poco a poco, al captar menor energía, se va cansando y, eventualmente, cuando ya cumplió con su función, el alma se retira y sobreviene lo que llamamos muerte.

Durante el sueño, el espíritu se retira llevando al cuerpo mental y al astral para que cada uno reciba una nueva carga de la esencia de su plano, lo que los mantiene activos y disponibles para funcionar al día siguiente enviando sus vibraciones de pensamientos y sentimientos hacia el cuerpo físico. En el mundo mental, el cuerpo mental concreto es armonizado para que recobre su lucidez; y en el plano astral, el cuerpo astral o emocional es vitalizado para que prosiga con la función de enviarle sensibilidad al cuerpo físico. Las horas de sueño son indispensables para que funcionemos bien, porque de lo contrario el cuerpo etérico no puede repararse ni restablecer al cuerpo físico, por lo que puede sobrevenir una enfermedad, agotamiento, estrés y desequilibrio en general. Es necesario evitar tomar pastillas o cualquier otro tipo de somníferos, porque como vimos en páginas anteriores, el cuerpo etérico no funciona adecuadamente con narcóticos, alcohol o drogas. Esto parece difícil cuando se tiene el hábito, pero una vez que decidamos liberarnos de una adicción así, al pedir apoyo a nuestro ángel podremos separarnos del hábito y, después, disfrutar plácidamente las reparadoras horas de sueño. El sueño es un privilegio que nuestra alma concede al cuerpo físico, porque durante esas horas ella se retira, envuelta con el cuerpo mental concreto y el cuerpo astral, para que sea remozado el cuerpo etérico y el físico restablecido. Es como si quisiéramos remendar, lavar y planchar la ropa que traemos puesta. Para esto debemos quitárnosla. Es lo que hace nuestra alma diariamente, por lo que es preciso que, con ayuda celestial, encontremos la manera de disponer de esas horas para seguir funcionando bien y cumplir correctamente con nuestra misión en la Tierra.

Todos entramos a un subplano cuando estamos dormidos y percibimos lo que allí sucede pero, por regla general, no lo recordamos porque quien tiene estas experiencias es el cuerpo que está formado por las partículas del plano al que se entra en el sueño. Nuestro cerebro, que guarda los momentos que vivimos en el mundo físico, no toma parte en los viajes que realizamos cuando dormimos. No puede recordar nuestras correrías oníricas porque no estuvo allí, pero en el momento en que se despierta, cuando las partículas del cuerpo etérico se acomodan de nuevo en su contraparte física, a veces el cuerpo denso tiene un rápido vislumbre de lo que sucedió mientras dormía, por eso se sugiere que los sueños se anoten al despertar, porque de otra manera es fácil olvidarlos, ya que las partículas del cerebro no experimentaron de primera mano el acontecimiento. Sin embargo, cuando dormimos, navegamos por espacios astrales donde están llevándose a cabo eventos del mundo físico, tanto los del pasado, como los del presente y los del futuro, y todos ellos se ven como en un absoluto presente. Todos podemos conocer los acontecimientos futuros, si aprendemos a descifrar la confusión que se percibe en el mundo astral, separando lo que corresponde a formas de pensamientos erráticos para entender los sucesos verdaderos.

Cuando soñamos, percibimos cosas que existen en el espacio al que arribamos al quedarnos dormidos, este lugar será el que tenga la vibración de lo que manejamos mentalmente antes de ir a dormir. Debido a esto se sugiere que, antes de retirarnos a descansar cada noche, nos aquietemos externa e internamente, elevemos el pensamiento de agradecimiento a Dios y pidamos su protección también para esas horas en que nos abandonamos al sueño. Como los subplanos del mundo astral están llenos de formas que provienen de pensamientos confusos de la humanidad, al entrar allí podemos tener cualquier tipo de experiencias extravagantes, con seres estrafalarios, absurdos, aventuras incongruentes, etcétera, o ver cosas que no existen en el mundo físico, como flores que hablan, manos que brotan en los campos, animales con miembros de especies variadas, árboles de colores extraños, situaciones que corresponden a pensamientos de una determinada vibración que en el astral se organizan de manera diferente a nuestro plano. Allí las cosas se aglutinan por vibración. En este plano, el que está consciente no es nuestro cuerpo mental, sino nuestro cuerpo astral, por lo que no nos alarmamos en el sueño de nada de lo que vemos, porque todos son paisajes y sucesos al los que nuestro cuerpo astral está habituado. Sólo en caso de vernos forzados a despertar bruscamente (por un fuerte ruido o un piquete de mosco, por ejemplo), el cuerpo mental se une al astral, y le envía mensajes de que algo no es coherente, en esos momentos nos asustamos o alarmamos por lo que estamos experimentando. Cuando no sucede nada que nos altere instantes antes de despertar, podremos recordar un sueño macabro y tenebroso y decir: "Tuve un sueño feo pero no me asusté." Esto, como leímos, es debido a que el cuerpo mental no estuvo activo y no tuvo la oportunidad de enviarnos mensajes como: "¡Alerta!, esto debe asustarte."

Muchas personas que ingieren drogas entran a planos semejantes; en caso de que tengan algo de creatividad, se inspirarán; el resultado podemos apreciarlo en cuadros, esculturas o piezas extrañas o de colores estrambóticos y diferentes. Algunos grupos autóctonos, acostumbrados a consumir hongos o hierbas alucinógenas, proyectan en su arte figuras del astral, como también lo hacen muchos adictos al LSD, con su arte psicodélico. Si analizamos las obras de algunos renombrados pintores y escultores, podremos encontrar auténticas figuras del astral: brazos en vez de piernas, ojos en lugares que no corresponden, características morfológicas cuadriculadas, en fin, extravagantes combinaciones tanto de seres humanos como de objetos materiales y especies de los diferentes reinos, matizados con colores que intentan semejar los del astral: algunos chillones, otros tétricos y otros incongruentes. En algunos subplanos del astral se perciben notas musicales con baja vibración, las cuales son recogidas y transmitidas al mundo sonoro a través de los ya conocidos medios. Aquí no intentamos juzgar lo que se capta del otro lado, sólo transmitimos la información, porque en planos más elevados del astral también se pueden lograr verdaderas obras de arte, tanto en la pintura, como en la escultura y la música, y naturalmente en todos los campos intelectuales y de la ciencia. Lo que acabamos de exponer no indica que todos acceden al plano astral mediante la droga, porque muchas personas pueden recordar cosas de ese lugar sin consumir estupefacientes. Estas experiencias son más frecuentes durante el crepúsculo del sueño: unos instantes antes de quedarnos dormidos y unos minutos antes de despertar cada mañana. En caso de quedar dormidos inmediatamente después de tener una discusión o altercado, o ver una película de horror, o escuchar noticias trágicas o leer un libro que nos altera, podemos acceder a un subplano del astral con situaciones semejantes, o mezclas de aventuras incongruentes o desagradables, aunque nada tenga relación con lo que realizamos antes de dormir pues, recordemos, la semejanza será en cuanto a vibración, porque todo lo que es igual se encuentra en el mismo lugar, y normalmente no sabemos cómo separar lo insólito de lo lógico y coherente. Con disciplina, podemos acostumbrarnos a tener activa nuestra conciencia en el plano mental, y allí podremos recibir valiosa información que nos ayudará a crecer una vez que estamos conscientes en el mundo material. Cuando una persona se acuesta pensando en un problema matemático, físico, químico, o cómo resolver algún enigma mental, existe la posibilidad de que eleve su conciencia hasta el plano mental y allí reciba la solución. De hecho, muchos de los grandes científicos declaran que al soñar encontraron la respuesta a lo que les inquietaba, como en el caso de Einstein con la teoría de la relatividad. "Consultar a la almohada" significa buscar respuesta en otro plano.

A veces nos acostamos intranquilos por una situación en particular; puede suceder que tengamos un sueño desordenado que toca algún aspecto de lo que nos preocupa; por ejemplo, nos acostamos pensando que tenemos una cita de trabajo para un puesto vacante y tememos no ser aceptados, al mismo tiempo pensamos que quizá un amigo nuestro que usa lentes y es muy inteligente nos puede apoyar, y hasta nos distraemos unos instantes pensando en la capacidad intelectual del amigo. En el sueño, tal vez estamos haciendo fila para comprar cacahuates en un puesto ambulante y el expendedor es, precisamente, quien nos va a entrevistar en la vida real. Resulta que cuando toca nuestro turno ya se agotaron las bolsas de cacahuates y nos ofrecen una ardilla con lentes. Todo el sueño está adornado de incongruencias y nos despertamos preguntándonos si querrá indicar algo, pero en realidad lo que puede significar es que nuestra preocupación puede tener la misma vibración que la de otro soñante que está apurado porque no tiene el producto (cacahuates) que necesita para vender al día siguiente; también es probable que otro soñador se haya acostado tratando de adivinar adónde se habrá escapado la mascota, una ardilla, que un cliente le encargó, mientras que uno más piensa comprar un carrito para vender paletas, y así sucesivamente. Todos son aspectos que tienen algo en común: una preocupación relacionada con el trabajo. Nosotros en el sueño vemos objetos y situaciones formadas con el pensamiento de muchísimos seres humanos que se durmieron con una inquietud que vibraba en la misma frecuencia. En el ejemplo, los aspectos intelectuales que admiramos del amigo inteligente no entraron en el espacio, sólo sus lentes; es muy probable que esas otras características hayan accedido a un subplano que tiene una vibración semejante a lo que pensamos de la capacidad mental del amigo (que puede ser como lo imaginamos o no), pero a ese plano no entramos al dormir, porque nuestra preocupación mayor era la cita de trabajo, lo que automáticamente nos remitió al lugar correspondiente. Todos estos casos y una infinidad más que tienen la misma frecuencia, objetivamente, están en el mismo plano, pero no de manera ordenada como suponemos desde nuestro mundo tridimensional, sino indiscriminadamente revuelto, porque allí se junta lo semejante con lo semejante, pero en cuanto a vibración se refiere. Para tener sueños lúcidos es preciso pedirlo a nuestro ángel guardián cada noche antes de retirarnos a dormir, y hacer de esta repetición un hábito. Con el tiempo podremos ser conducidos por él a un plano más elevado y visualizar situaciones armoniosas que nos indicarán precisamente cómo conducirnos a diario, en especial cuando tenemos alguna cita o labor importante que realizar al día siguiente.

Algo muy importante a considerar es la plasticidad de la sustancia de este plano, porque con sólo pensar en algo, ese algo se estructura; por eso se dice que es necesario advertir al que está próximo a morir que no debe pensar en cosas negativas pues aparecerán ante él cuando llegue al otro lado. Durante toda la vida se debe estar pensando, sintiendo, hablando y actuando con nobleza, porque igual que cuando soñamos, de acuerdo con la vibración del resultado del ejercicio de estas facultades, será el plano al que entraremos al morir; y aunque si bien es cierto que podremos modelar lo que deseamos, siempre el resultado será congruente con la vibración del plano al que entramos, porque si entramos al astral, no podemos esperar que se conformen situaciones que corresponden al quinto cielo. Para ilustrarlo, me viene a la mente un chiste algo irrespetuoso pero muy a propósito: Se trata de un hombre que compró un cachito de la lotería y diariamente —mientras con grandes expectativas se restregaba y frotaba las manos— le comentaba a su hijito: "Ay hijito, si me saco la lotería: París, champán y mujeres." Resulta que era tanta la insistencia con sus ilusiones, que un día le preguntó su hijito: "Oye, papi, ¿y si no te sacas la lotería?" El papá pensó un momento y, después, muy compungido le contestó: "Ah, pues entonces será: Xochimilco, pulque y tu mamá." Esto es sólo para simplificar lo que puede suceder en los subplanos astrales. Si en un plano de vibración baja se desea una casa elegante, hermosamente decorada, el resultado será una choza desvencijada, porque los materiales (materia disponible) son de baja calidad. Naturalmente que estos son sólo ejemplos, ya que en los planos bajos la vorágine de energías es tan vertiginosa que el ser que se encuentra allí no podrá estructurar tan fácil un pensamiento.

Aunque no recordemos haber soñado, nuestra actitud durante el día puede corresponder a mucho de lo que percibimos en los otros planos cuando nos quedamos dormidos, porque aunque nuestro cerebro no registra objetivamente las experiencias, la memoria etérica ocasionalmente las captura y puede suceder que al unir sus partículas a las del cerebro nos envíe la información. A veces, algunas experiencias conocidas como *déjà vu*, que se refieren a cuando entramos a un lugar y sentimos que ya estuvimos allí, o experimentamos algo que tenemos la certeza de haber vivido, o cuando reconocemos a una persona y no sabemos de dónde, todo puede estar relacionado con las incursiones que hacemos astralmente cuando dormimos, porque en el astral no hay futuro ni pasado, todo está como en presente; en el astral es posible visitar lugares en el pasado y en el futuro y tener experiencias con personas que no recordamos o aún no hemos conocido. En lo personal, me han sucedido experiencias semejantes algunas veces, en especial cuando tengo programado algún taller en un lugar que no conozco. Al llegar al lugar siento que todo lo he vivido ya, y que las caras me son familiares. En ninguno de estos casos recuerdo haberlo soñado, pero sí he pedido a san Miguel Arcángel que me prepare antes del evento, por lo que deduzco que de alguna manera él me ayuda a entrar a ese momento y saber cómo conducir el taller. De hecho, la mayoría de las veces, de antemano sé cuál es el tema que más llama la atención de los asistentes y, a veces, cuando hacen preguntas, repito la respuesta mientras sonrío internamente reconociendo que provienen de las mismas personas que las hicieron en el sueño.

De acuerdo con lo explicado, para interpretar los sueños debemos considerar el estado de conciencia habitual de la persona que sueña, los pensamientos que maneja de forma cotidiana, lo que vivió antes de dormirse, etcétera, por lo que muchos expertos concluyen que cada persona deberá descifrar las cosas que observa, según lo que para ella representan. Tomando en cuenta que siempre se entra al subplano que corresponde a la preocupación del individuo, cuando vive feliz entra a un plano dichoso, cuando está angustiado será atraído hacia un espacio incómodo. La mayor parte de los sueños confusos no tienen ninguna trascendencia, pues sólo son participaciones esporádicas en subplanos de pensamientos erráticos; pero cuando entramos a planos más altos, podremos tener verdaderas experiencias de crecimiento, mensajes sublimes de seres más evolucionados que quieren alentar a los que vivimos en el mundo material. Pero como no siempre nuestro estado de conciencia nos permite permanecer mucho tiempo en un espacio tan elevado, puede ser que percibamos símbolos y alegorías que, poco a poco, con un pensamiento casi constante en el mundo espiritual, aprenderemos a interpretar. Por ejemplo: el agua. Es un símbolo que todos relacionamos con el líquido vital (no podríamos vivir sin el agua, por lo que el símbolo aquí significa nuestra vida), el cual se usa para quitar la sed, bañarse, limpiarse y purificarse, entre otras cosas. El agua, místicamente, representa a la Virgen (María deriva de *mar*), al Espíritu Santo, la Tercera Persona de la Santísima Trinidad (recordemos su relación con el Jordán), de cuya esencia están hechas todas las cosas, y de la que nuestra alma tiene una porción vibrando en perfección. Cuando soñamos que cruzamos un río a pie y las aguas del río no están muy limpias, usando la lógica a la que nos remite el símbolo, podríamos interpretar que nuestro ángel nos dice: "Estás iniciando tu desarrollo espiritual (o debes iniciarlo), aún tienes partículas oscuras que deberás soltar, porque es preciso que purifiques el río (que es tu vida)." A veces, el agua que vemos tiene objetos, o basura, o bichos, o personas vivas o muertas, que bien pueden significar los apegos, que quizá existan algunos tan arraigados que estemos como muertos a la vida espiritual. Si es agua muy turbia o lodosa, o nos estamos ahogando, o estamos sumergidos en aguas pantanosas o voraginosas, puede indicarnos que algunas cosas no las realizamos de la manera correcta, y por esto llegan los conflictos o complicaciones. En general, el agua puede relacionarse con su significado universal. Como este ejemplo, podemos encontrar otros que, de una manera sencilla, nos indican que los ángeles que nos supervisan con amor nos envían mensajes de alerta, de consuelo y de guía; sólo es cuestión de que pongamos atención, una vez que le pedimos con asiduidad que nos ilumine por medio de los sueños. Cuando en el sueño percibimos figuras divinas, siempre será un sueño agradable cuando son genuinas; si la visión nos altera, asusta o confunde, pueden ser seres del mal disfrazados con ropaje angelical.

Cuando dormimos, estamos activos en otro plano, por lo que cada noche, mediante la petición a nuestro ángel guardián, podemos acceder a espacios iluminados donde aprenderemos mucho del mundo celestial, sabremos cómo conducirnos en el mundo material, conoceremos cuál es nuestra vocación, en qué campo podremos desarrollarnos mejor, en fin, todas las interrogantes podrán encontrar respuesta cuando conscientemente pidamos asistencia celestial. Es preciso también pedir iluminación para saber de qué manera colaborar mejor en el plan de Dios y, también, pedir a nuestro ángel que nos cobije con sus alas y nos conduzca hacia otros que necesitan nuestro apoyo. De esta manera, al despertar sentiremos la dicha de haber participado en algo maravilloso, además, habremos consolado a seres dolientes, que quizá se acostaron deprimidos, afligidos y sin esperanzas de ninguna naturaleza. Quizá al despertar no recuerden haber recibido nuestro apoyo, pero tendrán una perspectiva diferente y sentirán más optimismo y confianza en la bondad de Dios. Es probable que cada uno de nosotros, mediante almas de ternura infinita que se dedican a dar servicio mientras su cuerpo físico reposa, hayamos sido confortados de esta manera, en algún momento de nuestra vida.

Los subplanos del astral

El plano astral se divide en siete subplanos. El más denso es el séptimo, lugar que se conoce como infierno o ínfimo.[24] Está conformado por las vibraciones más grotescas y deprimentes. Se ubica en la parte inferior del planeta porque las energías pesadas tienden a bajar.[25] Este horrible lugar está poblado por las entidades del mal, los demonios y los magos negros; lo habitan también asesinos, violadores, verdugos crueles, pederastas, depravados, rufianes y todo tipo de criminales de la peor ralea: la escoria de la humanidad. Están los que se aficionaron a los vicios más degradantes y repugnantes, los que en vida cometieron reiteradamente los crímenes más terribles, sacrilegios, profanaciones, los actos más bajos, brutales y horrendos. Allí apiñados están los bandidos más temibles, asesinos, degenerados, viciosos, criminales: la basura humana. Todos los subplanos son objetivos, sólidos, materiales, todos vibran en su propia frecuencia. Esto indica que aunque no los podemos ver desde aquí, son reales cuando se tiene el cuerpo con partículas de ese plano. Las descripciones realizadas a lo largo de la historia sobre el ínfimo o infierno, que lo retratan como el más terrible e inhóspito lugar, aunque se acercan a la realidad no son suficientes; porque no hay forma ni palabras para describir los horrores de este espacio; cualquier retrato queda pequeño ante la avasalladora realidad. Allí imperan las vibraciones más terribles, donde todos los horrores en el mundo físico no encuentran semejanza porque no alcanzan a conjuntar lo terrible de esta experiencia. Hay espacios impenetrables, negros, con formas de desfiladeros, barrancas, cavernas sombrías, abismos, malezas inhóspitas, caminos tétricos y peligrosos. Hay zonas con

[24] Cuando se habla de superior e inferior, no se hace referencia a una posición, porque todos los planos ocupan el mismo espacio. Igual que un cuerpo compuesto de cuatro elementos químicos, todos ocupan el mismo espacio aunque cada uno conserva su individualidad química. Así, el plano sólo indica un mayor o mejor grado de condensación. Cuando se habla de lo que pasa de un plano a otro, desde nuestra perspectiva tridimensional, sólo indica un cambio de conciencia.

[25] Comentaré en otro momento sobre "Los ángeles de destino humano" en un capítulo dedicado a San Miguel Arcángel, nuestro protector.

témpanos, cañadas de hielo, lúgubres cuevas, que representan el abandono de cualquier vibración de calidez; pero también hay lugares de fuego recalcitrante, de calor extremo, con calderas hirvientes y entidades demoniacas torturando continuamente a quienes llegan. Todo lo que es horrendo se encuentra allí reunido y materializado con partículas grotescas: los sentimientos de odio, codicia, lujuria y venganza toman formas monstruosas, conformadas por una sustancia pestilente, viscosa y repugnante.

Las pasiones humanas y los apetitos bestiales se presentan bajo animalescas formas astrales. Todos los tormentos que en el mundo material pueden ser imaginados están allí reunidos, de manera objetiva, amenazantes, listos para agredir a los seres que por su naturaleza bestial allí se congregan, cada uno rodeado por horrendas partículas de crueldad, vicios, degeneración, corrupción, magia negra: maldad pura en todas sus posibilidades. Los panoramas son tétricos, con ríos de agua lodosa y asquerosa que emite vapores sulfurosos y olores fétidos. Hay animales con formas tenebrosas que presentan comportamientos extraños, como si se cuidaran de algo amenazante que vaticinara mayor angustia de la que impera. Los seres que por perversión reiterada en la Tierra son atraídos hacia estos espacios, no encuentran cómo salir de allí y continuamente emanan oleadas de terror, desesperación, odio, envidia, miedo y pasiones bajas, energías que constantemente estructuran más el sufrimiento de este horrendo espacio. Este lugar está formado por la energía que produce la maldad y la perversión proveniente del ser humano a lo largo de la historia de la humanidad. Allí van a dar sólo quienes tienen partículas de este subplano y participaron en su construcción en el pasado y en el presente. Allí, cada habitante tiene la imagen que le corresponde de acuerdo con la materia astral que recogió en vida con sus pensamientos, sentimientos y acciones. Aquí no hay disfraces, no hay hipocresía, cada ser tiene el revestimiento que tejió en vida; nadie puede esconder la mentira, el odio, la intolerancia, bajo la apariencia de bondad y virtud. Así como en los planos elevados, el ser humano que ha cultivado el amor tiene un revestimiento de belleza que irradia luz, en estos planos, el ser proyecta un aspecto inmundo, repugnante. Quienes por desgracia han podido ver a un habitante de este lugar, a una entidad demoniaca, reportan una presencia de aspecto aterrador con piel de color repugnantemente oscura y de un espesor tan grueso que se asemeja a la piel de los cocodrilos. Esa piel es de tal densidad y dureza que se intuye que no habrá lugar para que puedan ser desalojadas sus partículas; además, debajo de la horrible estructura formada por la perversión, la maldad, el odio y la oposición continua al amor de Dios, no hay ninguna conexión con la energía vital, por lo que una vez que sea desorganizada la monstruosa forma, su perversa conciencia desaparecerá del universo. Recordemos que el mal no existe, porque algún día desaparecerá, puesto que sus partículas no son aptas para la eternidad, pero en este momento de nuestra evolución, las entidades del mal son objetivas, reales.

Este subplano del astral está poblado por entidades que ya no tienen posibilidad de unirse a la gracia divina, son los verdaderos desalmados (porque carecen de alma) que permanecerán en este espacio el tiempo que puedan mantenerse sustrayendo energía del ser humano. Es debido a esta necesidad que atormentan a la humanidad con el fin de que les proporcione la energía contaminada por medio de sacrificios humanos, rituales sangrientos, y todo lo que responde a la insidia, el temor, a la perversión y a la maldad. Con el fin de que otros estén enterados de la realidad de estos espacios, hay personas que como parte de su tarea en la vida, son conducidas durante unos instantes cerca de las puertas del infierno para percibir cómo es. Lo describen como espacios tétricos, terribles, donde las sensaciones que experimentan no pueden ser descritas con palabras humanas. Naturalmente que las visiones de diablos con trinches y calderas hirvientes sobre fuego eterno son sólo un pálido reflejo del verdadero horror que allí se experimenta.

El sexto subplano, que está cerca de las puertas del infierno, también se conforma por espacios terribles, donde el sufrimiento es atroz e inenarrable, semejante al séptimo subplano, sólo que ahí los que se encuentran atrapados tienen oportunidad de salir. Se trata de seres que, aunque realizaron algunos actos inmundos en vida, no son tan pervertidos como los del ínfimo. El tiempo que permanecerán —igual que en los otros subplanos— depende de la cantidad de partículas que contiene su cuerpo astral de este lugar, lo que obedecerá a la calidad de vida que llevaron. Allí están los que todavía claman por las cosas terrenales y no pueden sustraerse de la atracción de la materia; todos los que alimentaron las pasiones más siniestras, los deseos más brutales, los asesinos, los lujuriosos, los avaros, los crueles. Acceden a este horrendo pozo aquellos suicidas que por cometer los más temibles crímenes fueron acorralados e intentaron huir de las consecuencias de sus actos. También se encuentran atrapados otros suicidas que decidieron tomar ese paso por irresponsables, sin la maldad de los anteriores, pero el acto que realizaron tiene la misma vibración: atentar contra los designios de Dios, por lo que deberán permanecer durante un tiempo corto. Todos sufren terriblemente. Necesitan mucha oración, pensamientos de amor y actos de bondad realizados en su nombre. A este plano no entran los que llevaron una vida honesta.

En el quinto y el cuarto subplanos se hallan quienes, sin haber practicado la maldad, fueron indiferentes al sufrimiento y las necesidades del prójimo. Viven en un mundo de confusión y sufren por estar lejos de toda vibración de calidez y amor.

En el tercer y segundo subplanos viven los seres que fueron indiferentes al mundo espiritual, inclusive se encuentran individuos supuestamente entregados al mundo religioso, pero que lo hicieron por una causa diferente a la devoción, más bien por pertenecer a un grupo o por reconocimiento, por ejemplo. Hay dogmáticos, fanáticos de todos los campos. En el subplano más elevado también pueden encontrarse científicos, filósofos, literatos, músicos, pintores, religiosos, seres dedicados a proseguir sus investigaciones y a practicar lo que desarrollaron en vida. Algunos están tan sumergidos en sus labores que ni siquiera se han enterado de que fallecieron.

Hay una gran población de seres de diferente naturaleza, como veremos en el apartado siguiente ("Los habitantes de los diferentes subplanos del astral"), y todos están conscientes en el subplano en el que permanecen. En cada subplano existe una contraparte de lo que existe en la Tierra, aunque vibrando en baja frecuencia. Los planos inferiores están conformados con partículas horrendas y pesadas, pero a medida que aumenta la vibración y se accede a otro plano, las formas van mejorando. En el primer subplano las cosas son agradables como son en la Tierra, pues hasta que se entra al séptimo subplano del mundo mental es que se perciben lugares bellísimos. Y no es hasta que se entra al quinto cielo o quinto subplano del mundo mental que se contemplan paisajes celestiales.

El ser que continuamente practicó el mal en la vida, que cometió todo tipo de crímenes, asesinó, violó, robó, pervirtió y degeneró, por ejemplo, se enfrentará a figuras demoniacas que son muy objetivas en esos planos. Son entidades que habitan el bajo astral y una cuarta dimensión. Cuando se estudian los planos y sus habitantes se comprende que no son entidades ficticias, ni provienen de mentes enfermas, sino que son muy reales dentro de su campo vibratorio u onda longitudinal, al que accede el que tiene esa vibración, no sólo al fallecer, sino también en este plano, como sucede con quienes practican la magia negra.

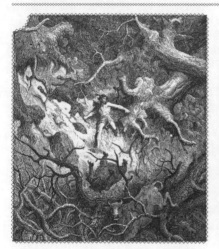

El que no está cerca de Dios, al llegar al otro lado puede sentir una angustia y desolación difíciles de describir. Es preciso orar por él. No olvidemos a nuestros difuntos, sin la oración de los vivos no podrán ascender. Los vivos recuerdan el bien realizado por quienes se adelantaron; de otra manera los muertos podrán ser ignorados por siempre. Existen diversas imágenes que ilustran al ser abandonado a su suerte en el más allá, donde se le ve angustiado, rodeado de aridez y sin saber qué hacer. Oremos también por los seres que nadie recuerda.

El suicida se encuentra en un estado de devastación total, deprimido, angustiado, perdido, abatido y sin tener ánimo para coordinar y desear algo. No encuentra la paz que creyó lograr, sino una tristeza y soledad infinita y un desconsuelo total. Es necesario ayudarle con la oración continua, porque se resiste a toda ayuda, sólo quiere perder la conciencia, y eso nunca lo logrará.

En el otro plano, los que han hecho mal uso del poder en cualquier nivel, han abusado y obstaculizado el crecimiento de otros, han sembrado odio, han incitado a guerras, conflictos, y más, al llegar al otro plano, se encontrarán en un estado de desolación, serán atormentados, sin ningún apoyo, y enfrentados a todo tipo de obstáculos.

Los habitantes de los diferentes subplanos del astral

Todos los subplanos y los espacios visibles e invisibles en el universo están poblados. Unos por seres en cuerpo espiritual, como los ángeles que nos guían, otros con cuerpo mental, otros con cuerpo astral, otros con cuerpo etérico y, naturalmente, otros con cuerpo físico (los que habitamos el mundo tridimensional). Como hemos visto en estas páginas, no todos los seres en el universo son seres de bondad, existen algunos de elevadísima perfección espiritual, otros de santidad mediana, unos más desarrollados de manera científica, sin interés por el mundo espiritual; algunos que son indiferentes y gastan bromas, otros que son pícaros y hacen travesuras sin conciencia, otros que sin ser inocuos por completo conscientemente perjudican, otros que son en verdad perversos, y otros cuya maldad es difícil describir con palabras. Así, los distintos planos están llenos de seres de todo tipo. Los seres que salen del seno de Dios son sus hijos, no importa qué lugar ocupen en el universo. Sin embargo, pueden independizarse de Dios, tal como lo hizo Lucifer que se rebeló arrastrando a millones de seres con él. En casos así, el hilo de vida que los une con Dios se obstruye por la vibración extremadamente densa que se acumula en su base, lo que provoca que el hilo se rompa y las entidades queden sin posibilidad de lograr la inmortalidad, porque sólo el que está unido a Dios puede vivir eternamente. En casos semejantes, estos seres dejan de tener espíritu —que es la fuente de energía de todo lo que existe en el universo— y para subsistir deben vagar por los espacios robando esencia de vida de donde puedan. Debido a circunstancias evolutivas especiales, de acuerdo con algunas antiguas tradiciones y con algunos autores modernos —unos mencionados en estas páginas—, nuestro planeta aparentemente fue el lugar donde fueron arrojadas las fuerzas comandadas por Satanás (alterador del orden divino en el universo), con seres llenos de soberbia que se unieron a él, pero que no sufrieron la rotura del hilo de vida, porque fueron convencidos con engaños, aunque su pecado consistió en unirse a un grupo en contra de su creador, seres que según lo que se percibe en los hechos y la literatura milenaria, somos nosotros, quienes estamos evolucionando con cuerpo físico aquí en el planeta, y que tenemos la oportunidad de renunciar a los infames entes que nos tentaron y convencieron en el pasado. Naturalmente que la gracia que disfrutamos produce más aborrecimiento en los entes que no gozan de ella, por lo que independientemente de su necesidad de sustraer nuestra esencia de vida, lo hacen enviándonos las más horrendas vibraciones de odio. Estos horribles entes habitan subplanos cercanos al nuestro y es preciso que comprendamos que nos odian con toda su naturaleza demoniaca, y usan su maquiavélica mente para intentar engañarnos constantemente.

Es cierto que toda esta información deprime, incluso mucha gente dice que no la necesita, porque no quiere poner su atención en temas morbosos y densos. Además, hay mucha literatura que ingenuamente divulga conceptos inducidos por estos mismos entes como que somos ángeles en la Tierra, o que todos, espontáneamente, disfrutaremos de la eternidad. Si ponemos atención, podremos comprobar que los entes del mal ganan terreno día a día, precisamente porque tuvieron la macabra idea de encapsularnos en una burbuja color rosa con un casete que incesantemente repite frases como: "No pasa nada", "todo está en la mente del que piensa", etcétera. Claro está que si se tiene la conciencia puesta en las bondades de Dios, es suficiente para estar libres de las fuerzas del mal; pero como no toda la humanidad guarda el mismo grado de conciencia, resulta algo egoísta protegernos con nuestra burbuja y no atender a los que no tienen esa posibilidad, y se convierten en presa fácil del mal, ya que no están enterados de lo que está pasando. Esto lo vemos con los niños y jóvenes. Es alarmante observar cómo son enganchados en la droga y la pornografía. En escuelas privadas, donde existe gran atención y mucha vigilancia escolar, algunos alumnos de entre seis y siete años, aun siendo advertidos por sus padres y bien aconsejados, han sido víctimas de personas amorales que con engaños acceden a ellos para pervertirlos. Cada vez son más las criaturas que se vuelven objetivo de las fuerzas del mal, por lo que se hace imperativo dar a conocer la verdad detrás del caos que se percibe en muchos ámbitos. En el pasado, las entidades del mal no eran invocadas como en la actualidad mediante canciones donde, a gritos, se les aclama, donde por medio de rituales que aparecen en la televisión, en juegos electrónicos, en internet donde, con sólo llenar un formulario y dar *enter*, se establece un pacto satánico. Inclusive, mediante invocaciones a entidades que engañosamente han dado sus nombres como si fueran seres de luz, y que de manera ingenua mucha gente evoca creyendo estar en contacto con los ángeles de Dios.

Todo ello ocurre, sin mencionar al grupo cada vez más grande de personas que, sin escrúpulos y de manera abierta, se agregan a las fuerzas del mal y practican ceremonias de sangre, rituales de brujería o de magia negra. Todo sucede porque, en la mayoría de los casos, las personas se enganchan creyendo que en realidad "no pasa nada", que sólo se están moviendo fuerzas de la naturaleza. Si todos supieran que existe un peligro grande al jugar con los seres invisibles que hacen "favores" a cambio de que se les empeñe algo, es casi seguro que muchas personas se apartarían de dichas prácticas; pero como repetimos, son los mismos diablos los que han logrado convencer a la gente de que lo que hacen es inocente y que ellos, los demonios, no existen.

Los párrafos anteriores suenan un poco a perorata sectaria, lo sé. Sin embargo, es necesario que se comprenda que no por ser principios y hechos que, de manera soflamera, son repetidos por algunos moralizadores desesperados, dejan de ser verdad. De igual forma, es importante recordar siempre que, aunque existe una gran variedad de entidades amorales en los espacios invisibles que nos circundan, también hay seres de amor ocupados en inspirarnos formas para acercarnos más al mundo espiritual donde lograremos recibir instrucciones celestiales para estar protegidos contra el mal. A continuación, de manera breve, se enumerarán los diferentes seres que habitan los espacios.

En los subplanos del mundo astral pueden encontrarse seres que en la actualidad viven en el mundo material, como el caso de cada uno de nosotros cuando dormimos o estamos anestesiados, o cuando alguna persona entra allí por medio de la droga o el alcohol. Pero también tienen otros habitantes, como quienes ya fallecieron, y algunos que no son humanos. Todos ellos están agrupados de acuerdo con su estado de conciencia; por ejemplo, los magos negros no se encuentran, ni pueden entrar, al mismo subplano donde están los santos. De acuerdo con los libros de C. W. Leadbeater y de Arturo Powell, los subplanos están poblados por entidades que ellos agrupan como sigue:

Habitantes humanos con cuerpo físico (vivos)

- Seres que conscientemente deciden entrar a un subplano astral para compartir estudios con otros.
- Seres que realizan viajes astrales o visualizaciones a distancia (psíquicos).
- Personas dormidas. Cada uno de nosotros cuando duerme, vive en su cuerpo astral, y forma parte de la población del mundo astral. Dependiendo de la capa vibratoria que traemos encima, será el subplano al que arribaremos al quedarnos dormidos, y cuando despertemos, dejaremos de ser habitantes del mundo astral para convertirnos en habitantes del físico. Al morir sucede lo mismo, nos convertimos en habitantes de otro subplano. Después del tiempo necesario en cada subplano del astral, desechamos el cuerpo astral y entramos al mundo mental,

convirtiéndonos en habitantes de dicho mundo. Las capas de sustancia astral que desechamos cuando llega el momento son diferentes a las capas física y etérica que soltamos al morir, porque las astrales conservan algunas partículas astrales de nuestra conciencia; por lo que estos cuerpos tienen recuerdos de la personalidad que formaron, y pueden actuar como robots con ciertos hábitos y particularidades de la personalidad que abandonaron. A estas contrapartes se le llama fantasmas y son las entidades que son atraídas a las sesiones espiritistas, aunque a veces se confunden con la verdadera alma.

- Los magos negros y asistentes que entran para comunicarse con entidades del bajo astral.

Habitantes muertos
(seres que carecen de cuerpo físico)

- *Santos.* Seres que por su amor a la humanidad eligen no ascender a los planos más bellos, y permanecer cerca de la humanidad para inspirarla y ayudarla. Son llamados *nirmanakayas*, palabra sánscrita equivalente a "grandes santos".
- *Seres que esperan venir al mundo físico.* Según la teoría de la reencarnación, esperan el momento de encarnar una vez más en la Tierra para ayudar.
- *Almas del purgatorio.* Seres fallecidos que están desalojando partículas en algún subplano.
- *Sombras.* Entidades separadas de las contrapartes pero tienen adherido algo del cuerpo mental concreto al que pertenecieron. Son sólo cadáveres con animación temporal y vampirizan a quienes logran influenciar.
- *Cascarones.* Cadáveres astrales en último grado de descomposición. También hay cadáveres etéricos.
- *Cascarones vitalizados.* Cadáveres astrales, caparazones sin vida que pueden ser animados por elementales artificiales perversos. Pueden manifestarse a través de la güija y en sesiones espiritistas. Son demonios tentadores, considerados vampiros menores.

- *Suicidas y víctimas de accidentes.* Algunos pueden estar en un subplano cerca de las puertas del plano inferior. Con la ayuda de sus deudos, irán ascendiendo a planos menos dolorosos.
- *Vampiros y lobos.* Aunque se tiende a relacionar a estas entidades con seres ficticios debido a los cuentos y novelas escritos sobre ellas, son reales en sus ínfimos planos. Los autores dieron a conocer esos apelativos porque sabían de su existencia, y se dieron a la tarea de transmitir la información de manera que no produjera conmoción. Estos son verdaderos demonios que roban energía de la humanidad para persistir con su conciencia negra. Están separados totalmente del hilo de vida.

Todas estas perversas entidades son las que comandan en las regiones infernales y necesitan la esencia de vida que se encuentra en la sangre, por lo que harán lo que sea por obtenerla: ofrecimientos de poder, fama y dinero a los humanos dispuestos a ser canales. Las personas que se vinculan con los magos negros —y éstos una vez que mueren— están en deuda con dichos entes, quienes les succionan cualquier residuo de energía. Después los convierten en sus esclavos y tienen que ir a obsesionar y vampirizar como tarea. Aun cuando ellos mismos requieren de la energía de vida, pocas son las oportunidades que tienen para aprovechar la que logran. Su permanencia en el infierno es lo más horrendo, no hay palabras para transmitir lo que experimentan, porque una vez que ya no tienen capacidad para servir a sus infernales amos, son desechados y su atrofiado cuerpo astral, con sus partículas de conciencia negra, deberán ir a desintegrarse en el espacio que les corresponde. Nada de esto es una sorpresa para la persona, pues ella misma, en vida, se lo ofrece porque busca entablar ese compromiso con los demonios.

- *Magos negros y sus asistentes.* Los que en vida practicaron la magia negra se convertirán en esclavos de los vampiros o lobos. Algunos ya están separados del hilo de vida.

Habitantes no humanos

• *Esencia elemental perteneciente a nuestra evolución. Es la sustancia disponible para las estructuras de nuestro mundo.* Esta materia prima tiene vida y originalmente era inmaculada y pura, pero la humanidad a lo largo del tiempo la ha contaminado y sigue haciéndolo hasta hoy. Es con esta esencia que se estructuran las cosas en el mundo físico, por esto se dice que mientras no se purifique con amor y oraciones, las situaciones en el mundo material no serán armoniosas. Esta esencia adquiere configuración con pensamientos, sentimientos, palabras y acciones, después cae en formas objetivas y situaciones en el mundo físico. En las zonas donde hay más armonía, lo que se percibe es agradable, como en algunos lugares de la campiña, donde la población no tiene tanta influencia de los contaminantes propios del progreso (la contaminación se da en lugares de muy baja nota, como algunas cantinas o zonas rojas; en sitios donde se escucha música tendenciosa o hay crímenes, drogas, rituales sangrientos o personas indiferentes a las necesidades del prójimo). Como la contaminación cada día abarca más espacio en el planeta, se puede ver el deterioro en bosques devastados, vegetación escasa, ríos y mares contaminados, desaparición de valiosas especies en los diferentes reinos, enfermedades extrañas, agresiones y abusos en el ámbito familiar y conflictos bélicos, por ejemplo. La sustancia elemental para conformar lo que hay en el mundo ya tiene lo que el hombre le ha enviado y le envía cuando piensa, siente, habla y actúa, por lo que todo lo que nos parece desagradable no es un castigo divino, sino consecuencia de la alteración de las leyes por el hombre, las cuales actúan mecánicamente. Por nuestra irresponsabilidad suceden estas cosas. Podemos purificar la esencia elemental que está suspendida esperando cristalizarse en forma y situaciones en nuestra vida y nuestro espacio, si comenzamos a vivir en armonía con el amor de Dios, con pensamientos nobles, deseos, anhelos y sentimientos puros, palabras que apoyan y dignifican, y acciones nobles; esto incluye cumplir con nuestros deberes espirituales, familiares y sociales; oración, respeto a los demás, ayuda al prójimo y todo el servicio humanitario que podamos realizar. Es la única forma de tener reserva de sustancia iluminada para producir armonía en nuestra vida y la de nuestros familiares. Es decir, para que tengamos un entorno agradable, con trabajo, salud, aprecio, cariño, amor, comprensión, familia equilibrada, en fin, para que las cosas marchen bien, sin tener grandes sobresaltos.

- *Los cuerpos astrales de los animales.* Permanecen poco tiempo en el astral porque, como no tienen espíritu, deben regresar al alma grupal a la que pertenecen.
- *Espíritus de la naturaleza. Hadas, duendes, gnomos, silfos y ondinas* (también existen en el plano etérico). Estas pequeñas entidades no tienen espíritu eterno y su función es seguir las directrices de los ángeles encargados de nuestro planeta, porque son como una especie de pequeños obreros que reciben los dibujos que les proporcionan los ángeles directores para amalgamar las partículas que organizan las formas que vemos en el mundo. Ellos son quienes transportan los átomos para formar una gema, una fruta, una flor, un árbol, un animal, un ser en el vientre materno. Cuando no han sido maleadas por el hombre, presentan un aspecto bellísimo, como las hadas que se ven en estampas, láminas y cuadros; pero cuando el ser humano los atrapa con sus rituales, pensamientos, evocaciones y peticiones, se van volviendo pícaros, traviesos, hasta presentar —en algunos casos— un aspecto siniestro y horrendo, como los que trabajan en la magia negra. Estos espíritus de la naturaleza están animados por un alma grupal, igual que los animales de nuestro mundo, y serían como las mascotas de los ángeles. Estas entidades, aún las que han sido atrapadas por medio de la magia de los rituales, sienten una repulsión enorme por los seres humanos, ya que pueden percibir nuestras emociones, intenciones, ansias, apegos y, principalmente, nuestra codicia por los elementos que manejan. Ellos no saben razonar ni llegar a la conclusión que somos seres evolucionando y que en esta etapa de nuestro creci-

miento esas cosas nos atraen, pero que también tenemos aspectos de aspiraciones elevadas, y que debieran comprendernos como lo hacen los ángeles de Dios. Ellos sólo perciben que emanamos partículas densas la mayor parte del tiempo, y saben por instinto que cada vez que un ser humano se les acerca es para pedirles algo. Pensamientos, sentimientos, palabras y actitudes egoístas del ser humano, despiden un hedor insoportable y ellos lo detectan, aunque esté envuelto con cierta emanación de amor y bondad. Debido a esto, lo único que se sugiere es que se les respete, se les agradezca el trabajo que realizan para los ángeles; por eso, se les puede dejar dulces y cosillas por el estilo, pero nunca licor ni alimentos muy condimentados. Algo muy importante: nunca les pidas favores de ninguna naturaleza. Ellos estructuran todas las formas, incluyendo las intangibles como familia equilibrada y buen trabajo. Utilizan la energía que existe en el lugar; si esa energía está contaminada, organizan formas tangibles e intangibles con aspecto feo, y ellos se van contaminando y después se vuelven grotescos. Esto lo vemos en los lugares donde se practica la brujería, porque allí su aspecto es realmente horrendo. También en los lugares densos, son ellos los que virtualmente trabajan con pico y pala sacando la mugre, como en las erupciones volcánicas; son la fuerza que mueve la ceniza y la lava; y en los huracanes, son los que azotan las partículas para producir el efecto que conocemos. En los casos de vibraciones bajas, son entidades feísimas las que trabajan conjuntamente con entes maquiavélicos que los dirigen, porque en cada plano los seres que manipulan las partículas son de la misma clase; es decir, los entes que trabajan con partículas densas son entes densos. Recordemos que los otros planos son un reflejo de aquí, como es arriba es abajo; si se requiere sacar carbón de una mina, no es un trabajo que realizará un oficinista de cuello blanco, saco y corbata, no se va allí con traje de baile (usamos este ejemplo reconociendo que la labor de los mineros es muy respetable y nada tiene que ver con su crecimiento espiritual, porque entre ellos seguro hay personas de calidad espiritual insuperable). En los lugares donde el ambiente está conformado con partículas lumínicas todo se conjuga para que las pequeñas criaturas de la naturaleza construyan cosas bellas en nuestro entorno y en nuestra vida, porque existe limpieza física y los habitantes del lugar mantienen pensamientos nobles, sentimientos puros y sus palabras y acciones son amorosas, además porque se apoyan con elementos adecuados, como una decoración que inspire a sus moradores, con cuadros y pinturas de bosques, ríos, cascadas, y figuras que representen a Jesús, la Virgen y los ángeles, también con música dulce y armoniosa, flores y plantas, etcétera.

Para sintetizar, los espíritus de la naturaleza son pequeñas entidades, algunas juguetonas y traviesas y otras muy temibles. Su configuración externa se adapta a la región en que se desenvuelven; a voluntad pueden atraer las partículas para manifestar cualquier configuración, pero siempre corresponderá a la vibración del lugar donde están. Por esto los que se desarrollan en la campiña son diáfanos, alegres y bonitos, y los que se encuentran en lugares densos donde se practica la brujería, son horrendos y perversos. Por supuesto que también están los del término medio, que son los que podríamos percibir en las casas. En todos, su cuerpo no tiene la estructura interna como el del ser humano, por lo que no se les puede herir ni matar. Ninguno soporta nuestra presencia, pues detectan nuestra verdadera naturaleza que por lo general emana voracidad y pasiones bajas. Mediante rituales especiales pueden ser atrapados por el hombre y obligados a realizar determinados trabajos sucios. Los que realizan estos menesteres se van tornando en verdad monstruosos, con los ojos rojos, los dientes como sierra y un aspecto horripilante, repulsivo y cruel. Algunos de estos entes fueron venerados en el pasado como dioses, a muchos aún se les considera así en ciertas sectas, y son invocados por medio de sonidos de percusión muy baja, humo o sangre, para que practiquen trabajos de brujería. Los espíritus de la naturaleza se dividen en grupos, que corresponden a cada uno de los siete elementos, de los que ahora conocemos son cuatro: tierra, agua, aire y fuego. Cada grupo actúa en su elemento; de acuerdo con la clasificación antigua son: hadas, duendes y gnomos, del elemento tierra. Ondinas y ninfas, del elemento agua. Sílfides del aire, y salamandras del fuego. Seres que utilizaban los alquimistas para los trabajos de transmutación. Recordemos que, originalmente, todas estas criaturas fueron bellas, pero por la acción del hombre, en algunas regiones se han vuelto horripilantes y peligrosas, por esta razón se escuchan anécdotas relacionadas tanto de duendes buenos como de indiferentes y de malvados. Algunos de los más conocidos son los del elemento tierra, y sus nombres varían en cada región; así tenemos sátiros, faunos, griffins, pixies, pucks, los uldras noruegos —semejantes a los chaneques mexicanos— usados para llevar a cabo trabajos de magia negra. Elfos (también hay elfos del aire), goblins y bogies, estos dos últimos son terribles y peligrosísimos. Los kobolds de Alemania que se relacionan con el fenómeno *poltergeist*. Las gárgolas son conocidas también como grotescos, palabra derivada de *grotto*, "cripta", cuya acepción significa "criatura de la cueva", lugar donde se veneraban estas horrendas criaturas con aspecto demoniaco. La palabra "gárgola" deriva del vocablo griego *garizein* y del latín *gargarizare* que se traduce como "gárgara", quizá porque cuando se comunican las palabras se escuchan con horrendos sonidos roncos y como si hicieran gárgaras. Hay una gran variedad de gárgolas, algunas tienen la lengua salida como si escupieran, por eso se usan sus imágenes como salientes para recoger el agua de lluvia en algunas casas. Son criaturas de la cuarta dimensión aunque pueden ser vistas ocasionalmente. Hay quienes las invocan para protección, pero es importante recalcar que es lo mismo que invocar demonios, pues eso es lo que son, aunque fueran invocados en las culturas antiguas del medio oriente y también por los romanos. Hay también gárgolas marinas, que se encuentran en aguas poco profundas.

Están también los famosos *trolls,* de los que la tradición escandinava afirma que son antagónicos al ser humano, someten a los niños y atacan a la gente sin razón alguna, por eso es mejor mantenerlos alejados. Establecer contacto con ellos puede ser muy peligroso porque intervienen de manera negativa en la vida de quienes los invocan, aunque al principio aparentan ser inofensivos. Los espíritus de la naturaleza persisten en las tradiciones del mundo entero; muchos, siendo los mismos, son conocidos por distintos nombres en cada región; por ejemplo, los *brownies* de Escocia son los mismos *yumboes* del norte de África y los *choa phum phi* de China. Entre las criaturas del mar podemos encontrar a los peligrosísimos *ahuizotl* de la región de Centroamérica; las *ben-varrey*, una clase de sirenas de la Isla de Man, y los *bunyips* o *kine pratie*, *wowee wowee* o *dongus*, monstruos marinos de Australia; los *kappa* de Japón, entre muchos más. También están las *lorelei* de Alemania, las cincuenta nereidas del Mediterráneo, los *kelpies* de Escocia y, por supuesto, las sirenas, las ondinas y los tritones. Todas estas criaturas corresponden a un reino que se desarrolla paralelamente al nuestro y no es prudente invocarlos, pues aunque algunas realizan funciones que benefician a la humanidad, lo hacen cumpliendo con la parte que les corresponde dentro de la estructura que existe para mantener funcionando la naturaleza, de acuerdo con el plan divino. Debido a esto las tradiciones reportan la presencia de hadas, ninfas, duendes y demás espíritus que, a veces, pueden ser percibidos conduciendo partículas luminosas para conformar las flores, las frutas y los vegetales, por ejemplo. De acuerdo con las indicaciones de los ángeles, son ellos los que se ocupan de organizar las moléculas que conforman los diferentes reinos.

A medida que profundizan en su devoción hacia el ángel que dirige a su grupo, los espíritus de la naturaleza poco a poco irán desarrollando inteligencia y eventualmente se individualizarán. Su crecimiento depende del amor, la lealtad y la abnegación que logren extender hacia el ser de luz que los dirige. Éste es uno de los motivos primordiales por el que puede ser dañino interferir en su evolución, ya que si los distraemos de sus funciones naturales y los atraemos hacia las vibraciones materiales, o se comprometen a servir a los humanos, tendremos que responsabilizarnos de tal interferencia. Sí podemos reconocer su presencia y agradecer su trabajo, pero nunca intentar atraerlos para que nos hagan alguna gestión. Si los respetamos, podremos incluso decorar lugares con sus bellísimas representaciones, pero como un homenaje al trabajo que realizan y no con el fin de que se sometan a nosotros.

En el mismo plano también se encuentran las formas astrales de los minerales, los vegetales y los animales.

- *Ángeles que ayudan en este plano.* Los ángeles que guían a la humanidad pertenecen al mundo celestial, que se ubica por encima del plano astral y del plano mental concreto.

Sin embargo, pueden descender hasta planos inferiores para ayudar a la humanidad, en especial durante esta época en que se ha vuelto tan urgente su asistencia.[26]

Habitantes artificiales

En el astral existen muchas formas creadas de forma artificial, hechas con la sustancia de los vicios de la humanidad, entre ellas las más corrientes son conocidas como larvas, cascarones astrales, íncubos (demonios con apariencia de varón que tienen comercio carnal con la mujer), súcubos (demonios mujer que tienen comercio carnal con el hombre), lémures, las formas psíquicas de las enfermedades, las formas psíquicas de los vicios humanos, los siete pecados capitales, entre otros. En ese plano todo lo que brota de la mente del ser humano se vuelve concreto. Estas entidades rondan lugares densos como bares, prostíbulos, cementerios, sitios donde se hacen rituales con sangre, donde se cometen crímenes o se provoca dolor. Estas formas son:

- *Elementales formados inconscientemente.* Son llamados también egrégores, obsesores o formas astrales. Son entidades con vida que se forman con los pensamientos sostenidos o los hábitos de los seres humanos. Pueden ser buenos, indiferentes o malos, lo que dependerá de la calidad del pensamiento o hábito. Los buenos se forman con actos de caridad, con la oración, en especial a la misma hora y en el mismo lugar; los indiferentes se estructuran con la costumbre del arreglo personal, los estudios, los trabajos de rutina; mientras que los malos se conforman con la energía que proviene del odio hacia alguien, las prácticas incorrectas o los vicios. De acuerdo con C. W. Leadbeater, las oraciones que hace una madre por un hijo adquieren la forma de alas de ángeles que rodean al pequeño, como auténticos escudos que pro-

---

[26] En el capítulo "San Miguel Arcángel, protector contra las fuerzas del mal" del libro *Quiénes somos, a dónde vamos*, encontrarás más detalles sobre estos acontecimientos. Para más información sobre los ángeles, consulta "Di sí a los ángeles y sé completamente feliz", en el volumen 1 de *Manual de ángeles*.

tegen y resguardan contra las amenazas externas. Las personas que siempre piensan en alguien también van configurándolo en su espacio astral, con las características que maneja mentalmente el pensador, aunque no correspondan en realidad al ser en el que se piensa. Por ejemplo, una persona piensa con frecuencia en Jesús, con sus características divinas: bondad, amor, sabiduría y promesas de salvación, pero al mismo tiempo lo concibe como un ser con características humanas: iracundo, celoso, partidario, parcial; con el tiempo, frente a este pensador puede manifestarse una figura semejante que incluso puede transmitirle mensajes que no serán auténticos, sino que responderán a lo que el pensador espera y ha matizado con su pensamiento sostenido. Esto explica por qué ante diferentes videntes se manifiesta un mismo ser con atributos contradictorios; también es la razón por la que no se debe aceptar a ciegas toda información como fidedigna.

Muchas revelaciones provienen de entidades así formadas, por eso sabemos de tantos conflictos y guerras absurdas que se llevan a cabo en "nombre de Dios". Paul Brunton, autor de *La India secreta*, entre otros libros, decía que cada noche antes de irse a dormir se encargaba de viajar por los planos astrales, con el fin de intentar desbaratar la imagen artificial que de él se habían formado sus lectores; aunque esto, a la luz de lo que aquí hemos visto, es intervenir en el libre albedrío de otros, podría explicar por qué no hacen lo mismo los seres celestiales que nos conducen con amor, ya que en realidad cada quien construye su mundo con sus pensamientos, y en ese mundo particular pueden existir figuras distorsionadas de seres perfectos o viceversa. Si Dios, o Jesús, o la Virgen, o los ángeles y los santos, borraran las percepciones incorrectas que la gente tiene de ellos, el ser humano no podría aprender de sus errores. Podemos pedir a los seres celestiales que nos permitan tener una percepción correcta de ellos y, de esta manera, con nuestra autorización, podrán corregir nuestros pensamientos y no invadirían nuestra libertad.

Cuando se forma un pensamiento que no se ajusta a la realidad, sea por permitir que nuestras emociones egoístas trabajen, o porque se acomoda a nuestros intereses, o por querer liberar odios y fanatismos y usamos como escudo a los seres divinos, nosotros somos responsables y tenemos que enfrentamos a las consecuencias. Si en nuestras obsesiones arrastramos a otros, es porque ellos lo deciden pero también tendrán que afrontar lo que produce su negligencia, porque cada persona es responsable de su vida y de todo lo que le sucede, y debe buscar la verdad y no permitir que otros le siembren alguna idea incongruente. Algo que es preciso recordar es que cuantas más personas existan pensando en algo, con las mismas características, particularidades y atributos, con mayor facilidad se compactará en algo objetivo, por lo que no debe extrañamos que existan variadas manifestaciones del mismo elemental artificial producido con el pensamiento fanático de muchos; y el elemental, como vimos, puede ser como el álter ego del personaje verdadero. Es natural que esta entidad, copia incorrecta formada artificialmente de un original perfecto, pueda aparecerse dando instrucciones que corresponderán a lo que las personas que lo pensaron esperan. Por esta razón, existen grupos que no aceptan manifestaciones extrasensoriales o apariciones, porque se vuelve difícil saber qué es real y qué no, qué procede de Dios y qué no.[27] Debemos partir de la idea primordial: Dios es amor, y sólo lo que está impregnado de eso puede proceder del mundo celestial.

El ángel de la presencia y el guardián del umbral son elementales creados inconscientemente por cada ser humano, uno reúne toda la energía de nuestras virtudes y otro condensa nuestra energía negativa. Cada ser humano tiene cerca de sí

---

[27] Muchos de los dioses de antaño, ávidos por el plasma de la sangre, conducían a los pueblos a los rituales más horrendos, que involucraban sacrificio de niños, mujeres, esclavos, etcétera. Se trataba más bien de entidades del mal que obtuvieron fuerza con el miedo de sus adeptos. Lo mismo sucede hoy en día. Esos mismos entes del mal exigen holocaustos por medio de guerras sin sentido, abortos, conflictos, alborotos, degeneración, y más, porque no pueden permitir que la humanidad exprese la bondad de su alma, ya que para ellos es indispensable la energía negra. A cambio de esto, ofrecen poder y riqueza a sus seguidores. Invariablemente, cuando se lee o se escucha que un "dios" pide sangre y guerras, es preciso comprender que se trata de una entidad del mal o un elemental artificial que se presenta como tal.

varios elementales artificiales creados con sus propios hábitos, unos buenos, otros regulares y algunos malos; podríamos decir que la energía de los que tienen la misma vibración está reunida formando un elemental de proporciones mayores, lo que daría —para simplificar— tres grandes elementales. La tradición pone más énfasis en los dos más importantes, el elemental bueno, conocido como el ángel de la presencia, ubicado a la derecha de cada individuo, y el malo, conocido como el diablo o guardián del umbral, a la izquierda. Nuestros esfuerzos de crecimiento espiritual, nuestros actos de caridad y todas nuestras virtudes, suministran la energía para el ángel de la presencia, cuantos más puros sean nuestros pensamientos, sentimientos, palabras y acciones, más grande y luminoso será. Se le llama ángel de la presencia porque representa todo lo bueno que nuestro ángel guardián ha podido inspirarnos, es decir, es la presencia de la energía de amor que recibimos de Dios, y a la que nosotros hemos podido poner nuestra impronta de amor. Sin embargo, de la misma manera, con todos los pensamientos, sentimientos, palabras y acciones incorrectas, se ha organizado una entidad oscura que permanece al lado de cada ser humano; a este horrendo elemental se le conoce como el guardián del umbral, porque está a la expectativa de que no se invada su territorio, que nada atraviese el umbral, representado como una caverna negra y fétida. Dicho umbral naturalmente son las partículas de materia astral de baja vibración que rodean nuestra alma, que la oscurecen y no le permiten actuar. Cada vez que el individuo intenta dejar un hábito pernicioso, esta entidad tratará de obstaculizarlo. Por eso vemos que cuando las personas que han estado separadas del mundo espiritual intentan acercarse, comienzan a tener situaciones conflictivas en su vida. Por esto que se sugiere no dejarse doblegar y pedir fortaleza a Dios, porque este horrendo elemental hará lo indecible por evitar que el individuo deje de darle la energía de que está formado. Nuestra tarea en la vida es hacer más luminoso al ángel de la presencia y disminuir al guardián del umbral. Es posible lograrlo si se practican las virtudes y se deja atrás la irresponsabilidad. Finalmente, cuando llega el momento en que se opta decididamente por el mundo espiritual, se entabla una lucha tremenda entre el individuo y el elemental, lucha que se conoce como "los tres días de oscuridad", porque es una desolación que dura ese tiempo. Son momentos aciagos cuando el ser se encuentra solo, frente a frente con todo lo perverso que hizo en vida. Son días de desconsuelo, dolor, arrepentimiento y una indescriptible soledad. Pero después triunfa el ángel y nace un hombre nuevo, con un nombre nuevo.

De alguna manera, todos percibimos los elementales que predominan en la vida de las personas que nos rodean, lo cual indica por qué se siente agradable estar cerca de algunas personas y por qué queremos estar lejos de otras. Debido a ello a veces se escuchan expresiones como: "Llegó fulano con sus ángeles", o "va llegando fulano con todos sus monstruos". Coloquialmente, cuando se dice "tiene mucho ángel", lo que se quiere decir es que la percepción ante un individuo que cae bien, probablemente sea porque emana dulzura, comprensión y cierto carisma que proviene de las virtudes que practica; en cambio, cuando se dice que alguien es desangelado, se indica lo contrario, es decir, que carece de gracia.

- *Elementales formados conscientemente.* Son los que el ser humano forma intencionalmente, por medio del pensamiento, la intención, a veces apoyado por elementos como velas o inciensos. Los elementales así formados son positivos cuando el pensamiento es bueno, y negativos si el pensamiento tiene la finalidad de manejar energías equivocadas. Cuando los rituales que se realizan son para estructurar un elemental positivo, se usan velas de color claro, incienso aromático agradable, agua bendita, flores claras, música de arpas u órgano, misma idea cuando se lleva a cabo un ceremonial religioso, crear un ambiente agradable o un espíritu de unión, amor y devoción. Cuando se trata de elementales negros, los dispositivos usados son opuestos: velas negras, incienso desagradable, música de percusiones. Las entidades negras así creadas se alimentan de la energía del pensamiento de su creador, pero poco a poco se van independizando de él y se vuelven verdaderos monstruos que se revierten.

Ejemplos de elementales de este tipo hay muchos. Por ejemplo, Mary Shelley (1797-1851), quien conocía los temas aquí tratados, en su novela *Frankenstein* trató de ilustrar este proceso. Me viene a la mente un caso que leí hace algunos años sobre un grupo de personas en Canadá que se reunieron para formar un elemental artificial. Ellos decidieron cómo serían sus características físicas, uno definió cómo deberían ser los ojos, otro la nariz, así lo hicieron hasta que reunieron los componentes para formar con el pensamiento a un ser con ciertos dotes mentales. Y finalmente lo llamaron Phillipe. Con frecuencia el equipo meditaba en la imagen construida y, de acuerdo con sus reportes, con el tiempo tuvieron manifestaciones de Phillipe que se presentaba con los atributos que imaginaron para él. Otro caso es el de Alexandra David-Neel (1868-1969), quien viajó por el Tibet durante catorce años y fue la primera mujer europea convertida en lama. Construyó un *tulpa*, nombre dado a un elemental artificial formado conscientemente en el Tibet. En un principio esta figura parecía un simpático monje como el padre Tuck de la leyenda de Robin Hood, pero después se convirtió en un intolerable obsesor con aspecto siniestro que llegó a cobrar mucha fuerza. Se manifestaba a cualquier hora, como una especie de fantasma entraba por momentos al mundo tridimensional y luego desaparecía; incluso podía ser visto objetivamente por terceras personas que inquietas le preguntaban a Alexandra quién era el personaje extraño que a veces percibían en el grupo. Después de varias experiencias desagradables, David-Neel decidió desbaratar al *tulpa* de la misma manera como lo había creado, mentalmente. Fue un proceso bastante difícil, aún para una versada en las doctrinas ocultas.

He observado que algunas caricaturas tratan de que los pequeños vayan aprendiendo la técnica de fabricar entidades con poderes demoniacos. Los niños lo ven como juego, pero en realidad es mucho más peligroso, pues es muy fácil que comiencen a ser obsesionados por estas entidades que eventualmente pueden exigirles misiones espeluznantes. Ciertos programas también los sumen en la depresión, de hecho existen casos en que los chicos ya no quieren participar con sus compañeros, pues prefieren conectarse con estas entidades creadas de manera artificial. Es bueno recordar que estas entidades viven de la energía que tiene la vibración que originalmente se usó para formarlos, y una vez que se conforman, adquieren cierta conciencia que es buscar a como dé lugar la energía para mantenerse conscientes, por lo que se convierten en entes obsesores que se adhieren a su creador o a quien pueda darles lo que necesitan. Esto mismo hacen los elementales artificiales que han sido creados de forma inconsciente, por ejemplo cuando se mantiene un hábito, vicio o adicción.

- *Elementales artificiales humanos.* Son infrecuentes, ya que se trata de seres sin características extraordinarias, que una vez fallecidos fueron instruidos en el plano astral para aparecer en las reuniones espiritistas, haciéndose pasar por "guías espirituales" para transmitir mensajes relativos a la superación del grupo. Se decía que aunque la intención no era negativa se trataba de un engaño, por lo que ya no se continuó con este trabajo. Sin embargo, hoy en día, existen grupos reviviendo esta práctica.

¿Extraterrestres?

Curiosamente, durante un tiempo se han preguntado si los ángeles eran extraterrestres, pero después de investigaciones realizadas por algunos estudiosos del fenómeno, la interrogante ha cambiado. ¿Lo que conocemos como extraterrestres en realidad son extraterrestres o sólo son entidades provenientes de otras dimensiones? Debido a que aparentemente existe esa posibilidad, se vuelve necesario mencionarlos en este capítulo.

En efecto, a medida que se ha estudiado más el fenómeno OVNI, se ha encontrado que existe mucha similitud entre algunas abducciones de alienígenas y las posesiones diabólicas. Según vemos, en ambos casos, la víctima es presa de un pavor indescriptible. El primer contacto, por regla general, sucede sin consentimiento de la víctima, la cual es sometida a diversos tipos de pruebas muy dolorosas. Tanto los extraterrestres como los entes no humanos pueden atravesar paredes, acechar a sus víctimas mientras duermen, atormentarlas astralmente, absorber su energía, aparecerse a voluntad en cualquier lugar, entre otros hechos. Como otros factores, éstos hacen pensar que el fenómeno OVNI no está separado del de los íncubos, súcubos, demonios, duendes, elfos y otras entidades malignas semejantes, por lo que es probable que todos sean lo mismo, sólo que ahora las características con que se presentan son congruentes con el desarrollo tecnológico del mundo actual.[28]

Varios autores coinciden en que algunas entidades que hoy se manifiestan parecen ser más bien de otro espacio interdimensional y no necesariamente de otros planetas.[29] Ellos hacen referencia a la existencia de los planos y subplanos que hemos mencionado a lo largo de estas páginas. Asimismo, coinciden en que algunos de estos espacios tienen vibración densa, otros son de frecuencias extremadamente altas, pero todos están interconectados con el mundo físico en el que vivimos. Como nosotros, están de acuerdo en que de los planos inferiores proceden las entidades malignas y que en los espacios elevados habitan los seres evolucionados que ayudan a la humanidad. Los científicos llaman mundos o universos paralelos a estos espacios. Esta información, cada día más aceptada, es la misma expresada por los místicos y transmitida por la sabiduría milenaria a lo largo de los siglos.

---

[28] Naturalmente no se descarta la posibilidad de existencia de entidades con cuerpo material que podrían provenir de otros mundos como el nuestro, porque todos los mundos o espacios están habitados, tanto los visibles como los invisibles, aunque no todos sus habitantes necesariamente tienen la contraparte física que poseemos nosotros. Puede ser que en el pasado otras razas llegaron a la Tierra, mezclándose algunas con los pobladores de aquí y otras que ahora habitan nuestro propio planeta en zonas no accesibles para la población normal. También es probable que algunos extraterrestres sean seres que corresponden a otro tiempo y que han encontrado los portales para viajar hacia el nuestro. Conscientes o inconscientemente, con regularidad interactuamos con otras inteligencias. Es posible que tanto los que investigan el fenómeno OVNI como los que estudiamos la naturaleza y función de los ángeles, estemos siguiendo las mismas huellas; de seguro, en algún punto se cerrará el caso al aceptar la evolución en todas las formas en el universo y comprender que en realidad existen múltiples dimensiones, todas habitadas, unas por seres de oscuridad, otras por seres intermedios y las más elevadas, por seres de amor. En ninguno de estos planos se ha completado la evolución porque, como sabemos, nada hay estático, fijo o detenido en el universo.

[29] Entre los autores a los que nos referimos se encuentran David Icke, Raymond E. Fowler, Jeremy Narby, Kenneth Ring, Robert Anton Wilson, Nicholas de Vere, William J. Baldwin, Eve Lorgen y varios más que explican cómo estas entidades han intervenido siempre en nuestros asuntos. El resto de los estudiosos puede consultarse en la bibliografía de este libro.

También algunos investigadores sugieren la posibilidad de que el túnel que reportan las personas que han tenido experiencias cercanas a la muerte, se trata de un conducto que conecta el mundo físico con otras dimensiones, a las que se accede al dejar el plano material, ya sea por medio de esas experiencias cercanas a la muerte, viajes astrales, vivencias como las que manifiestan algunos abducidos por extraterrestres o por consumo de drogas. Éste es un camino que forzosamente, consciente o inconscientemente, se debe transitar para entrar a otra dimensión, o si se procede de allí, debe ser recorrido para entrar a nuestro espacio. Cada subplano parece tener una de estas puertas dimensionales, por lo que la manifestación de los seres dependerá de la puerta que se abra, o del espacio al que se acceda. Ahora bien, las entidades oscuras viajan por los senderos densos, mientras que los seres de luz se presentan por vías luminosas. Del mismo modo hay seres intermedios accesibles que, en apariencia, transmiten información a la humanidad. Los seres humanos pueden abrir cualquiera de las puertas, ésta es la finalidad de las ceremonias y los rituales.

De acuerdo con la información milenaria, cuando los rituales o las ceremonias se realizan para acercarse a Dios y pedir bendiciones de amor para la humanidad, se mueve energía de elevada frecuencia, que se llama magia blanca. Cuando la intención es dañar a otros o debilitar su campo, se movilizan energías densas que se conocen como magia negra. Cuando la energía que se mueve es elevada, se abre un camino a los seres de nobleza celestial que llevan a cabo lo que el celebrante solicita, pero cuando se activa energía densa, se presentan entes perversos para cumplir con la petición de quien los invoca.

Algunas llaves para abrir los portales pueden ser las barajas, la güija y varios otros medios, que abrirán la sección que corresponde a la intención o estado de conciencia de quien los use. Todo ello implica un riesgo, porque usar cualquier método a la ligera puede conducir a un lugar no deseado o atraer algún ente peligroso.

A la luz de esto se puede comprender mejor la naturaleza de los seres de altísima frecuencia que nos guían y asesoran con amor. Sabemos que los ángeles proceden de espacios espirituales y su manifestación siempre es sutil, que respetan profundamente al ser humano y nunca producen daño ni temor. Su campo electromagnético o aura está compuesto de partículas de amor, y sólo AMOR saben manifestar. Por esto, cuando están cerca, nos sentimos inundados de un profundo amor incondicional. Cuando mantenemos nuestros pensamientos, sentimientos, palabras y acciones vibrando en amor, aún sin proponérnoslo, estamos fusionados con ellos. Las entidades de baja vibración también tienen un campo electromagnético conformado por partículas antivida, su vibración es de muerte, sin ninguna afinidad con la del ser humano, siendo éste el motivo por el que su cercanía siempre producirá escalofríos y terror.[30]

Este grabado representa a Lam, uno de los mensajeros de Aleister Crowley (1875-1947), famoso mago que practicó la magia negra, conocido como La Bestia 666, calificado como el hombre más perverso de la historia. Crowley escribió *El libro de la ley*, canalizado de otro "mensajero", su "ángel guardián" Aiwass. En el grabado hecho por Crowley, claramente se puede ver la semejanza de Lam con los alienígenas conocidos como los grises (Fuente: www.illuminati-news.com/ art-and-mc/aleister_crowleyLhtm).

---

[30] El campo o aura de las entidades del mal está conformado por las partículas oscuras que emite el ser humano. Ésta es la forma en que mantienen con vida su pervertida conciencia. Ellos reciclan la energía que el ser humano procesa con pensamientos, sentimientos, palabras y actos negativos. Por esto continuamente procuran que exista el temor, el rencor, el odio, los conflictos bélicos, el derramamiento de sangre mediante rituales satánicos, etcétera (el plasma de la sangre es lo que más codician), porque, como hemos expresado, para subsistir necesitan la energía baja y pervertida de la humanidad. Por lo tanto, su tiempo de existencia depende de los seres humanos. Podemos estar protegidos contra estos entes mediante la oración, el estado de conciencia de amor y el apoyo que por medio de la petición podemos recibir de los seres celestiales que nos guían.

Tallado en madera de un diablo segando un campo
de trigo en Inglaterra.

A principios de los años ochenta, los medios británicos informaron sobre círculos y dibujos que misteriosamente aparecían en campos de cereales en diferentes partes del Reino Unido, pero predominantemente en la zona llamada sagrada, ubicada al sur del país. Los dibujos, que comenzaron como simples círculos, en la actualidad presentan complicadas figuras geométricas y se reportan en diferentes países del mundo. Sin embargo, este fenómeno no es nuevo, como puede apreciarse en la imagen de ese grabado hecho en madera. Esta figura conocida como "el diablo segador" data de 1678 y fue hecha en Hertfordshire, Inglaterra. Su historia cuenta que un granjero no quiso pagar el precio justo a un humilde segador el cual le lanzó una maldición. Esa misma noche, el granjero vio su sembradío de avena iluminado como si estuviera en llamas, probablemente encendido con lo que los testigos hoy llaman bolas de luz, las cuales parecen moverse con "inteligencia". A la mañana siguiente, el campo apareció segado con un diseño tan simétrico y perfecto que ningún mortal pudo haber hecho, por lo que el granjero pensó que en realidad se debió a la obra de un espíritu infernal. Hoy, de igual manera, se considera que los seres humanos no poseen la tecnología suficiente para realizar las formas que están apareciendo; y a pesar de que hay varias teorías, la opinión generalizada es que se debe a la intervención de los extraterrestres. Aunque con esta nota no se intenta sugerir que todos los extraterrestres son entidades infernales, sí vemos que fenómenos difíciles de explicar atribuídos a ellos, en el pasado se creía más bien que eran obra del diablo.

Protección

Por medio del pensamiento se puede formar una esfera de protección usando las partículas del aura. Esta esfera se estructura mentalmente imaginando una coraza protectora que nos rodee, que nos cubra como si estuviéramos dentro de un huevo luminoso formando un muro infranqueable, con la finalidad de protegernos de pensamientos erráticos de otras personas que pudieran incrustarse en nuestro espacio electromagnético, o también para resguardarnos contra las personas que, consciente o inconscientemente, absorben nuestra energía o intentan dañar. Sin embargo, en la práctica, hemos visto que la protección más grande se consigue cuando nos imaginamos en los brazos de nuestro ángel guardián, que su luz de amor, paz, salud y protección nos cubre y protege contra cualquier influencia extraña. Adicionalmente, también podemos invocar la ayuda de san Miguel Arcángel y sus ángeles protectores.

Protección para antes de dormir

Después de las oraciones, de dar gracias a Dios por el día que concluye y de hacer nuestro examen de retrospección para perdonar, pedir perdón y perdonarnos, en el momento en que nos disponemos a dormir, podremos pedir que, de acuerdo con la voluntad de Dios, san Miguel Arcángel nos envíe cuatro ángeles para que nos guarden durante las horas de sueño. Así, mentalmente saludaremos a los cuatro ángeles y luego brevemente visualizaremos cada uno en la esquina de la cama. Los imaginaremos con ropas de guerrero y con espada dorada. Todos tendrán la espada en la mano derecha elevada, de manera que las cuatro puntas se acerquen en el centro formando una cúpula de protección sobre y alrededor nuestro, como una especie de pabellón etérico. Después, agradeceremos a san Miguel y a los ángeles y dormiremos plácidamente hasta el día siguiente.

Por su poder, esta visualización se sugiere en especial para quienes tienen pesadillas o para aquellos que se sienten asediados por entidades extrañas. Puede realizarse en la cuna del bebé, en la cama de los niños y de nuestros seres amados aún a distancia.

El auxilio puede solicitarse de la siguiente manera: "Padre mío celestial, te ruego, de acuerdo con tu divina voluntad, en nombre de nuestro señor Jesucristo y por obra y gracia del Espíritu Santo, que san Miguel Arcángel envíe a cuatro celestiales guardianes para proteger mi lecho (o el del ser en mente). Gracias, Padre mío. Amén."

Después de orar, comienza la visualización ya descrita. Pide a tu ángel guardián que te inspire los nombres de los cuatro guardianes que diariamente escudarán tu lecho, y cada noche, al retirarte a dormir, puedes agradecerles dedicándoles algunas palabras: "Cuatro ángeles resguardan mi cama, cuatro ángeles me protegen con amor. Al frente, a la derecha vigila (di el nombre del ángel cuyo nombre te sea inspirado). Al frente, a la izquierda me acompaña (di el nombre del ángel). Mi cabecera derecha la cubre (di el nombre del ángel). Mi cabecera izquierda la salvaguarda (di el nombre del ángel). Gracias queridos guardianes de amor. Amén."

Para la oración sólo es necesario que cierres los ojos, pues recuerda que tu ángel guardián te inspirará el nombre de los cuatro guardianes. A continuación, respira profundamente y, después, con la imagen de tu ángel en mente, permite que los nombres lleguen a ti. Si crees que los estás imaginando, no importa, porque lo que llamamos "imaginación" es un espacio o plano al que podemos acceder sólo con pensar en él.

Capítulo dos
Almas gemelas

Yo soy el ángel de la aparición.
Mi luz ilumina el espacio infinito y hoy como una presen-
cia mágica llego a tu vida para llenarte de paz. Ven y descan-
sa en mi pecho, aspira mi perfume y absorbe la dicha de esta
visión angelical. Cierra los ojos y observa: luces, colores, nubes
tornasol y, en el centro brillante, ¡una aparición! Yo soy el án-
gel que aparece en tu vida y mi propósito es transmitirte este
mensaje de amor que te envía la corte celestial: "Acércate a los
ángeles y la dicha, como magia, se esparcirá a tu alrededor.
No tardes mucho, te queremos ayudar, protegerte y velar por
ti." Ahora aspira otra vez profundamente y prolonga la aspira-
ción. Recibe el día feliz. El éxito te espera porque, ¿sabes?, hoy
gozas de la protección angelical y de todo mi amor.
Lucy Aspra

Las almas gemelas

Mis celos por ustedes son celos de Dios,
ya que los he desposado con un solo marido,
presentándolos a Cristo como si fueran una virgen pura.
Corintios 11: 2

El espíritu es asexual, no es ni masculino ni femenino, reúne ambas naturalezas; puede revestirse con cualquier perso-nalidad al encarnar, pero en las dos, debido al momento evolutivo de la humanidad, estará limitado a su expresión. Según la teoría de las almas gemelas, las almas originales son femeninas y masculinas, sólo que cuando bajan a los planos perecederos se separan en dos entidades dividiéndose los elementos que las componen. Al descender estas fuerzas de vida inteligente, las que corresponden a la naturaleza masculina se revisten de un cuerpo de hombre y las que son de naturaleza femenina se recubren con un cuerpo de mujer.

Según algunas filosofías patriarcales y materialistas, cuando la parte masculina —u hombre— alcanza un grado de conciencia elevado, tiene derecho a reunirse con su pareja o parte femenina, formando una aparente unidad. De acuerdo con esta teoría, queda implícito que al reunirse de nuevo los elementos que se habían separado, una de las dos partes deberá perder su identidad, seguramente la parte que actuó como mujer durante su vida terrenal, sin embargo no existe la supremacía de un sexo sobre otro, ya que los dos son sólo instrumentos del alma. En cada individuo hay un ser masculino-femenino que busca el estado divino de su espíritu materno-paterno. Es importante recordar que las experiencias vividas en el plano terrenal forman nuestra identidad. Si todo fuera como en el caso de las almas grupales en las que sus experiencias sólo forman parte de un depósito donde se pierde la memoria personal, o si el alma de otro absorbiera nuestras vivencia, entonces ¿qué caso tendría esforzarse?

La teoría de la reencarnación enseña que ser inmortal es conservar la identidad que logramos construir durante nuestras estancias en el mundo material. El aniquilamiento de la individualidad significa que el alma se sustrae sin guardar la memoria de las experiencias adquiridas, a esto le llaman perder el alma.

La evolución no alberga la filosofía de las almas gemelas porque el crecimiento es un proceso individual, como individual es la conciencia de cada ser humano que se esfuerza por desarrollarse y participar, con el cuerpo material que se le ha dado, en todas las situaciones conflictivas y caóticas que rodean su mundo y su espacio personal. Sería injusto que nuestra conciencia fuera absorbida por otra; cada quien es responsable de las consecuencias de lo que hizo o dejó de hacer, sea bueno o sea malo. Cuando el ser desarrolle todas las virtudes que posee de forma latente, no necesitará ningún complemento, pues estará unido a la perfección infinita que es Dios. Cuando el alma está encarnada, la personalidad, en un estado de imperfección, busca afuera y cree que puede obtener lo que le falta de alguien con un alma semejante a la suya.

La teoría de la reencarnación tampoco hace esta suposición, sino que enseña que cada alma puede manifestarse con una personalidad masculina o femenina, según el oficio o trabajo que tenga que desarrollar en la vida. Puede alternar entre hombre y mujer o puede llevar varias vidas con un mismo sexo y luego variar con el otro, pero durante su evolución deberá encarnar la misma cantidad de veces en ambos sexos hasta desarrollar las virtudes de cada uno.

Los que creen en la filosofía de las almas gemelas suponen que las dos partes han nacido muchas veces y que, cuando se encuentran en una vida, se reconocen y se unen. Sin embargo, de acuerdo con la sabiduría antigua, este concepto responde a un deseo del que aún busca la armonía fuera de sí. El individuo, a medida que avanza en su evolución, va comprendiendo que sólo con Dios puede lograr esa identidad que tanto busca, esa unión por la que suspira.

La teoría de las almas gemelas es un romántico deseo de encontrar una parte que complemente las afinidades que el individuo cree no tener desarrolladas. Un ejemplo de lo débil que es esta teoría es el hecho de que muchas personas cuando creen encontrar su alma gemela, al paso del tiempo, comprenden que fue un error y continúan la búsqueda, la que subsistirá indefinidamente, pues no existe tal. Cuántas veces no se ha sabido de personas que creen haber encontrado su media naranja y después resulta que lo es o ha sido también de otra persona. Mientras persista nuestra búsqueda en el exterior, continuaremos insatisfechos y cometeremos estos errores. Cuando el hombre encuentre a Dios, ya no seguirá buscando afuera; al contrario, ya no querrá tener lazos externos, pues le hará falta ese tiempo para la contemplación y la entrega total a lo que será la razón de su existencia: Dios y su mundo espiritual.

En un principio, cuando se formaron las primeras razas, el cuerpo físico del ser humano era andrógino, pero a medida que el cuerpo mental fue desarrollándose y requiriendo más energía vital, desde las esferas celestiales, se decidió que cada ser humano manifestaría un solo sexo y su otra polaridad quedaría sumergida porque se requerían esas energías para dedicarlas a las actividades mentales. De acuerdo con la teoría de la reencarnación, desde entonces el ser humano cada vez que nace en el mundo físico se manifiesta, ya sea en un cuerpo femenino o en uno masculino, pero cada uno conserva las cualidades del opuesto inherentes.

El sacramento del matrimonio se instituyó porque los seres que guían nuestra evolución sabían que es la forma de perpetuar los cuerpos para las futuras encarnaciones de las almas, y que en ese proceso podrían unirse almas, cuya salida del seno de Dios no necesariamente sucedió al mismo tiempo, pero que podrían gozar juntos la oportunidad de desarrollarse en armonía. Además, debido a nuestro grado de evolución, es una forma de sentir la parte que no nos toca manifestar en una vida terrenal. Así, la polaridad que tenemos oculta es compensada por otra persona que la manifiesta y que a la vez compensa sus limitaciones con la que manifestamos nosotros. El matrimonio es una asociación entre dos personas que poseen un alma que emanó de Dios completa, entera e inmortal. Las uniones de pareja corresponden a necesidades físicas, emocionales y mentales. Las asociaciones se dan para que las partes involucradas se apoyen y colaboren para que cada uno pueda desarrollar las potencialidades que permanecen ocultas. Cuando se habla del reencuentro con el amado o el gemelo divino, se hace referencia al alma que, con su áureo ropaje, asciende hacia su espíritu una vez que ha completado positivamente su experiencia en los planos inferiores, cuando ya ha tejido su bellísimo vestido de boda.

La expresión "alma gemela", en sentido figurado, habla de aquellas almas que tienen aproximadamente el mismo tiempo de haber salido del seno de Dios y que, por tanto, pueden sentir afinidad y cierta semejanza en cuanto a desarrollo espiritual. No obstante, nuestra alma no tiene una gemela por haberse divido al descender a la materia, lo que llamamos alma gemela es más bien alma de edad similar.

Alegrémonos, regocijémonos y démosle gloria, porque
han llegado las bodas del Cordero. Está engalanada
su esposa, vestida de lino puro, brillante. El lino
que representa las buenas acciones.
(Apocalipsis 19: 7-8)

Vendrán días en que el novio les será arrebatado.
(Lucas 5: 35)

El alma y el espíritu: la novia se reúne con su amado

El espíritu y la esposa dicen: ¡Ven!
Apocalipsis 22: 17

Aunque a veces se piensa que alma y espíritu son lo mismo, es preciso aclarar que no es así. El alma es la vestidura del espíritu. El espíritu es indestructible, eterno e inmortal, es la chispa divina, el triple espíritu del ser, es Dios que vive en cada ser humano. El alma es la porción de sí que el espíritu designa para recibir las virtudes practicadas por el ser humano mientras tiene existencia física.[31] Siendo parte del Espíritu Santo es imagen y semejanza del espíritu, por tanto, es también eterna. El vestido de boda del que habla Cristo es la blancura del recto vivir que mana del ser humano y es depositada en el alma, haciendo que ésta emita una áurea emanación. El vestido de boda es la conciencia del individuo que por medio del amor noble debe elevarse hasta el alma. La razón de la existencia de cada individuo es cubrir el alma con ese blanco ropaje por medio de la esencia que brota de los pensamientos nobles, los sentimientos puros, las palabras dulces y las acciones que favorecen a los demás. El esposo que aguarda a la blanca novia es el símbolo del espíritu que, impaciente, espera con los brazos abiertos a que nuestra alma cubierta con las divinas flores blancas de las virtudes de amor, se lance a sus brazos en un éxtasis de eterna dicha. Los relatos de los grandes santos que viven en ese estado de arrobamiento celestial, donde añoran sólo estar en brazos de su amado indican lo mismo: el alma que muere desfallece por reunirse con su Creador. Las láminas hindúes donde se ve a Krishna, que representa la divinidad suprema, Atman o Espíritu inmortal, en coloquio

---

[31] Según el diccionario, alma significa "algo que deberá ser recubierto, lo que da solidez, fuerza y consistencia a algunas cosas". El alma es la parte interna que va cubierta de piezas externas; es el centro, corazón o relleno de una forma; es la estructura que da fuerza a un cuerpo.

amoroso con Arjuna dentro de un carruaje conducido por tres caballos que marchan erguidos, sin necesidad de vigilancia, sin tener que jalarles las riendas, es un símbolo del espíritu que recibe con profundo amor a la esposa (el alma), mientras los cuerpos perecederos, físico, astral y mental concreto —los tres caballos desbocados, que juntos forman la imaginación o "la loca de la casa" como les llamaba santa Teresa de Ávila— ahora ya han sido controlados y actúan de acuerdo con los deseos del espíritu. Los cuentos infantiles que relatan las peripecias de la doncella que finalmente encuentra al príncipe con el que se une en eterno y celestial abrazo para siempre; es otro simbolismo de la unión del alma y el Espíritu. La búsqueda del caballero andante que va tras la copa de oro, el grial, es el Espíritu que ansioso busca a su celestial alma recubierta con el oro de las virtudes.

De acuerdo con la filosofía oculta, el alma es de naturaleza femenina porque es una porción de la tercera persona de la Santísima Trinidad: el Espíritu Santo, es decir, la Madre. Es Binah el tercer sefirá, la potencia femenina del universo, Marah —el gran mar—, el aspecto femenino de la Trinidad. Por lo que nuestra alma es la esposa de nuestro espíritu, ya sea que nuestro cuerpo físico sea de hombre o de mujer. Todos, hombres y mujeres, tenemos un alma que en esencia es femenina. A ella se dirige el esposo, nuestro espíritu, esperando a nuestro corazón inmaculado en la cámara nupcial de su sagrado corazón, para que allí nos sumerjamos y nos entreguemos a su celestial y eterno abrazo.[32] Cuando Jesús, hablando como nuestro espíritu, dice: "Mi amada, a quien espero con su blanco vestido de novia", se refiere por igual a hombres y mujeres, porque se dirige a su alma, no a su cuerpo material. En este punto, es importante recalcar que, para cumplir con nuestra tarea, el cuerpo físico con el que hemos nacido debe desarrollarse de acuerdo con el sexo que manifiesta, no con experiencias que corresponden al otro. El alma es, en esencia, el aspecto pasivo de la Trinidad, pero no tiene sexo porque éste sólo pertenece al cuerpo físico. Tocante a este tema, en la Biblia se lee: "Cuando hayan resucitado de entre los muertos, ni los hombres tomarán mujeres, ni las mujeres maridos, sino que serán como los ángeles en los cielos" (Marcos 12: 25). Este

---

[32] Los dos corazones unidos, el Sagrado Corazón de Jesús y el Inmaculado Corazón de María, representarían al espíritu con su alma, unidos para siempre.

pasaje cuenta la historia de una mujer que se desposó con siete hermanos, uno tras otro, a medida que quedaba viuda del anterior. Los saduceos intentaron sorprender a Jesús y le preguntaron cuál sería su esposo en el Cielo, a lo que Jesús, haciendo una clara referencia a que los espíritus celestiales no tienen sexo, les contestó: "Serán como los ángeles en los cielos." Lo dijo porque los seres de luz son andróginos, pues combinan los géneros femenino y masculino en una unidad perfecta, lo que les da una armoniosa naturaleza celestial. El objetivo de la existencia terrenal de los espíritus humanos es el mismo: unificar en una esencia equilibrada el principio femenino y el masculino. Los espíritus celestiales no tienen sexo, pueden usar la apariencia que se requiera para el momento de su manifestación. El sexo es del cuerpo físico, que pertenece a la materia. El espíritu no está sujeto a esta limitación, no tiene sexo.

Cuando el alma habla a su esposo, sea hombre o mujer, siempre hablará de sí misma en femenino, como cuando leemos a los grandes místicos refiriéndose a ese encuentro con Dios. Sirven de ejemplo los versos entre el alma y el esposo, de san Juan de la Cruz:

Cántico espiritual
(Habla el alma, la esposa)

¿Adónde te escondiste,
amado, y me dejaste con gemido?
Como el ciervo huiste,
habiéndome herido;
salí tras ti clamando, y eras ido.

Pastores, los que fueres
allá por las majadas, al otero,
si por ventura vieres
a aquel que yo más quiero,
decidle que adolezco, peno y muero.

Buscando mis amores,
iré por estos montes y riberas;
ni cogeré las flores,
ni temeré las fieras,
y pasaré los fuertes y fronteras.

¡Oh bosques y espesuras,
plantadas por la mano del amado!
¡Oh prado de verduras,
de flores esmaltado,
Decid si por vosotros ha pasado!

Cuando el alma ha encontrado a su amado y su entrega es completa, deberá pasar tres días, aproximadamente, en los que sentirá que es abandonada. Son horas de purificación en las cuales el espíritu le permite deshacerse por completo de los apegos, para que así el alma —la esposa— quede despojada de las coberturas inferiores, y esté lista para ser iluminada totalmente. Son momentos de angustia total, de desolación y desesperanza; son "los tres días de oscuridad", donde el alma debe enfrentarse a la negrura que la ha rodeado y que ahora está lista para abandonar. Esos días sufrirá lo indecible, padecerá en carne propia todo lo negativo que, con conocimiento o por ignorancia o displicencia, hizo a otros. De la misma manera percibirá todo lo que permitió que se hiciera a terceros y todo lo que dejó de hacer en favor de ellos, después comenzará a buscar cómo reparar lo anterior, se entregará a Dios y sentirá en lo más profundo que sólo a Él anhela, que muere porque no muere, como lo dice bellamente santa Teresa: "Vivo sin vivir en mí,/ y de tal manera espero,/ que muero porque no muero./ Vivo ya fuera de mí,/ después que muero de amor;/ porque vivo en el Señor;/ que me quiso para sí;/ cuando el corazón le di,/ puse en él este letrero: que muero porque no muero."

Los tres días de oscuridad del alma son días y noches donde, según las descripciones de los místicos, se entabla una terrible lucha contra el demonio, quien se manifiesta de manera objetiva para atormentar al ser que se está liberando de la materia. En la filosofía mística, esta entidad es conocida como el guardián del umbral que intenta oponerse, por todos los medios, a que el individuo pueda continuar con su decisión de dejar atrás los apegos a las cosas y las situaciones materiales. Las tentaciones de Cristo se refieren a este crítico episodio por el que pasó Jesús —al asumir toda la condición humana—, para dejarnos un perfecto ejemplo a seguir. La experiencia de Jesús en la cruz representa el sufrimiento por el que todos deberemos pasar para dejar atrás los placeres sensoriales que nos separan de nuestro objetivo espiritual y nos hacen gravitar irremisiblemente hacia la materia. Crucificar el cuerpo es no permitir al cuerpo emocional tener el control, es darle el poder sólo a Dios. También la lucha de Jacob contra Sammael —el nombre del ángel caído contra el que se opone Jacob— representa la crisis que "deberá librar el iniciado contra las fuerzas antagónicas, contra su yo inferior, contra el guardián del umbral, para que una vez que logre el dominio sobre su naturaleza inferior, esté listo para disfrutar la presencia divina y surgir como un nuevo hombre, con un nuevo nombre. Esta lucha puede durar varias horas o días, pero cuando triunfa el espíritu, se libera la luz, el mal es dominado y se ve de frente a la luz de Dios. Es el momento de la gran verdad, de la iluminación, ya no se es el mismo que antes. La imagen de Dios se percibe como un sol esplendoroso, con fulgores llameantes".

Finalmente, después del indecible sufrimiento de purificación, el alma se encuentra libre de ataduras terrenales y recibe nuevas luces, goces de dicha celestial y un indescriptible estado de éxtasis de amor profundo. San Juan de la Cruz describió este estado en el poema citado, y en otro titulado "Noche oscura", donde relata el momento en que su alma, habiendo trascendido las sombras, con la casa sosegada se reúne con el espíritu (el amado) y se convierte en él:[33]

En una noche oscura/ con ansias, en amores inflamada,/ ¡oh dichosa ventura!,/ salí sin ser notada/ estando ya mi casa sosegada,/ A oscuras y segura,/ por la secreta escala disfrazada,/ ¡oh dichosa ventura!,/ a oscuras y en celada,/ estando ya mi casa sosegada.

En la noche dichosa,/ en secreto, que nadie me veía,/ ni yo miraba cosa,/ sin otra luz y guía/ sino la que en el corazón ardía./ Algo me guiaba/ más cierto que la luz del mediodía,/ adonde me esperaba/ quien yo bien sabía,/ en parte donde nadie parecía./ ¡Oh noche que guiaste!/ ¡Oh noche amable más que el alborada!/ ¡Oh noche que juntaste/ amado con amada,/ amada en el amado transformada!

---

[33] Pienso que la casa sosegada significa el cuerpo emocional, la personalidad (o "la loca de la casa") bajo control.

En mi pecho florido,/ que entero para él solo se guardaba,/ allí quedó dormido,/ y yo le regalaba,/ y el ventalle de cedros aire daba./ El aire de la almena, cuando/ yo sus cabellos esparcía,/ con su mano serena/ en mi cuello hería/ y todos mis sentidos suspendía.

Quédome y olvídome,/ el rostro recliné sobre el amado,/ cesó todo y déjeme,/ dejando mi cuidado/ entre las azucenas olvidado.

Aunque el espíritu no puede ser representado, aunque no puede comprimirse en una imagen, en nuestra cultura cristiana la figura del espíritu puede tener por símbolo a Jesucristo, y algunas veces proyectar su adorada imagen a las almas escogidas por su entrega a Él, quien les ha dicho que de Él salió el espíritu que anima a toda la humanidad. Porque Cristo, independientemente de la interpretación teológica, como la segunda persona de la Santísima Trinidad, es el Hijo y a la vez Dios eterno e inmortal, por lo que puede hablar como cada una de las tres personas. Al hablar como una, puede referirse a las otras como personas distintas. La manifestación del espíritu divino que insufló la esencia de vida, la chispa divina en cada ser humano, puede ser percibida de acuerdo con las características físicas y culturales de cada región, porque es así como lo ha establecido nuestro Creador. Porque Dios nos da gusto en todo, conoce nuestras limitaciones y la imagen que proyecta para que lo adoremos y nos acerquemos a Él, esa imagen corresponde a la que el ser humano espera.[34] El nombre que use-

---

[34] En mi libro *Apariciones,* hay mucha información respecto a la imagen que proyectan los seres celestiales. Respecto a las apariciones de la Virgen se lee: "Cómo nuestras almas aún son tiernas y les falta mucho por desarrollar, Ella que conoce nuestras limitaciones y sabe de nuestras tendencias separatistas, nunca nos produce conflictos emocionales apareciéndose con una imagen que corresponde a un grupo que piensa distinto a nosotros y cuyas características físicas son diferentes a las nuestras. Nos da gusto en todo." Esto mismo aplica para el espíritu, que algunas veces se proyecta hacia nuestro espacio mental con símbolos como el sol, la llama, un guerrero angélico celestial que emana rayos dorados, etcétera. Nuestra alma algunas veces también se manifiesta con símbolos como el lirio, la copa, el cáliz o el grial, la paloma, la bella doncella, la princesa y, aunque nuestra Santísima Madre es una persona real, individual y definida, a veces nuestra alma nos envía una imagen que se le semeja. La flor

mos para designarlo corresponderá a nuestra lengua: Jesucristo, Dios, Alá, God, Yavé, Brahman. Todos estos nombres integran el mismo significado: lo supremo, lo absoluto, el inconmensurable, el único, el santo de los santos, quien llena todo y anima todo el universo. Es el alfa y el omega, el principio y el fin, pues todos de Él salen y a Él vuelven.

Por medio del alma, porción suya, el Espíritu Santo envía mensajes celestiales para que el individuo recuerde quién es y, poco a poco, comprenda la necesidad de elevar su conciencia mediante pensamientos, sentimientos, palabras y acciones, cuyas vibraciones correspondan al mundo espiritual. Al llegar a este estado de gracia, buscará producir partículas de amor para que iluminen su camino de regreso a casa. Una vez que sea constante en su entrega al alma, no buscará nada más, porque ella lo conducirá hacia los brazos celestiales de su esposo, el amado espíritu que impaciente espera en la cámara nupcial a su blanca novia y, en silencio, escuchará su voz, como fielmente describe santa Teresa de Ávila en este divino llamado al esposo (la cámara nupcial se refiere al quinto plano o plano del Espíritu Santo, ver el Capítulo uno: "Nuestros cuerpos y las diferentes dimensiones").

Búscate en mí

Alma, buscarte has en mí,/ y a mí buscarme has en ti./ De tal suerte pudo amor,/ alma, en mí te retratar,/ que ningún sabio pintor/ supiera con tal primor/ tal imagen estampar./ Fuiste por amor criada/ hermosa, bella y así/ en mis entrañas pintada,/ si te perdieres, mi amada/ alma, buscarte has en mí.
Que yo sé que te hallarás/ en mi pecho retratada,/ y tan al vivo sacada,/ que si te ves, te holgarás/ viéndote tan bien pintada./ Y si acaso no supieres/ dónde me hallarás a mí,/ no andes de aquí por allí,/ sino, si hallarme quisieres/ a mí buscarme has en ti./

---

de loto con la joya dentro, que usan los hindúes para sus visualizaciones mientras repiten "Om mani padme hum" también es un símbolo de la unión de estas esencias.

Porque tú eres mi aposento,/ eres mi casa y morada,/ y así llamo en cualquier tiempo,/ si hallo en tu pensamiento/ estar la puerta cerrada.

Fuera de ti no hay buscarme, porque/ para hallarme a mí,/ bastará sólo llamarme,/ que a ti iré sin tardarme,/ y a mí buscarme has en ti.

Una vez que el alma encuentra a su amado, sentirá la gloriosa dicha de su encanto; añorando sólo su presencia, tendrá con él un celestial diálogo en el que le dirá palabras como las expresa también santa Teresa:

Coloquio de amor

Si el amor que me tenéis,
Dios mío, es como el que os tengo;
decidme: ¿en qué me detengo?
O Vos, ¿en qué os detenéis?

—Alma, ¿qué quieres de mí?
—Dios mío, no más que verte.
—Y, ¿qué temes más de ti?
—Lo que más temo es perderte.

Un alma en Dios escondida,
¿qué tiene que desear,
sino amar y más amar,
y en amor toda encendida,
tornarte de nuevo a amar?

Un amor que ocupe os pido,
Dios mío, mi alma os tenga,
Para hacer un dulce nido
adonde más la convenga.

Como un joven se casa con su novia, así se casará contigo tu constructor; como se alegra el esposo con su esposa, así se alegrará contigo Dios.

(Isaías 62: 5)

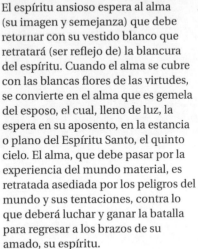

El espíritu ansioso espera al alma (su imagen y semejanza) que debe retornar con su vestido blanco que retratará (ser reflejo de) la blancura del espíritu. Cuando el alma se cubre con las blancas flores de las virtudes, se convierte en el alma que es gemela del esposo, el cual, lleno de luz, la espera en su aposento, en la estancia o plano del Espíritu Santo, el quinto cielo. El alma, que debe pasar por la experiencia del mundo material, es retratada asediada por los peligros del mundo y sus tentaciones, contra lo que deberá luchar y ganar la batalla para regresar a los brazos de su amado, su espíritu.

Cuando el alma vestida con su traje de boda, formado por las virtudes del individuo, se vuelve gemela de su amado (el espíritu), sucede el reencuentro sublime. La novia, entonces, se funde en un celestial abrazo con él, mientras los ángeles contemplan embelesados.

Capítulo tres
¡Morir sí es vivir!

Yo soy el ángel de la verdad
Ven, reposa dulcemente en mi pecho
y permite que te lleve a encontrar la luz. Ven, acurrúcate
en mis alas, cierra tus ojos, aspira suavemente, y visualiza un
cielo precioso, limpio, azul profundo.
Visualiza ángeles, se acercan a ti, flotan, se desplazan con
suavidad, embelesados, te extienden su mano, tú sientes su
amor, te aman, ¡aman la luz que brilla en ti! Aman a Dios que
vive en ti y, ahora, mi resplandor te cubre.
Sientes que te sumerges en mi océano de luz, de colores.
Hay armonía, comprendes que sólo Él es verdad, sólo Él es
realidad y amor. El amor perdura, el amor es la luz que te
lleva a Él, lo demás es pasajero.
Ahora, aspira nuevamente y acéptame en tu vida, nunca
te apartes de mí. El día que te espera es radiante, brilla como
el sol que hoy sólo salió para ti. Sé feliz, porque me tienes tam-
bién a mí para amarte profundamente.
Lucy Aspra

¿Qué es la muerte?

La vida es la energía de amor que Dios distribuye en su creación; en el ser humano esta vida o fuego se individualiza, es el espíritu, que establece su asiento en el alma.

Con el fin de manifestarse en el mundo material, el alma usa un cuerpo físico por un lapso determinado. Cuando el ciclo se cumple, ésta se retrae saliéndose del cuerpo. A esto se le conoce como muerte.

En realidad la muerte no es el fin de la vida, porque la vida, siendo de Dios, es eterna. La muerte ocurre cuando el alma decide salirse de un cuerpo que ya no necesita. Dicho suceso es el que hemos aprendido a ver como un acontecimiento terrible, porque durante mucho tiempo se nos ha dicho que con el fin del cuerpo se acaba la vida.

La muerte sólo es cumplir con una experiencia terrenal, no es el fin de nada; pero siendo un acontecimiento inevitable para todos los seres humanos, debiéramos tratar de comprender un poco de qué se trata y acoger la información que desde tiempos inmemoriales existe y está disponible para quien desea conocerla. Además, en este proceso tan temido, no estamos solos, sino que contamos con la participación de seres luminosos de amor que nos asisten; y una vez que conocemos cómo llevan a cabo su labor, podemos comenzar a respirar con tranquilidad y con fe, gracias a la certeza de que la muerte es un paso donde ellos nos acompañan y nos ayudan para que sigamos percibiendo lúcidamente que la vida es continua y nuestra conciencia individual, una vez que trascendemos, subsiste igual que cuando estábamos revestidos con el cuerpo material.

La muerte es el momento en que el ser (con su conciencia tal y como la mantuvo en la Tierra) surge en el más allá. La muerte sucede cuando ya está gastado el cuerpo físico o ha cumplido con la función para la que fue organizado molecularmente. La muerte, pues, es el momento en que el alma decide separarse del cuerpo material, porque ya requiere de otra envoltura más refinada para continuar su proceso evolutivo. Esto sucede cuando el cuerpo físico se vuelve obsoleto o su tiempo de duración en el mundo físico ha concluido, de acuerdo con las decisiones y el programa del alma.[35]

Nuestro Creador constantemente emite esencias de amor que son de renovación, energías cuya característica es elevar la

---

[35] En el caso del suicidio, el alma, no es la que decide separarse, sino que el individuo, usando su libre albedrío, acorta la vida física, cuya duración había sido determinada de manera diferente por el alma.

vibración en el espacio donde se desenvuelve el alma, e indican el grado de desarrollo que le corresponde al mundo físico y a todo lo que en él vive. Con esto se comprende que, debido a estos requerimientos de la ley de evolución, cada vez deben existir formas mejores para albergar la energía. Dicho de otra manera, la esencia que mantiene con vida al universo cada día llega de manera más refinada, no estática, porque debe estar sincronizada con el crecimiento que sucede en el universo mismo y, por tanto, en nuestro planeta y en los cuerpos que viven en él. Por esto, a medida que se va desarrollando la humanidad con el planeta, las energías cósmicas que nos bañan palpitan a frecuencias más elevadas. Dentro del plan celestial ha sido contemplado que todos los seres humanos sigamos creciendo en amor, por lo que, continuamente, Dios, nuestro Padre divino, nos da la oportunidad de seguir por este camino con los instrumentos adecuados, es decir, con cuerpos apropiados para cada instante evolutivo. Cuando llega el momento en que un vehículo o cuerpo ya no responde a la creciente energía que debe controlar el espíritu, nuestro Padre, con profundo conocimiento, envía a sus emisarios angelicales para liberar al espíritu de una envoltura gastada pues le espera otra mejor. Para el alma, este proceso es una redención, una liberación de una carga obsoleta, porque las energías que mantienen a los cuerpos con vida sólo se desalojan cuando los cuerpos ya no sirven para el propósito del alma, cuando se han cristalizado y ya no tienen razón de ser. Sin embargo, por el miedo que este suceso ocasiona, a veces, la humanidad percibe las funciones del ángel que dirige este proceso de liberación como un acto de destrucción. Ésta es una explicación por la que se le ha querido llamar también ángel exterminador pero, en realidad él no extermina ni destruye, pues con sumo cuidado dispone que las moléculas de los vehículos que se desocupan encuentren el lugar que les corresponde dentro del divino esquema evolutivo que ha establecido Dios, mientras que con profundo amor, con sus ángeles asistentes, señala el camino que deberá recorrer el alma en esta transición que llamamos muerte.

Cada noche, al ir a dormir, nos sumimos en el sueño. Sin duda, esto no nos inquieta porque es algo a lo que nos hemos acostumbrado, porque lo practicamos continuamente y tenemos la seguridad de que despertaremos al otro día, a no ser que exista una causa que nos sorprenda durante esas horas de reposo. De la misma forma, al ir al descanso eterno, estaremos repitiendo ese ritual, porque abriremos los ojos espirituales en otro lugar. El ejercicio de dormir todas las noches es un ensayo de la experiencia que tendremos algún día: dormir un día en un cuerpo material y despertar en uno sutil. Dios, nuestro Padre, nos llena de símbolos para que vayamos comprendiendo los misterios y no tengamos temor, pues en verdad, la muerte sólo es repetir una vez más el pequeño ejercicio que hacemos a diario al perder conciencia del mundo material, en lo que conocemos como sueño. Además, por medio de los sueños, comprobamos que nuestros cuerpos sutiles están conscientes en otro plano, igual como estarán cuando pasemos al más allá.

La muerte es sólo una puerta para acceder a una etapa nueva de crecimiento, es una mejor vida en otro espacio. La muerte es continuar con la vida, es el comienzo de la vida eterna. Para el alma, separarse de la luz y sumergirse en la materia, es muerte; a esto los seres humanos le llaman nacimiento. Cuando el alma deja la oscuridad de la materia y entra a la luz, regresa a la vida, a ello, los seres humanos le llamamos muerte. El proceso que los seres humanos nombramos como nacimiento a la vida, existencia y muerte, en las esferas místicas realmente es muerte, experiencia y vida.

La muerte es un alivio

Finalmente el ángel de la vida vino a mí y me sacó de este mundo. Me despojó de esa coraza carnal que impedía mi vuelo.
Libro de Adán, 20

El cuerpo material del que disponemos es una prisión para el alma; es un cuerpo sometido a las inclemencias del mundo físico y expuesto a las enfermedades. Si permaneciéramos por la eternidad en este cuerpo de dolor, llegaría un momento en que imploraríamos a Dios que nos liberara de él. Tener un cuerpo material cumple una función en este mundo, tiene un propósito temporal, ésta es la razón por la que el alma no puede prolongarse en él. Cuando llega el momento de dar por concluido el trabajo físico para el alma, como quien se quita un ropaje que ya no es necesario, el alma —con nuestra conciencia personal e individual— se separa para ascender a otros planos, tener nuevas experiencias y acercarnos más a nuestro hogar celestial. La muerte es el camino que nos aleja del dolor y nos acerca a Dios.

Cuando se ha vivido de manera correcta, morir es soltar el cuerpo material, lo que significa que se deja el dolor, las enfermedades, la vejez, los achaques, las penas y las angustias. Es olvidarnos de los afanes a los que nos acostumbramos en el mundo tridimensional para proveer de las cosas materiales al cuerpo físico. Al morir, estaremos libres de las presiones que implica el mundo, de la necesidad de llevar a cabo tareas que nos incomodan, de sufrir por no cumplir con los estándares que exige el grupo social en el que nos movemos, de todas las exigencias que imponen las necesidades económicas, en fin, al morir podremos ascender libres, sin cargas, sin apegos, gozaremos de la verdadera libertad: ¡volaremos! Morir es ser como somos, sin tapujos, sin hipocresías, sin dobleces, sin falsas pretensiones, porque al lugar adonde nos dirigimos una vez que dejamos el mundo material es un espacio donde no podemos llevar la máscara material y debemos presentarnos como en realidad somos. Allí no hay forma de disimular lo que sentimos porque es el mundo del sentimiento y el ropaje que usaremos es el que corresponde a ese plano, todo se trasluce. En el mundo físico que es el de la acción, todos nuestros actos pueden verse; quizá aquí podemos escondernos para ocultarnos, pero en los planos que no son tridimensionales, eso resulta imposible. Al principio quizá nos sentiremos desorientados, pero una vez que nos acomodemos, respiraremos tranquilos y comprenderemos que en verdad la muerte es un alivio porque, además, nos reuniremos con los seres amados que se nos han adelantado y disfrutaremos de la dicha eterna de estar con ellos esperando a los que se han quedado atrás para guiarlos y asesorarles cuando les toque dar ese paso.

Adicionalmente, cuando llegue la muerte, tendremos la asistencia de seres angelicales que nos auxiliarán para separarnos del cuerpo que ya usamos y gastamos, y libres de esta carga nos guiarán por los espacios que deberemos transitar para llegar a nuestro hogar celestial. En primer lugar, una vez que salimos del cuerpo físico, podremos ver al ángel de la vida.

Al menos, cuando haya dejado mis mortales despojos podré
admirar el magnífico lugar donde reside el ángel de la vida,
podré ver los imperecederos palacios donde habita.
(Libro de Adán: 4)

¿De qué manera se lleva a cabo el proceso de la "muerte"? Rompimiento del cordón de plata

Gloria a la vida. Es pura como su ángel.
Libro de Adán: 4

En el momento en que los ángeles del silencio, con suma precisión y dulzura infinita, separan el cordón de plata que une los cuerpos sutiles al cuerpo físico, el alma rodeada aún del cuerpo mental concreto, astral y etérico, entra en el cuarto subplano del mundo físico, al que se conoce como el plano etérico. En este lugar el ser observa, de manera sorprendentemente rápida, sobre una especie de pantalla panorámica, todas las experiencias de la existencia física que está dejando. Puede ver con la más exacta precisión todo lo que pensó, sintió, dijo e hizo durante la vida que concluye. Su conciencia penetra en los más mínimos detalles de las acciones que realizó; percibe con suprema claridad todos los hechos que omitió por negligencia, flojera o desinterés. Tiene una recapitulación de todos los eventos que se dieron en su existencia física y puede apreciarlos total y completamente, cuadro tras cuadro, hasta los secretos más ocultos y los incidentes olvidados. Vive de nuevo su experiencia física, percibiendo con todas las moléculas de su ser sutil: sus éxitos, logros y esfuerzo, como sus caídas, titubeos y fracasos. Puede apreciar lo que sintió con cada una de las personas con las que se relacionó en vida, y lo que les aportó o estorbó. Nada le es desconocido en ese instante que constituye un fenómeno trascendental que supervisa el alma del individuo. Después de este juicio interno, comprende cuál es el resultado de su vida, su tendencia predominante, el estado de conciencia que mantuvo. Entonces descubre si aprovechó su existencia o si fue un desperdicio; sabe juzgarse por los sentimientos que se le agolpan ante esta solemne y justa visión; en este momento de verdad absoluta, nada le sorprende, porque él es su propio juez; es su alma, su conciencia quien percibe; sabe que el resultado de este panorama señalará la zona a la que deberá dirigirse para ser purificado. Es un momento, aun cuando el ser no está consciente de la presencia de los seres de luz, en el que es asistido y auxiliado por ellos desde los planos celestiales. Todo es precedido por el ángel de los registros o de los archivos celestiales, y los ángeles del silencio. Después de esta visión, se retira la esencia etérica que conforma su cuerpo etérico; empezará su trayectoria al plano astral y es probable que pierda la conciencia por unos instantes, o un periodo breve. Durante este tiempo, las oraciones de los deudos son imprescindibles, son de una ayuda tan extraordinaria que es el motivo por el que se le da tanta importancia a los rituales y las oraciones de difuntos en la mayor parte de las culturas. Quien se va no debe quedarse sólo en estos momentos cruciales. Los parientes y amigos, con mayor continuidad, deberán elevar plegarias por su alma. Se debe insistir en que el cadáver sea acompañado por seres queridos, porque la esencia etérica aún flota sobre el cuerpo inerte, y su percepción es nebulosa pero está su conciencia en el mundo que acaba de dejar. Cuando es abandonado, su sufrimiento es terrible; no hay palabras para describir la angustia, la desesperanza y la soledad que experimenta en ese momento que es cuando más necesita de sus deudos.

El cordón de plata semeja dos números seis unidos, y se rompe donde se juntan. En niveles sutiles, el proceso de separación se lleva a cabo por los ángeles del silencio, quienes con profundo amor y ternura realizan esta disolución. En su extremo dual, el cordón se separa primero del cerebro y, posteriormente, del corazón. Hasta que se rompe este cordón es que el cuerpo físico muere.

A la hora de la muerte, los ángeles que trabajan con el ángel de la vida, se encargan de separar el cordón o conducto de energía que mantiene con vida al cuerpo físico. El extremo dual se separa del cuerpo físico, y el otro extremo permanece unido al espíritu. El extremo que se separó del cuerpo físico sigue unido al cuerpo etérico, del que se desprenderá alrededor del tercer día (en caso de cremación, antes), para retraerse en el cuerpo astral hasta que se lleve a cabo el proceso de purificación. A medida que el ser suelta las partículas densas que reunió en vida, va ascendiendo y el cordón se separa de las contrapartes que corresponden a planos inferiores.

El recorrido hacia la luz puede ser más largo y oscuro si no hay preparación durante la vida y no se recibe el bálsamo de las oraciones de los deudos. El túnel que conduce hacia la luz puede brillar si durante la vida se practica el bien.

El túnel que conduce hacia la Luz puede brillar si durante la vida se practica bien

Secuencia oculta de lo que sucede cuando llega la muerte

Velad, pues, orando en todo tiempo, a fin de merecer evitar
todos los males venideros, y que podáis comparecer con con-
fianza ante el Hijo del hombre.
Lucas 21: 37

De acuerdo con la sabiduría oculta, al llegar el momento de la muerte, el alma emite una vibración para que las partículas del cuerpo material se separen de las contrapartes más sutiles. Una vez pronunciada esta vibración, existe un proceso interno que se realiza en el cuerpo del individuo, con la supervisión de los ángeles:

1. Se lleva a cabo el proceso fisiológico ya conocido; es afectado el corazón y los tres sistemas que influyen en la vida del ser humano: la corriente sanguínea, el sistema nervioso en todas sus manifestaciones y el sistema endocrino.

2. La contraparte etérica del sistema nervioso, conocida como *nadis*, recibe un impulso vibratorio que es una orden del alma para que la vida sea retirada. Los seres angelicales encargados de suspender el flujo de la esencia de vida responden inmediatamente e inician el proceso.

3. En la siguiente etapa, la corriente sanguínea es afectada por un proceso oculto que se lleva a cabo a través del sistema glandular. La vida organizada en las glándulas responde cuando ha llegado la orden del alma y procede a inyectar en la corriente sanguínea, una sustancia que se conoce como productora de muerte. Llega al corazón, donde está anclado el cordón de plata, y lo afecta; de inmediato se inicia el periodo de coma, de lucha y pérdida de conciencia. Hay también una reacción en el cerebro.

4. Inicia el temblor psíquico que tiene por objeto aflojar y romper la unión que existe entre el sistema nervioso y su contraparte etérica, los *nadis*. Aquí es cuando el doble etérico comienza a desprenderse del cuerpo físico.

5. En esta etapa, para que el proceso de soltar suceda sin dolor, en general hay una pausa que puede variar de breve a larga duración. Los *nadis* comienzan a aflojarse en la zona de los ojos y, por regla general, es entonces cuando el moribundo se

observa relajado y sin temor, se le percibe con una radiante expresión de paz y tranquilidad; ya no tiene la capacidad mental de batallar y pareciera que todo su esfuerzo lo orienta a prepararse para el desprendimiento final del cuerpo material.

6. Cuando sucede lo anterior, el cuerpo etérico (donde están los *nadis*), al comprender que ha sido desconectado el sistema nervioso del cuerpo físico, se prepara y se dispone a realizar el viaje final. Para hacerlo, se recoge, se separa de las extremidades y va hacia la puerta de salida que le corresponde. De acuerdo con las moléculas que predominan en él, será atraído hacia la puerta que le toca por vibrar en esa frecuencia (por la vida que llevó), y en esa puerta, espera el tirón final del alma. A partir de este momento, todo el cuerpo de carne y hueso, con órganos, células y átomos, lentamente es abandonado por la vida que lo mantenía integrado y es atraído hacia la tierra para desintegrarse, porque las moléculas que componen las formas del mundo material retornan al mundo material, y el alma, cuyas moléculas son espirituales, regresa a Dios.

Al llegar a este punto, suceden dos cosas: el cuerpo etérico emprende la retirada, y el cuerpo físico reacciona a la separación. En caso de tratarse de personas que han trabajado disciplinando la mente, de una manera consciente y conservando el conocimiento, comienzan a sustraer su conciencia del cuerpo material mientras practican la introspección. Centran su atención en el cuerpo astral y mental para desprenderse. Con la introspección, este proceso se facilita más en personas de edad avanzada que, por naturaleza, van dejando los apegos terrenales y no se aferran al cuerpo material.

Cuando se trata de personas evolucionadas en lo espiritual, el desprendimiento se realiza con plena conciencia, reconociendo a las personas de su entorno, pero con el pensamiento en el mundo espiritual.

En cambio, las personas apegadas al mundo físico, pueden vivir una batalla pues desean aferrarse al cuerpo material, se resisten a morir. Cuando la intención del alma es separarse, la lucha puede durar varios días o semanas, es lo que conocemos como agonía; a veces sólo son unos segundos, pero eventualmente el elemental pierde, se ve obligado a soltar su aferramiento y el cuerpo etérico se retrae buscando la puerta de salida para el impulso final.

Hay que recordar que, al retirarse del cuerpo material, el doble etérico lleva interpenetradas las moléculas del cuerpo astral, del mental y del alma. Al salir gradualmente por la puerta con la que se ha asociado, lo hace con una forma similar a la del cuerpo que acaba de dejar, que es igual a la forma de pensamiento que el ser tiene sobre sí mismo. En el momento en que sale del cuerpo físico, aún conserva algunas moléculas de éste, por lo que queda retenido cerca del cadáver y explica por qué algunos videntes pueden percibirlo como una sombra etérea rondando el lecho mortuorio, el ataúd o la tumba. Cuando el ser que se va no se ha desarrollado espiritual-mente, su conciencia tal como la tenía en el mundo material, con sus mismos pensamientos, sentimientos, anhelos, ansias, etcétera, puede permanecer durante un tiempo prolongado dentro del cuerpo etérico cerca del cuerpo material que comienza a descomponerse (a menos que sea cremado). En el caso de un individuo más espiritual, esta separación puede darse con mayor rapidez.

Una vez sucedida la separación, la conciencia del individuo permanece igual que cuando tenía sus contrapartes anteriores, conserva las mismas características que manejó en vida, sus amores y sus afectos permanecen, así como el recuerdo de sus experiencias con los seres que amó o los que odió, lo que le agradaba o desagradaba, los talentos que cultivó o dejó de cul-tivar, los esfuerzos que realizó o los que no hizo, el servicio que prestó o escatimó, sus obras correctas o incorrectas, todas sus acciones u omisiones. En fin, nada ha cambiado, sigue siendo el mismo ser, sólo que está libre de las envolturas densas. No se le puede ver, porque se ha vuelto invisible para el mundo material.

Investigaciones científicas sobre las visiones en el lecho de muerte que coinciden con las tradiciones místicas

La muerte es una ganancia, ciertamente es con mucho lo mejor.
Filipenses 1: 21-23

En la American Society for Psychical Research (ASPR) con sede en Boston, Massachussets, los científicos han estudiado miles de casos relativos a las experiencias conocidas como visiones en el lecho mortuorio. El resultado indica que lo que perciben los moribundos es similar en todos los casos. Concluyen que, sin importar raza, religión, cultura, educación, edad, condición económica o social, la constante en las visiones es luz radiante, escenarios de gran belleza, seres de luz y una sensación de profunda paz interior. Se podría resumir que las visiones en el lecho mortuorio, por lo general, son:

a. Radiantes seres de luz.
b. Seres queridos fallecidos anteriormente.
c. Seres divinos como la Virgen María o Jesús, santos y ángeles.

Muy pocos moribundos expresan temor ante la presencia de estos seres, en cambio, suelen manifestar alegría, felicidad, paz y una tranquilidad tal que refleja la ausencia de dolor que algunos experimentaban antes de la visión.

Como en una tercera parte de los casos, según los datos recopilados por la American Society of Psychical Research, el moribundo es transportado fuera del cuerpo a un espacio iluminado, donde se encuentra rodeado de jardines de exquisita belleza. Algunas veces, el moribundo ve hermosas construcciones o estructuras que simbolizan la entrada a otro lugar, como ríos, puertas, puentes o barcos. En estos espacios, generalmente se observan muchos ángeles o espíritus de seres que ya trascendieron. A veces se escucha música celestial. Los colores que se perciben son vívidos y de tal belleza que se dificulta describirlos. Estas visiones del más allá, pocas veces corresponden a las expectativas religiosas del moribundo, no son parecidas a nada de lo que imaginó alguna vez. Quienes tuvieron una ECM (Experiencia cercana a la muerte) relatan que lo que vivieron difiere de un sueño, porque sus experiencias son coordinadas, con una secuencia lógica, y se recuerdan como si se hubieran vivido en cuerpo físico. A diferencia de los sueños que por lo común son incoherentes, no tienen sentido, necesitan ser interpretados y se tienden a olvidar. La experiencia cercana a la muerte se recuerda de una manera tan vívida que los que la pasaron sienten que acaba de suceder aunque ya hayan pasado veinte, treinta, cuarenta o más años.

Testimonios sobre la percepción de la muerte: muerte clínica

Antes de que se corte el hilo de plata, momentos antes de que el ser fallezca, empieza a percibir la presencia de amigos, familiares fallecidos y otros bondadosos seres espirituales que acuden a facilitar el paso a la otra vida. Como esto sucede antes de que se rompa el cordón de plata, algunas personas han podido regresar al mundo físico después de pasar por esta experiencia cercana a la muerte (ECM), que es el estado *pre mortem*. El estado que sigue a la separación del cordón del corazón es conocido como *post mortem*, y cuando sucede no hay posibilidad de recobrar la conciencia.

El término ECM fue acuñado en 1970 por el Dr. Raymond Moody autor de, entre otros libros, *Vida después de la vida*. Él, con el Dr. Kenneth Ring, psicólogo y miembro de la Asociación Internacional de Estudio de Casos Cercanos a la Muerte de la Universidad de Connecticut, describen este proceso como sigue:

a. Sensación de estar muerto, de flotar por encima del cuerpo y ver los acontecimientos que se desarrollan abajo.

b. Fin del dolor, experimentación de un sentimiento de incomparable felicidad y paz.

c. Viaje a través de un túnel oscuro que conduce hacia la luz.

d. Encuentro con seres luminosos no físicos, algunos son parientes y amigos ya fallecidos.

e. Comunicación con un ser supremo que asiste en una revisión de la vida del sujeto. Aquí ve cómo su vida completa es presentada ante él, en una especie de pantalla de cine. En estas experiencias, el individuo ve todo en perspectiva sin juicios negativos sobre el desempeño de su vida.

f. Finalmente el individuo, aunque en general no desea regresar, es vuelto a su estado de conciencia física.

En una ECM, el sujeto no necesariamente experimenta todos los pasos antes descritos, puede pasar sólo por algunos. Es necesario aclarar que también han existido innumerables casos en que el sujeto ha tenido experiencias desagradables. Las ECM, que han sido sujetas a estudio, no son privativas de personas buenas, o de un grupo especial, o de miembros de determinada religión. En la mayoría de los casos, después de la experiencia, las personas han cambiado su forma de vivir, han encontrado que Dios desde el comienzo les dio un sentido a su vida y tienden a servir a los demás y acercarse más al mundo espiritual. A veces, estas personas adquieren habilidades psíquicas como telepatía o clarividencia, por ejemplo.

Quienes han vivido este tipo de situaciones reportan (en algunos casos) experimentar sentimientos como:

a. Enojo y frustración por tener que volver a la vida.
b. Culpa, por no sentir remordimiento por querer partir.
c. Desilusión, por volver al cuerpo físico.
d. Sentimiento de impotencia por no encontrar cómo compartir, o no saber cómo hablar de su experiencia. Temor a ser ridiculizados.
e. Depresión por tener que reiniciar su vida cotidiana.

Y también:

a. Éxtasis sublime por la maravilla de la experiencia.
b. Emoción por lo increíble de la experiencia.
c. Gratitud por lo sucedido.
d. Arrobamiento y sensación grata de no encontrar palabras para describir su experiencia.
e. Deseo profundo de transmitir a los demás por qué la muerte no debe ser temida.
f. Humildad y entrega devocional ante tan extraordinaria experiencia.

Aunque se realizan investigaciones serias sobre las ECM, éstas aún no han sido aceptadas como prueba científica de la existencia del más allá. Algunos escépticos afirman que las experiencias son sueños o alucinaciones, producto de la falta de oxígeno, liberación de endorfinas o un aumento de los niveles de dióxido de carbono en la sangre. Pero como se expresa arriba, los investigadores arguyen que cuando se trata de personas bajo el efecto de fármacos o drogas, difícilmente experimentan las situaciones a las que nos referimos. Cuando en realidad ha sido decisión del alma separarse del cuerpo físico, la acogida que recibe el ser es semejante a la asistencia que se le da en el parto al nacer en el mundo material, porque cuando muere un individuo parte hacia un nuevo amanecer, nace a la vida verdadera y eterna. Cuando no se trata de una ECM, sino de la muerte, una vez que el moribundo recibe la visión de los seres que le ayudan a dar el primer paso, el proceso que continúa se describe adelante en "Cruzando el puente etérico hacia el astral. El tránsito crucial del alma".

¿Qué perciben quienes están cerca del moribundo?

En ocasiones, mientras sucede la muerte, quienes están junto al moribundo han reportado:

a. Una inusual luz o energía en la habitación.
b. Una nube energética sobre el moribundo; algunos testigos afirman que va asumiendo la forma y apariencia de éste. Afirman que esta forma energética está conectada al cuerpo del moribundo por medio de un cordón plateado.
c. El rompimiento del cordón al momento de la muerte, en ese instante, parece disiparse la forma energética.

¿Cuánto tiempo duran las visiones del agonizante en el lecho mortuorio?

1. En 50 por ciento de los casos estudiados, la duración fue de cinco minutos o menos.
2. En 17 por ciento, tardaron entre seis y 15 minutos.
3. En 17 por ciento, perduraron más de una hora.

Alrededor de 76 por ciento de los pacientes fallecieron dentro de los diez minutos siguientes a la experiencia. Los otros permanecieron con vida de una a varias horas después de la visión.

Los escépticos opinan que estas visiones son alucinaciones provocadas por drogas, fiebre, enfermedad, poca irrigación de sangre al cerebro, entre otras. Ante esto, los investigadores explican que el tipo de alucinación, consecuencia de las causas expuestas por los escépticos, se refieren a hechos relacionados con el presente, no con escenas del futuro, como sucede con los testimonios de quienes experimentan una ECM. Además, un factor importante en estas visiones, es que por regla general sólo las experimentan los que están lúcidos y plenos de sus facultades.

Según fuentes distintas a la ASPR, con información lograda a través de médiums y videntes, se registra que en la mayoría de los casos una vez que expira el moribundo permanece en un estado de letargo, en un profundo sueño que dura entre 72 a 96 horas antes de entrar al plano que le corresponde de acuerdo con su estado de conciencia. Algunos duermen más de las 96 horas. Cuando se trata de muerte repentina, pueden pasar mucho tiempo confundidos sin saber que ya fallecieron.

Cruzando el puente etérico hacia el astral. El tránsito crucial del alma

Envía, Padre celestial, a tu ángel de la vida eterna para que podamos remontarnos allende las estrellas y vivir para siempre.
Evangelio de los Esenios

El cruce de las regiones etéricas al astral es de asombrosa trascendencia. En muchas tradiciones se habla de él mediante símbolos, como en la historia de Caronte (palabra que deriva del griego *charon*, que significa "barquero del infierno"). Caronte era hijo de Erebo y de Nyx (la noche) y es equivalente al *Khuenua* egipcio, el piloto con cabeza de halcón que guiaba la barca que conducía las almas de los difuntos, a través de las aguas oscuras que separan la vida de la muerte. Como los muertos debían pagar por el pasaje con lo que se conocía como el denario de Caronte, la costumbre era poner una moneda debajo de la lengua del difunto. La costumbre de poner monedas para los gastos después de la muerte, ya sea en el difunto, entre su ropa o en el ataúd, corresponde a esta tradición que aún subsiste en algunas regiones del mundo. Caronte, el barquero que debía pasar por las regiones inferiores, representado con sucio y grisáceo ropaje, conducía a las almas por la laguna Estigia y los ríos Cocito y Aqueronte. Para realizar el viaje, el difunto debía recibir los correspondientes rituales fúnebres. Cocito, según la mitología grecorromana, era un río del infierno, cuyas aguas se componían de las lágrimas de dolor de los malvados; a sus márgenes vagaban las almas de los insepultos y los que supuestamente no recibían las ceremonias fúnebres al morir.

Pasar del plano etérico al astral, según muchas tradiciones, es sumamente difícil, y cuando se trata de personas que no se han preparado convenientemente, que tienen muchos apegos materiales, compromisos graves no resueltos y hasta varios crímenes en su haber, a la hora de morir pueden encontrarse dentro de una zona de desesperación, donde llorarán y sufrirán intensamente, sin lograr separarse del espacio donde se está descomponiendo su cuerpo físico. En caso de cremación, el cuerpo material es pulverizado pero igualmente ellos quedan atrapados dentro de la niebla de desesperanza, clamando y crujiendo dentro de la angustia de la energía pesada que generaron con sus pensamientos, sentimientos, palabras y acciones incorrectas. No saben cómo salir de la pena que les embarga y, probablemente, ni sus deudos ni nadie en la Tierra recuerde orar por ellos o enviarles pensamientos y deseos amorosos. Porque al final de nuestro viaje en la Tierra, al dejar el mundo material, si hemos hecho obras buenas por las que merecemos ser recordados, estaremos siempre recibiendo la combustión balsámica (de los buenos deseos y la oración) que nos dirigirá de manera automática hacia los brazos de los seres que pueden auxiliarnos. Sin embargo, cuando se trata de personas que han sembrado el odio, la separación y la destrucción en su paso por la Tierra, si es que son recordados, es posible que sea por emociones que nada tienen que ver con el deseo de que estén descansando en paz. Es muy importante que todo pensamiento, sentimiento, palabra y acción que se refiere a alguien que ha trascendido hacia el más allá, esté envuelto con amor. Si no es así, es preferible abstenerse de pensar o comentar sobre el que se ha ido, porque cada vez que sale de una persona viva un pensamiento sobre un difunto, lo envuelve como un torbellino. Esta energía será de consuelo cuando el pensamiento es de amor, pero si es uno negativo, es un embate espantoso que tiene que sufrir el ser. Así como el individuo que en vida física ha sembrado el bien llega a espacios luminosos y puede percibir la presencia de seres que están allí para auxiliarle, las personas que se dedicaron a la maldad y se olvidaron de Dios y de practicar lo mínimo de las virtudes relacionadas con la ayuda a los demás, se encuentran sumergidas dentro de una terrible oscuridad. Los seres que cruzan en la barca de Caronte representan a aquéllos sumidos en los espacios tenebrosos y que por algún bien que hicieron, por mínimo que haya sido, son conducidos conscientes por estos mares de angustia. Los que claman por las márgenes de los tenebrosos ríos por donde debe cruzar la barca, son las almas olvidadas. Pero este terrible viaje no es experimentado por los seres que se ocuparon de hacer el bien en vida; éstos son trasladados mientras se encuentran en un profundo sueño, hacia las regiones que por merecimiento les corresponde. Otros, según el caso, podrán trascender de manera semiconsciente.

Las personas término medio, quienes no se dedicaron a hacer el mal, que eventualmente intentaron acordarse de Dios, pero tampoco se entregaron con devoción a cumplir cabalmente con los deberes que tenían en vida, necesitan mucha asistencia a la hora de trascender. En general, sus deudos cumplen con darles una buena sepultura, quizá una misa de *requiem*, a veces rezan una novena, pero después convenientemente se engañan con la idea de que ya Dios las tiene en su santa Gloria. Otros deudos se autoengañan más, asumiendo que ya el difunto es un ángel que les asistirá desde el más allá. Aquí es necesario detenernos a meditar que no es congruente esta manera de pensar, porque si fuera así de fácil, no tendría ningún sentido esforzarse por ser bueno y estar en vida cerca de Dios, ya que de todas maneras al morir con unos pocos servicios fúnebres ya estaremos en el cielo. La realidad es que las personas que han llevado una vida honesta, ayudando al prójimo y orando tanto por los de aquí como por los que ya han trascendido, cuando fallecen, amanecen en espacios lumínicos con seres con la misma vibración; pero los que no han llevado una vida ejemplar deberán pasar por los planos de purificación mientras reciben el auxilio de sus deudos. Una vez que trasciendan estos espacios, ascenderán hacia el mundo de luz y amor, y sólo cuando lleguen allí podrán empezar a intervenir a favor nuestro y dirigirnos lumínicas esencias de bendición.

El cruce de las zonas etéricas hacia el destino astral, muchas veces se describe como un vuelo para el que se es preparado por figuras auxiliadoras, quienes en el momento que el ser debe recorrer el tenebroso espacio donde fuerzas inmundas acechan para atacarle, es sostenido para evitar ser atraído hacia esas bajas regiones de dolor. Hay relatos que narran cómo el ser que se ha separado del mundo material, poco a poco va comprendiendo que ya no está sujeto a su gravedad y puede ascender en vuelo cuando mantiene su pensamiento en esa capacidad y establece la oración a Dios en su mente. Cuando se trata de fallecidos que no se prepararon perfectamente para el viaje, para que puedan cruzar sin muchos obstáculos, es indispensable la asistencia de los deudos por medio de la oración continua, el pensamiento de amor, las palabras de consuelo y el asegurar al difunto que aquí en la Tierra todos estarán bien y que él debe seguir su camino de ascenso hacia Dios.

Este paso trascendental al otro lado, en algunos casos puede suceder al mismo tiempo con varios seres semejantes en cuanto a desarrollo, pues de acuerdo a algunos autores que lo describen de forma objetiva, los seres que bondadosamente ayudan a los recién llegados, los asisten y los conducen a cargarse de energía en preparación para el viaje. De esta manera congregan a un diferente número y cuando el momento es propicio, inician el cruce del puente, abismo o río. A las preguntas: ¿por qué cruzan el puente? ¿Por qué no elevan el vuelo sobre el precipicio y se alejan de estos peligros que son tan temibles? Responden que no todas las almas están libres de las partículas del astral denso; y si proceden elevándose sobre el puente, es posible que algunas almas que apenas tienen suficiente luz para cruzar a pie, sean impulsadas por frecuencia vibratoria muy cerca de espacios más densos y sean atrapadas por las vorágines tormentosas de los seres que ávidamente esperan arrastrarlas hacia sus cavernas para succionarles los pocos residuos energéticos que pudieran traer.

Hay muchas descripciones de este importante pasaje que se realiza generalmente tres días después del fallecimiento. A veces se habla de un peligroso puente en cuyo alrededor pululan entes inmundos que intentan atrapar a las almas. Esta experiencia también es representada por un barco que cruza el río tormentoso y dentro del barco van almas agotadas, guiadas por seres angelicales que están pendientes de que cada uno desembarque en el lugar que le corresponde. Para llevar a cabo este cruce, es esencial la asistencia que se le dé al ser que ha falleci-do. Este auxilio lo recibe cuando sus deudos se acuerdan de él y no lo abandonan a su suerte. Necesitan enviarle las acariciantes vibraciones de la oración, que es la luminosidad que forma el combustible para el más trascendental de sus viajes. Es importante recordar que este viaje también lo haremos nosotros y de acuerdo con la asistencia que demos a los que se van, será la que recibiremos en ese trance. En este momento el peligro es que el ser sea atrapado en zonas angustiosas, forman-do parte de los que vagan errantes en total ignorancia, con singular sufrimiento y sin saber cómo aliviar su pena. Algunos seres, cuando no han sido completa-mente perversos en vida, pero que no sembraron algo para ser recordados con amor, pueden permanecer confusos en los otros planos y se convierten en los fantasmas conocidos como chocarreros, errabundos o almas en pena. También existen entes nefastos que están atrapados en los ínfimos planos y se dedican a atormentar a estas almas errantes y a los propios vivos.

Las almas santas reciben el apoyo de muchísimos ángeles que llegan para asistirlas en el momento en que deben cruzar el oscuro umbral para llegar hacia las moradas celestiales. Los que practican el bien estarán acompañados desde el primer momento por seres que les guiarán y les informarán de su nuevo estado.

Cuando se ha llevado una vida correcta, con honestidad y ayudando al prójimo, el ser es guiado y auxiliado en el momento crucial. Los ángeles aguardan a las almas puras para conducirlas en el más allá.

Mientras cruzan algunas almas, hay entidades desesperadas que tratan de detenerlas. Este pasaje es crucial porque el ser puede ser atraído por otras fuerzas que deambulan cerca.

Cuando oramos por los difuntos y pedimos que les llegue la luz, son los ángeles quienes proporcionan ese auxilio. Con la oración, ellos descienden hasta los espacios más desoladores para consolar y auxiliar al ser, para ayudarlo a salir de las cavernas oscuras donde permanece sumido en su desolación y angustia.

Las personas que practican el bien durante su vida, cuando abandonan el cuerpo material reciben el auxilio de los ángeles.

Para las almas inocentes, el abandono del cuerpo físico es sólo la entrada a un plano más cerca de los ángeles de Dios.

En el momento de la muerte, la persona espiritual que ha sido preparada para esta experiencia trascendental recibe la asistencia de los ángeles que le conducen a presenciar lo que ha generado en la vida que acaba de terminar.

Los ángeles conducen al alma hacia los planos de luz. Hay que orar por los difuntos para que reciban más asistencia angelical.

Cruzar por el astral es similar a atravesar un mar embravecido con todos los peligros acechando, por eso es tan importante la oración para el ser que ha trascendido, durante toda la vida, pero en especial a partir del momento de su fallecimiento y durante los primeros nueve días.

El alma asciende hacia la morada celestial tras superar los planos de purificación

En el Capítulo uno, titulado "Nuestros cuerpos y las diferentes dimensiones", se ofrece mayor información sobre este proceso, aquí sólo resumiremos que una vez que el ser se ha librado de las moléculas que corresponden a los subplanos del astral, estará manifestando un cuerpo con las partículas que corresponden al plano siguiente, y partirá al espacio que le corresponde de acuerdo con esta nueva vibración. Este plano o estado de conciencia se llama plano mental y es el primero en el que se establecerá. Aquí se llevará a cabo una tercera y última recapitulación de su vida. La permanencia del ser en este plano es mucho más breve que en el astral. Cuando haya completado tiempo, pasará a la morada celestial. Ahí será guiado por el ángel del nacimiento a nuevos estados de conciencia.

Temor a la muerte

Se tiene gran temor a la muerte porque muy pocos quieren tocar un tema que les produce aversión. Aun cuando sabemos que es un acontecimiento que nos espera a todos, se tiende a no acercarse a él, pensando que es una forma de alejarse de su dolorosa realidad. Es como si se quisiera llegar a un total estado de ignorancia. El tema de la muerte es considerado de mal gusto y repulsivo, y cuando se toca, especialmente en la cultura latina, en general es de manera humorística, con chistes y mofa, cuya intención oculta —aunque se quiere aparentar mucho valor— es mantenerla lejos. Es un tema que no se quiere tratar con seriedad y se relega a los grupos morbosos o deprimidos. Sin embargo, en la actualidad —como mencionamos— la muerte como fenómeno está siendo estudiada en el campo científico; a través de aventurados médicos y especialistas, aquello que antaño era misterioso y desconocido, hoy es objeto de exámenes minuciosos que arrojan resultados que aseguran, cada vez con mayor certeza, que la vida es continua y no se interrumpe cuando el ser deja el cuerpo material cuando éste se convierte en un envoltorio usado y gastado. Es pues, a través de la ciencia oficial, que el temor a la muerte está dejando de reinar y la humanidad interesada puede informarse y participar de la dicha de estar separada de ese horrible monstruo que la ha atormentado durante tanto tiempo, porque ahora podemos estar conscientes de que la muerte no es el final, sino un ente creado artificialmente por nuestra propia ignorancia, porque recordemos que la energía que produce el miedo es capaz de sustanciar formas, y la humanidad ha crecido manejando el pensamiento incorrecto respecto a la muerte. En otras esferas, este pensamiento ya estructuró a un ente de monstruosa apariencia, que ahora, después de tanto tiempo, se ha vuelto independiente y quiere mantenerse así, por lo que por todos los medios intenta derrumbar cualquier cosa que pudiera separar a los seres humanos del miedo, porque esto implicaría que dejáramos de suministrarle su energía. Para oponerse a esta entidad ya organizada objetivamente con partículas de planos densos (compuestos de vibraciones de terror, miedo y desesperanza), es necesario apoyarnos en los seres de amor que Dios, nuestro Padre, ha dispuesto que nos cubran con su resplandor para llenarnos de la seguridad en la continuidad de su amor eternamente. De esta manera podremos avanzar en el trabajo que debemos realizar en este plano material, pero con la confianza plena en que nos espera un mundo mejor cuando tengamos que proseguir con nuestra vida, conscientes en el más allá.

Fuera de los reportes logrados por estudiosos, cada día existen más personas clarividentes y clariaudientes de buena fe que pueden narrarnos sus incursiones a otros planos, donde se comunican con seres que nos han precedido. Dentro de poco, la muerte ya no provocará miedo, pues se podrá comprobar que el alma es el motor que se encuentra dentro de las formas corpóreas que percibimos con nuestros sentidos físicos. En breve tiempo se demostrará que cada ser, al dejar este mundo, sigue más vivo que nunca y prosigue su camino hacia su hogar celestial. Por tanto, la muerte será reconocida como lo que es, un paso hacia la vida. También llegará el tiempo en que ese paso será iniciado con serenidad y hasta alegría, porque entonces se sabrá que verdaderamente es cuando se comienza a VIVIR.

Sin embargo, en la actualidad la muerte es temida, en general por las razones que enumeramos a continuación:

1. Por el proceso en sí. Porque se siente una especie de terror con sólo pensar en ese momento final del desgarramiento, de la separación del alma del cuerpo material. Esto sucede por la excesiva identificación que tenemos con el mundo material, por el apego compulsivo a las cosas y al cuerpo físico. Es necesario que tomemos unos minutos de nuestro tiempo y consideremos que en el mundo objetivo en el que vivimos, todo lo que nace, muere. Hasta el planeta que habitamos hoy, algún día será polvo de estrellas, pero la vida no se detiene. Nuestra conciencia perdurará para siempre, pero ya libre de la atadura del cuerpo material, porque al abandonar el cuerpo físico, habremos dejado atrás una carga densa que no tiene cabida en el mundo glorioso al que ascenderemos conservando nuestra conciencia individual, con nuestros recuerdos, conocimientos, experiencias, intereses, cariños, amores, talento, esfuerzos, virtudes, etcétera.

2. Se experimenta un terror indescriptible por no saber qué sigue después de la muerte. Éste es el miedo a lo desconocido. Ahora el ser tendrá que enfrentarse a un mundo incierto, donde no sabe cómo comportarse porque no se preparó lo suficiente. En general, cuando alguien fallece, como la tendencia es actuar como si nunca fuera a sucedernos, tratamos de no identificarnos con el difunto, lo que limita nuestros pensamientos de solidaridad y nuestra poca capacidad de acompañarle con el corazón enviándole pensamientos de amor y oración. Durante toda la vida es necesario recordar que el camino a transitar ya ha sido andado por los seres queridos que se nos han adelantado. Entonces, este camino no debiera ser considerado como uno extraño, ni debiera ser temido porque nuestra conciencia continuará activa y además tendremos quien nos tienda la mano cuando demos ese paso.

3. Durante la vida se cultiva la duda de la inmortalidad porque cuando se tiene salud, se desecha todo pensamiento relativo a la muerte por considerarlo morboso; además se escuchan repetidamente las opiniones de personas identificadas sólo con la materia cuya visión espiritual es limitada y consideran a la muerte como el final de

todo. Generalmente, en el mundo material, son muchos quienes no tienen interés por el mundo espiritual y que destacan en los medios de comunicación, lo que les permite divulgar sus ideas que son tomadas por el auditorio como verdades absolutas. Aunado a los otros factores, en las horas finales cuando se tiene que enfrentar a la realidad inmediata, todo hace que el individuo sufra de modo indescriptible. Aún en los casos donde se tiene fe en Dios y en los seres celestiales, o se tiene una claridad respecto a la inmortalidad, puede existir ese momento angustioso de duda en los momentos finales. Es muy grande el deseo de sobrevivir, de continuar en un lugar glorioso —aun en aquellas personas que temporalmente pudieran sentirse deprimidas o decepcionadas de las ingratitudes humanas—, y en esos momentos finales la mente puede cubrirse de una nube de incertidumbre que hace tambalear momentáneamente aun a la persona más espiritual. Puede ser que el individuo próximo a fallecer piense que el más allá es sólo una probabilidad, y que hasta el recuerdo de testimonios de otras personas vivas que han tenido experiencias con seres que han trascendido, experiencias cercanas a la muerte o experiencias fuera del cuerpo, le parezca lejano. Pueden atormentarle pensamientos como: "Realmente nadie ha regresado físicamente para contar exactamente cómo es el más allá con todos sus caminos y cuál es la verdad sobre lo que espera al que está a punto de iniciar la partida." En estos instantes finales es cuando se debe reforzar la fe del ser que se va. Se le debe recordar que la situación que está experimentando es normal en todos los que trascienden, que es uno de los pasos que anteceden a la seguridad que le llegará de que sí existe un espacio glorioso donde seres de amor le aguardan.

4. Experimenta una angustia profunda al abandonar a los seres queridos, o sentir que ellos lo abandonan. Sobreviene una crisis horrible porque siente que para él se acabará todo lo que ama, sus seres queridos y todo lo que le es familiar. En general, la muerte sobreviene de manera abrupta y el individuo sufre porque no ha podido concluir proyectos que había iniciado o planes que no llegó a con-

cretar. Otras veces, el dolor proviene de la necesidad de obtener el perdón de aquellos a quienes ofendió o sintió que no atendió como debía haberlo hecho.

5. Sufrimiento adicional porque el individuo no quiere separarse del cuerpo físico, quiere sobrevivir. Durante su vida no se identificó lo suficiente con su espíritu y cree que al morir el cuerpo físico desaparecerá su conciencia. Es su instinto de conservación que reacciona ante el miedo natural a la muerte.

6. Existe un pánico aterrador al pensar en lo que ha aprendido durante su vida sobre el cielo y el infierno.

7. Según la teoría de la reencarnación, el ser también, de manera inconsciente, recuerda las muertes acontecidas en vidas previas, algunas de las cuales correspondieron a situaciones violentas.

Los temores descritos son infundados, pues cada día hay más testimonios de personas confiables que nos hablan de sus experiencias demostrando la continuidad de la vida. Existen, además, muchos libros escritos sobre el tema. El libro *La vida más allá de la sepultura*, aunque fue escrito hace unos cuarenta años, refiere experiencias semejantes a las que hoy se documentan con frecuencia. Extrajimos un pasaje donde el autor, Hercilio Maes, nos refiere cómo el personaje llamado Atanagildo, con quien establece comunicación en el más allá, le relata su temor a la muerte, y cómo cuando ésta se da, experimenta una gran sorpresa al encontrarse vivo y asistido por bellísimos seres:

Cuando logré despertar en el más allá, tuve la agradable sorpresa de verme ante dos espíritus buenísimos que, a pesar de intentar reducir la irradiación de su luz zafiro azulada proveniente del tórax, les formaban un suave halo luminoso alrededor de sus cabezas jóvenes. Eran excelsos seres enviados para salvar a mi alma y me sorprendí extraordinariamente al saber que eran los dos que me habían ayudado a desligarme del cuerpo físico. Indudablemente me encontraba delante de la legendaria muerte, esa entidad tan temida que en la Tierra causa escalofríos a su más simple enunciación. Aquellos dos espíritus que estaban delante de mí desmentían claramente la existencia tétrica de la mujer esquelética, embozada en su fúnebre mortaja, y blandiendo la siniestra guadaña. Felizmente, podía vislumbrar aquellas fisonomías iluminadas, afables y sonrientes, que se encontraban a mi lado, en un formal desmentido a la leyenda mitológica de la parca, que ha inspirado historias terribles. Esos dos espíritus leyeron en mi pensamiento, con cierto aire travieso, mientras que mi cerebro se espantaba, después me volvieron a mirar con profunda bondad e interés, y sin que yo tampoco me pudiese contener, reímos francamente; fue una risa abundante y sonora, que inundó el ambiente de vibraciones alegres y festivas. Reímos por la farsa de la muerte y la muerte, tan lúgubre y aterrorizante para el ciudadano terreno, que vive aferrado a sus tesoros efímeros y a sus pasiones avasallantes. Justamente, por invertir el exacto sentido de la vida, es que el hombre terráqueo teme tanto a la muerte del cuerpo.

¿Al morir se experimenta dolor físico?

La respuesta es no. Cuando llega el momento de la separación definitiva, el alma envía una orden al sistema glandular, que responde inyectando en la corriente sanguínea una sutil sustancia que afecta al corazón. Mientras el ángel de la vida ayuda al alma a liberarse, tranquiliza y seda el cuerpo físico y permite que éste pierda la conciencia del dolor físico y de todo lo que le rodea en el mundo material. Esto se debe a que la conciencia se traslada al cuerpo etérico y, de esta manera, el desprendimiento no produce dolor físico. A veces, una sustancia parecida es liberada, en menor proporción, en la sangre de algunas personas que han tenido accidentes graves. Así, algunos sobrevivientes después de una experiencia traumática perciben todo como un sueño y no recuerdan el dolor que debió producir el choque relacionado con el momento del accidente. A veces, se olvidan del impacto que les produjo el desprendimiento de alguno de sus miembros. En caso de fallecimiento, el dolor psíquico es posterior y existe si el ser que muere se ha de enfrentar a consecuencias desagradables por haber vivido una vida irresponsable en el mundo material que está abandonando.

Según testimonios de personas que han tenido ECM, la muerte en sí es placentera. Son los familiares y allegados los que perciben este proceso como de dolor. Se dice que es un paso tan agradable que seguramente es la razón por la que se ha mantenido a la humanidad temiéndola, porque de otra manera nadie buscaría conservar con vida su cuerpo físico, todos buscarían llegar al otro lado, lo que sería un obstáculo para la evolución, porque es de suma importancia que cada ser humano pase por el mundo físico y aprenda a dominar la materia, que es soltar los apegos terrenales. Para transmitir mejor parte de nuestra función en la Tierra, transcribo el mensaje del ángel guardián, incluido en el libro *Diario angelical*:

En las mañanas, cuando te despiertes, trata de agradecerle a nuestro Creador todas sus bondades. Enfoca siempre tu atención en las cosas bellas, que son todas bendiciones que nuestro Padre nos da. Él nos ha dado un universo perfecto; no existe ninguna falla en su creación. El mundo que habitas con tu cuerpo físico es un mundo perfecto, con todo lo necesario para cada uno de sus habitantes, y si sientes que no hay suficiente para todos, se debe a que las cosas no están repartidas como Dios dispuso. Tú vives en un mundo donde tu cuerpo físico deberá adquirir la plasticidad necesaria para caminar sin tropiezos por este plano, donde deberás aprender que el planeta material y todo lo que en él existe son apoyos para tu cuerpo físico, no son la finalidad. A medida que despierte tu conciencia, comprenderás que tienes que desarrollar la capacidad de lograr todo lo que quieres en el plano físico, pero no acaparar ni hacer uso de todo. Comprenderás que existen muchos grados de evolución espiritual entre los seres humanos, por lo que deberás ser tolerante con los menos desarrollados, y respetar y aprender de los más desarrollados. Comprenderás que la capacidad de obtener bienes materiales no implica la capacidad de obtener bienes espirituales, aunque no necesariamente deberán contraponerse.

Comprenderás que el amor excesivo por lo material disminuye el amor por lo espiritual. Tu experiencia en la Tierra tiene como propósito que logres el dominio sobre la materia; y no que la pasión por la materia te domine. Comprenderás que los seres cuyo objetivo en esa experiencia física es reunir lo perecedero, cuando abandonen su traje físico, clamarán por una nueva oportunidad para reunir lo imperecedero. Comprenderás que los que no tienen la capacidad de obtener la parte que les toca para sobrevivir en el mundo físico, serán los que más asciendan en los planos no físicos. Comprenderás muchas cosas, cariño mío, y yo te ayudaré a llegar a ese razonamiento, pero será de forma gradual porque no quiero que te sientas abrumado.

Ahora ven, toma mi mano, quiero que caminemos un rato, quiero que caminemos sobre el mundo físico. Quiero que veas todo: lo que te agrada y lo que te desagrada. Después, quiero que anotes lo que quisieras que cambiara, y cómo sientes que puede cambiar; al hacerlo, estarás favoreciendo el cambio porque, ¿sabes?, el cambio empezará en ti y tú provocarás ese cambio positivo que hará que el mundo sea como tú quieres.

Te amo profundamente.

Tu ángel guardián

Puntos por donde se puede retirar el alma al morir

Ejercítate en la piedad. Los ejercicios corporales
sirven para poco: en cambio, la piedad es
provechosa para todo, pues tiene la promesa
de la vida, de la presente y de la futura.
Timoteo 4: 7-8

Existen tres puntos de abstracción por donde puede retirarse el alma al abandonar el cuerpo material, y como veremos más adelante, cada una de estas puertas de salida conducen a un espacio diferente. Estos puntos son:

1. *La cabeza.* Es el lugar por donde con facilidad pueden retirarse los seres que están entregados al mundo espiritual. Los que aspiran y trabajan por estar desapegados de las cosas materiales y de los placeres mundanos, y entregan

210

su tiempo para servir a Dios y a los demás. Para establecer este camino, es preciso que se rompa la trama del cerebro, pero para esto no existen métodos artificiales, pues es un proceso que debe darse solo, y únicamente sucede con una vida pura, llevando a cabo prácticas de oración en vida, ejercitando la bondad, actos de caridad y vivir en armonía con Dios. Los santos óleos ayudan a iluminar esta salida; hay quienes meditan en un punto de luz a la altura del entrecejo, o practican el ejercicio de retrospección que aparece en el *Manual de ángeles*, volumen 1, y en el volumen 2 de esta obra, en el subtítulo: "Pruebas documentadas del poder de la oración." Sin embargo, si estas prácticas no van acompañadas de una vida de entrega a Dios, el alma saldrá por donde le corresponde, y lo demás será sólo una ayuda para que sea menos denso el espacio al que llegará. La insistencia en los ejercicios para romper la trama del cerebro puede provocar un retraso en la evolución del ser y males crónicos en el cuerpo físico.

2. *El corazón.* Por aquí generalmente salen los que han llevado una vida buena, que se han esforzado por ser honestos y han mantenido cierta aspiración espiritual. Esta salida es la que usa la mayor parte de los seres que se han ocupado de elevar su conciencia hasta Dios, llevando una vida correcta, sin juzgar al prójimo y haciendo actos caritativos.

3. *El plexo solar.* Es el punto por donde se retira la mayor parte de la humanidad. Los individuos que han mantenido un apego a las cosas materiales, los que se han recubierto con más sustancia astral debido a los excesos: placeres desmedidos, pasiones turbulentas, acciones que afectaron incorrectamente la vida de los demás y, en general, poca atención a las cosas espirituales.

La costumbre de auxiliar al difunto cruzando sus manos sobre su plexo solar tiene la finalidad de evitar la salida del alma por esa región y como medida de protección contra fuerzas negativas que intenten sustraer su energía. Es la misma causa de poner un crucifijo u otro símbolo de protección sobre el plexo del difunto. Los egipcios usaban la cruz de *Ankh*.

Se dice que cada puerta de salida lleva a un destino distinto, por lo que si la calidad de vida que llevó el individuo no le abre la puerta que se ubica en la zona de la cabeza, no se puede abrir de manera artificial. La salida por la cabeza corresponde a los verdaderos santos, garantiza la entrada a un plano de inconmensurable belleza, donde se percibe la dicha sublime de estar rodeado de seres que resplandecen celestialmente mientras emiten indescriptible amor.[36] Salir por el corazón, conduce a un estado glorioso que corresponde a las almas buenas que aman a Dios profundamente y se esmeran por ayudar a los demás. El lugar al que entran los que han usado la puerta del plexo solar puede ser tan variable como el estado de conciencia que se manejó en vida. Los ejercicios que se aconsejan para la salida por la cabeza, surtirán efecto sólo si el ser que está a punto de morir tiene la capacidad de entregarse en ese instante, totalmente a Dios. Si es capaz de desprenderse de todas las ataduras terrenales y ponerse sólo en manos de Él. Como esto no es tan fácil cuando no se ha practicado en vida, es probable que la ayuda que se preste al moribundo, tenga el mismo efecto que las oraciones que deberán rezarse después por él: abrirle un espacio de luz para que pueda encontrar la salida fuera del plano nebuloso o astral en el que pudiera hallarse.

Proceso de separación de la esencia de vida de los cuerpos inferiores

Cuando una persona de cualquier edad se ha preparado para el momento en que el alma deba separarse del cuerpo, la disolución se lleva a cabo sin resistencia. Igual sucede cuando la muerte se presenta ya que el cuerpo esté desgastado por los años o después de una enfermedad larga. En estos casos se podría comparar la salida como cuando una semilla se separa suavemente de una fruta muy madura. Pero cuando no hay preparación, como los casos donde se resisten a morirse, o en muertes repentinas como en un accidente o un suicidio, equivaldría a cuando la

---

[36] La imagen de los santos con la llama de fuego sobre la coronilla representa el espíritu que vive sólo para Dios. Lo mismo simboliza el cuadro de Pentecostés con San Judas Tadeo y otros Apóstoles, así como la figura de Buda.

semilla o hueso es arrancado bruscamente de la fruta verde. Sin embargo, este proceso de la separación de la vida en todos los casos es igual, lo único que varía es la forma en que se acepta. En términos generales, es como sigue:

1. Es retirada la energía de vida del cuerpo de carne y hueso, y las partículas de este cuerpo comienzan su proceso de desintegración. El ser sigue vivo en otro plano, pero desde ese instante no se pueden percibir sus acciones porque ya no responde al mundo tridimensional, su conciencia está envuelta en el cuerpo etérico que está unido al cuerpo astral, al mental y al espíritu.

2. Se retira la fuerza de vida del cuerpo etérico y éste queda inerte. El ser sigue vivo, sólo que su conciencia está en el cuerpo astral, que está unido al mental y al espíritu. La separación del cuerpo etérico sucede alrededor de tres y medio días después de la muerte o en el momento en que es cremado el cadáver. En algunos casos puede suceder algún tiempo antes o después, dependiendo de si se trata de un ser positivamente activo espiritualmente o no.

3. Se retira la fuerza vital del cuerpo astral y éste comienza su proceso de desintegración igual que sucede con los cuerpos anteriores. El ser sigue vivo, sólo que ahora su conciencia permanecerá en cada subplano del astral el tiempo que sea necesario, hasta que agote las partículas que, de cada uno, generó en vida.

4. Finalmente, la energía de vida se retira del cuerpo mental y el ser sigue vivo, sólo que ahora su conciencia queda establecida en el alma. Esto sucede cuando el cuerpo mental se ha purificado en los espacios del subplano mental que le corresponden por las partículas inferiores de ese plano que recogió en vida. Es entonces cuando el ser ya identificado con su alma procede su ascensión hacia el quinto plano o paraíso celestial.

El tiempo que dura este proceso depende de la calidad de vida de cada persona, lo cual sólo lo conoce el alma, porque podremos ver seres que aparentan bondad pero en el fondo no lo son tanto. La santidad se logra cuando hay congruencia entre la caridad que se percibe con los actos, pensamientos, intenciones, sentimientos, anhelos, etcétera, y esto desde el mundo material es difícil de conocer, porque vivimos en el mundo de la acción, y el mundo del pensamiento y el del sentimiento no son accesibles desde aquí.

¿Cuánto tiempo después de morir se debe enterrar o cremar el cadáver?

Algunos estudiosos del tema y las tradiciones que nos han legado las diferentes culturas señalan que el hecho de velar el cadáver durante tres días y medio es con miras a que por medio de un proceso místico natural se desalojen las moléculas etéricas que quedan adheridas al cuerpo físico, cuando se retira el alma envuelta en las contrapartes sutiles. Sin embargo, algunos autores, igualmente confiables, establecen que el cuerpo etérico no podrá separarse del cuerpo físico mientras éste exista, por este motivo sugieren que el cadáver sea cremado después de un tiempo prudente. Con el fin de liberar al cuerpo de las adherencias etéricas una vez que llega la muerte, proporcionan un método que puede aplicarse para que la separación se lleve a cabo sin dilación y el cadáver sea cremado o conducido al lugar donde se ha dispuesto su reposo. Este sistema es una forma para ayudar al agonizante a bien morir y, luego, asistirle mentalmente para que aleje su conciencia del mundo material. Si se asiste al ser de esta manera, la cremación puede realizarse dentro de las treinta y seis horas siguientes, pero nunca antes de doce horas. Debido a los reglamentos oficiales, se dificulta velar al difunto durante varios días, por lo que se sugiere la ayuda al agonizante en todos los casos.

El cuerpo etérico ronda al cuerpo físico

Es importante recalcar que en todas las circunstancias es necesario que los deudos se unan mentalmente con el difunto para guiarle y ayudarle por medio de pensamientos de amor y deseos de que llegue bien a su destino. Para esto se debe orar y continuamente estar pidiendo a Dios que encuentre reposo y descanse en paz. Después, cuando se tome la decisión sobre la manera en que se procederá con el cuerpo, es importante actuar como quisiéramos que se comportaran nuestros deudos cuando llegue nuestro momento. Se sugiere que el moribundo, en caso de que sea católico, reciba la asistencia necesaria del sacerdote para confesarse y recibir los sacramentos de Eucaristía y Extremaunción. Una vez que entre en agonía, se le deberá guiar mentalmente para que continúe por el camino de luz. Es importante orar continuamente por él para que reciba asistencia celestial desde antes de partir. En su velorio se deberá procurar que haya calma y tranquilidad, no abandonarle en la sala funeraria, hacer todo lo humanamente posible para que los restos no sean cremados o enterrados antes del tiempo sugerido y, al final, durante el tiempo de la cremación, intensificar las oraciones y pensamientos amorosos. La oración de los deudos es necesaria durante toda la vida. Después de algún tiempo, que pueden ser años, cuando el alma del difunto haya trascendido los espacios difíciles, generalmente avisa a sus deudos mediante sueños. En éstos puede presentarse con una apariencia más joven, sonriente o feliz; otras veces podrá vérsele en un jardín o en un lugar muy bello e iluminado. Algunas veces, cuando partió sin perdonar o lograr el perdón, puede aparecerse ante la persona con una apariencia deteriorada, indicando que aún conserva vestigios astrales del plano del rencor. Este ser puede, al mismo tiempo, manifestarse de manera más agradable ante otra persona con quien no ha quedado saldo pendiente. Siempre es necesaria la oración y, en caso de que no haya habido oportunidad de perdonar o ser perdonado por el difunto antes de su partida, se puede hacer en cualquier momento desde aquí. En páginas posteriores se incluye la oración para perdonar a vivos y muertos.

La razón por la que algunos proponen la cremación como mejor opción es debido a que, según señalan los estudiosos del tema, la mayor parte de los males en el planeta proceden de las entidades descarnadas que se nutren con los efluvios que provienen de los cadáveres. Adicionalmente, cuando se entierra el cuerpo, el doble etéreo tiende a permanecer cerca de él hasta su total desintegración. Con la cremación se evita al etérico estar descendiendo y se produce la total disolución tanto del cuerpo físico como del etérico, permitiendo al ser dentro de su cuerpo astral —con los otros cuerpos interconectados— trasladarse al lugar que le corresponde por vibración.

Estos dibujos fueron tomados del libro *Las formas del pensamiento,* y corresponden a formas vistas por un vidente en un entierro. La figura de la derecha provenía de uno de los asistentes que no se resignaba a la muerte. En el dibujo original predomina el color gris, se ven dos franjas también en tonos de gris pardo y gris plomo, representan depresión, abatimiento y el horror de tener que pasar por esa experiencia. Las franjas indican desesperación y la falta de resignación por la pérdida. Se pudo percibir que el garfio de la imagen descendía hasta la tumba y se enganchaba en el ataúd, lo que indicaba un sentimiento egoísta por retener al que había fallecido. La figura de la izquierda corresponde a otro asistente al mismo funeral. En el dibujo original, contiene colores verde brillante, verde oscuro, dorado, azul, violeta y color rosa. El cono y las estrellas representan los sentimientos de simpatía por los que lloran la pérdida; este asistente comprende el dolor que sufren. El color rosa indica el cariño por el fallecido y por los presentes. El color azul representa devoción, y el violeta indica que es una persona que sabe elevarse espiritualmente. Las estrellas en oro indican que el suceso lo ha conducido a manifestar sus aspiraciones espirituales. En el centro de la forma hay una franja color amarillo claro que significa que comprende intelectualmente lo que está sucediendo y no está sumido en el horror como el primer asistente.

La conservación de formas muertas por medio de la momificación, embalsamamiento o disección de cadáveres, produce una contaminación etérica muy peligrosa para la humanidad. Cuando se exponen, estos cadáveres emiten radiaciones perniciosas que afectan de manera directa a los que están presentes. Sucede cuando se trata de momias expuestas en los museos, incluso cuando los cuerpos inertes son usados en los centros de enseñanza médica o etnológica. Los cadáveres así conservados tienen una forma etérica que se mantiene sobre los lugares donde están expuestos. Se dice que, eventualmente, cuando la humanidad haya elevado su desarrollo espiritual, cuando llegue a merecer vivir sin estas emanaciones nocivas, el fuego llegará para purificar estos cuerpos conservados artificialmente, permitiendo así que los que una vez los animaron puedan descansar en paz. Además, con la cremación irán desapareciendo los cementerios, lugares contaminados y envueltos con una bruma psíquica que —aunque no se puede percibir con los sentidos físicos— perturba a los habitantes del planeta, y de manera directa a los que viven en sus alrededores. Las moléculas que conforman los cuerpos etéricos pueden durar años sobre algunos cadáveres que yacen en los cementerios y que pertenecieron a seres materialistas en extremo. Cuando un cuerpo que perteneció a alguien que ejerció la maldad durante su vida es enterrado o conservado sin haber sido cremado, las moléculas de su doble etéreo pueden persistir durante siglos y ser usadas por una entidad maligna que al tomar posesión de ellas puede manifestarse en las esferas etéricas para incitar a los vivos a llevar a cabo acciones impensables o sólo para sustraerles más fácilmente sus energías. Es por esto que sugieren los especialistas la cremación como medida sanitaria, ya que produce una disociación rápida de los restos físicos, impide al doble etéreo buscar la cercanía del cuerpo material al que perteneció, y debido a que las moléculas etéreas se disuelven y desaparece el cuerpo que formaron, acaba la posibilidad de que éste sea usado como cascarón en magia negra. Después de la cremación, las fuerzas inherentes a las sustancias del plano físico y el etéreo son arrastradas hacia el depósito correspondiente.

Así como los cadáveres de las personas que practicaron la maldad están emitiendo energía nociva, de la misma manera, los que pertenecieron a grandes santos, están emanando su esencia pura en los lugares donde son exhibidos o conservados.

Los cuerpos incorruptibles de algunos santos cumplen con esa función, por esto se trata de preservarlos durante más tiempo, para aprovechar esas emanaciones que a veces pueden ser terapéuticas, sanando y produciendo curaciones milagrosas. En este caso, el alma del santo reposa en el cielo, son sus partículas lumínicas las que siguen bendiciendo.

¿Qué sucede con la criogenia o congelación del cuerpo después de muerto?

La criogenia o congelación del cuerpo (o la cabeza) después de muerto se hace con la intención de resucitarlo posteriormente. De acuerdo con lo que vimos antes, el cuerpo que ha desocupado el alma no puede ser albergado por ella de nuevo, porque cuando alguien muere, el cordón de plata (a través del que es conducida la esencia de vida desde el alma) es cortado y no existe nada que pueda volver a unirlo, por lo que el espíritu que originalmente animó al cuerpo congelado ya no le ocupará más. En un caso así, el alma no puede seguir su camino de ascensión, la conciencia del individuo queda atrapada en un plano inferior sufriendo de manera indescriptible, y dándose cuenta de que la forma física y la etérica que habitó y a las que aún se encuentra atada e imposibilitada, está a merced de siniestras entidades. En la teoría de la reencarnación, el individuo que solicita un servicio de esta naturaleza, una vez que ha fallecido, indica un excesivo apego al mundo material, por lo que su dolor —que se mitigará sólo cuando el cuerpo sea desintegrado— corresponderá al poco esfuerzo que realizó para no dejarse dominar por el mundo sensorial.

En el Nuevo Testamento, cuando se habla de la resurrección del cuerpo, se refiere a un cuerpo glorioso, a un cuerpo con partículas celestiales.

Nosotros, en cambio, somos ciudadanos del cielo, de donde esperamos como salvador a Jesucristo el Señor. Él transformará nuestro frágil cuerpo en un cuerpo glorioso como el suyo, en virtud del poder que tiene para someter todas las cosas.

(Filipenses 3: 20-21)

¿Comprendes por qué no te han entendido?

Cuando el difunto recobra la conciencia en un plano sutil y se da cuenta de que los que están vivos ya no lo ven, si no se ha preparado debidamente para este trascendental viaje, y si no recibe las instrucciones por medio del apoyo de las oraciones a que están obligados sus deudos vivos a proporcionarle, se encuentra confundido, porque no se ha dado cuenta de que ya está muerto, es decir, no sabe que ya no tiene cuerpo físico. Porque cuando el alma se separa del cuerpo físico y luego del etérico, recobra su conciencia en un plano astral parecido al que conoció mientras estaba con vida. Se toca a sí mismo y sabe que tiene un cuerpo objetivo. Observa el lugar donde está y lo ve sólido, golpea un mueble y escucha el sonido que produce. Las cosas que acontecen en el espacio donde ha estado la mayor parte de su vida terrestre, puede percibirlas con cierta vaguedad, si no está muy atado al mundo material, o con más claridad si aún siente la atracción de la materia, y se inquieta sobremanera porque ve a las personas que formaron parte de su vida, pero éstas no lo determinan, no le responden. Cuando el ser lo merece debido a obras buenas que realizó mientras estuvo en la Tierra, recibirá el auxilio de la oración de los que aún están aquí, y con este impulso, otros fallecidos de más evolución se acercarán y le instruirán respecto a su nuevo estado, y es sólo entonces cuando encuentra respuesta a su desconsuelo y comprende por qué los que tienen cuerpo físico no le han entendido y actúan como si no lo vieran.

¿Perjudica al ser que fallece, que sus parientes y amigos lloren por él?

Jesús, al verla llorar, conmovióse en su alma y se conturbó.
Y dijo: "¿Dónde le pusisteis?"
"Ven, Señor", le dijeron, "y lo verás".
Entonces a Jesús se le arrasaron los ojos en lágrimas.
Juan 11: 33-35

Cuando un ser fallece, aún está su doble etérico unido al cuerpo físico y al astral. Esta separación, como hemos insistido, dura aproximadamente tres días en realizarse cuando se entierra el cadáver, o sucede de inmediato con la cremación. Son momentos muy críticos para el alma que se va, por eso se sugiere que haya paz y tranquilidad en el ambiente donde reposan sus restos. En la mayoría de los casos, cuando llega el momento de la muerte, la persona no se ha preparado, aún tiene lazos muy estrechos con las personas y cosas que quedan en el mundo material. Estos lazos, en el mundo etérico son como una especie de plasma que mantiene al difunto atado a las personas y cosas. Cuando los deudos claman y gritan alborotadamente, cuando no se resignan a la separación y le reclaman al difunto por haberse ido, los lazos con que están unidos, que en un principio son como adherencias sutiles, se van volviendo más densas y atrapan al alma, lo que mantiene al ser afianzado en el mundo material. El alma no puede separarse y sufre al saber que los que se quedan le reclaman su partida. Por este motivo, debe tomarse en cuenta el camino tan importante que el ser empieza a recorrer, que se le ayude, que se busquen todos los medios para auxiliarle en este viaje y, sobre todo, permitir que parta en paz.

Cuando un ser querido trasciende, es natural sentir tristeza, pues todas las despedidas, aunque sean temporales como el caso del allegado que se adelanta hacia la eternidad, conmueven el corazón y la tendencia natural es derramar lágrimas. Este es un signo de amor indicando que se extrañará al ser que se va, pero que también lo recordaremos en el fondo de nuestro corazón. No perjudica al que se va que los deudos lloren, esto no debe considerarse como algo incorrecto, pues como vemos en el capítulo 11 del Evangelio según san Juan (en el Nuevo Testamento), hasta Jesús lloró cuando vio la tristeza de Marta, la hermana de Lázaro, al saber del fallecimiento de éste. Lo que afecta al alma que está partiendo, son los gritos, reclamos y exigencias de que no debe abandonar el mundo físico. Recordemos que, cuando alguien fallece, sólo es el cuerpo el que ha sido despojado, porque el ser sigue junto a nosotros, sólo que con su conciencia, en otro plano de existencia.

¿Qué sucede cuando hay gritos, exigencias y reclamos dirigidos al ser que fallece?

Generalmente, el ser que parte tiene su pensamiento puesto en el mundo que está dejando y cualquier reclamo, por pequeño que sea, puede retenerlo en este plano; por esto es muy importante no atormentarlo con gritos, llantos y exigencias. Es deber de los deudos hacer lo posible para que el que se ha ido no sufra por las cosas del mundo material; él debe apartarse de todo lo que pudiera retenerlo en este plano para centrarse sólo en el camino que debe recorrer para llegar a su destino celestial. Hay que intentar pensar que el difunto sólo se ha ido temporalmente, porque en algún momentos todos lo alcanzaremos. Cuando el ser se ha ido, es como si estuviera dormido, no podemos comunicarnos físicamente con él porque no está en su cuerpo. Además, cuando se desprende el alma del cuerpo, el ser entra en un estado de letargo y si se le despierta de este sueño con gritos y alaridos, su sufrimiento es inenarrable pues cada reclamo se convierte en un fluido espeso y elástico que lo atrapa y lo arrastra más hacia el espacio material que es precisamente del que debe salir para comenzar su ascenso.

Los parientes que angustiosamente reclaman la presencia del ser que ya ha partido, son movidos por el gran cariño que le tienen, sienten que le ha sucedido una desgracia y sufren porque creen que fue inútil todo lo que hicieron por ayudarle cuando padecía la enfermedad que al final lo condujo a la tumba. En casos como éste, se puede decir que es una piedad mal comprendida lo que impulsa a los dolientes a llorar desconsoladamente. Sin embargo, muchas veces se trata de una manera de intentar desahogar la conciencia porque no se apoyó debidamente con muestras de cariño y atención al que ha partido. Hay casos también donde los gritos corresponden a una especie de espectáculo que algunos dolientes creen necesario para demostrar amor al que se va. También hay quienes en realidad elevan protestas de reclamo porque les mueve el egoísmo; ya no tendrán quién los mantenga, y se molestan porque el difunto los ha abandonado. En cualquier caso, las vibraciones que derivan de estas exigencias son muy poderosas y peligrosas para el ser que está apenas dando sus primeros pasos en un mundo que se presenta ante él de manera nebulosa y extraña. En ese momento, el ser que parte se encuentra asustado ante el desconocido panorama que le espera, pero al mismo tiempo siente una angustia indescriptible al percibir las voces de reclamo que provienen del mundo que está dejando y su incapacidad de volver para resolver lo que quisiera. Se encuentra suspendido entre un mundo y otro, aún agoniza en el primero y se espanta del segundo. Del primero, como ya expresamos, siente cómo cada reclamo se convierte en una especie de fluido que se engruesa y lo atrapa como tentáculo de pulpo y aunque sintiera que debe impulsarse hacia el mundo que tiene enfrente para traspasar las barreras que lo obstaculizan, esto se vuelve imposible, pues las cadenas energéticas que lo tienen detenido no lo permiten. Este tormento y terrible sufrimiento es la antesala del otro mundo para el indefenso ser que inicia apenas su partida, por esto es muy importante evitar los gritos y reclamos, y procurar que el ambiente que lo rodea sea de armonía, comprensión y caridad.

¿Se puede "ver" a un ser que ya falleció?

De acuerdo con lo abordado en el capítulo "Nuestros cuerpos y las diferentes dimensiones", existen muchos espacios que no son percibidos por el ojo físico, pero cuando se accede a ellos en sueños, por medio de meditaciones, visualizaciones remotas, experiencias fuera del cuerpo, etcétera, se puede "ver" a los habitantes que allí moran. También puede suceder que el que tiene la visión haya entrado accidentalmente a otro plano y en ese momento percibe algo de lo que allí sucede. Cuando se descarta la posibilidad de que la visión sea producto de la imaginación, la percepción puede deberse a cualquiera de las siguientes circunstancias:

1. Puede ser una imagen mental que es enviada por otra persona. Esto puede suceder en el caso de un deseo muy grande de estar reunido con un ser querido, como casos que se reportan de personas que perciben a un ser amado que está falleciendo, o cuando alguna persona se hace presente en el lecho de muerte de un allegado para despedirse.

2. Puede ser el doble etéreo del aparecido. En este caso, el cuerpo debe estar cerca del lugar de la experiencia, porque el doble etérico existe mientras exista el cuerpo material y una vez que éste se descompone, su doble etérico se desintegra y no puede ya ser percibido. Este doble es el que se ve a veces sobre las tumbas.

3. Puede ser otra entidad que usa el cascarón que el difunto ha desechado en un plano para ascender a otro.

4. Puede ser que el testigo de la presencia tenga la capacidad de percibir el plano astral y lo esté viendo durante una visualización remota, una meditación, una experiencia fuera del cuerpo o cercana a la muerte. Recordemos que cuando se tiene la habilidad de entrar en un plano, ese plano se percibe de manera objetiva, porque todo es objetivo en la frecuencia en que vibra. Puede suceder también que sean varias personas las que perciban la presencia. Esto sucede cuando el fallecido ha podido reunir suficiente materia astral para proyectarse.

En sueños es frecuente ver a los que han fallecido. Hay que recordar que cuando dormimos, nuestro cuerpo físico está en la cama pero nuestro cuerpo astral tiene su conciencia en su plano y puede tener experiencias con otros seres vivos o con los que ya trascendieron. Cuando se percibe a un difunto en sueños, de acuerdo a la imagen que de él recibimos, será lo que nos está transmitiendo. Cuanto mejor semblante se le ve, mejor será el lugar al que ha ascendido. Si se le ve triste, enfermo o en condiciones deplorables, esto nos indica que necesita mucha oración. Pero independientemente de si se sueña o no, siempre hay que orar por los difuntos.

¿Por qué hay más fallecimientos durante la noche?

[...] me echaron lejos de mis hermanos, me arrojaron a ese cuerpo de barro, a esa perecedera prisión. ¿Cuándo podré salir de allí? ¿Cuándo la veré destruida? ¿Cuándo triunfaré sobre sus ruinas? Entonces subiré a la morada de la luz, mi patria natural. El ángel liberador

acompañado de sus hermanos vino, y dijo: "Levántate, abandona este mundo, la causa de tus quejas y de tu triste- za, y que un profundo sueño se apodere de esas tenebrosas potencias que han pesado sobre tu existencia."

Libro de Adán: 14

Cuando el alma ya ha decidido separarse de su envoltura terre- nal, los ángeles que deben romper el cordón de plata que une el cuerpo físico con el etérico encuentran menos resistencia del ser cuando la tarea se realiza después de las doce de la noche. Éste es el motivo por el que hay más fallecimientos durante la noche. Después de las ocho de la noche, la emisión de energía pránica disminuye considerablemente, razón por la que tam- poco son recomendables las meditaciones nocturnas, ingerir alimentos pesados o desvelarse.[37] La energía de vida aumenta durante el día —especialmente cuando el sol es más brillante— y disminuye en los días nublados. Durante las horas del día es propicio cargarse de la esencia de vida, y también ser cautos en no malgastarla con pensamientos, sentimientos, palabras y acciones irresponsables o inútiles. Una vida prolongada y con excelente calidad se obtiene cuando la conciencia está enfoca- da en el bien, empezando las actividades desde que amanece y descansando cuando ya no hay emisión pránica que absorber. El estado de ánimo elevado y la oración mejoran la salud.

Después de las doce de la noche las entidades perversas in- tentan sustraer la energía de los seres humanos, por esto vemos que los hechizos malignos y la magia negra es practicada cuando la víctima está con menos energía, a partir de la medianoche. Duran- te el día, cuando se está recibiendo la energía del sol, se vuelve más difícil la actuación de las fuerzas del mal porque el ser humano está más resistente, pero en la noche, cuando ya estas energías han menguado y el ser humano vive de las reservas que reunió durante las horas asoleadas, se propician los ataques malignos. Sin embargo, cuando el ser humano practica una vida recta, con

---

[37] Las meditaciones nocturnas son las meditaciones en el vacío. Cuando no se tiene la preparación adecuada, se está a merced de cualquier fuerza que pueda apoderarse de la mente. Es diferente orar y practicar visuali- zaciones o meditaciones con seres espirituales bajo cuya protección nos ponemos, como con Jesús, la Virgen, los ángeles y con otros seres espiri- tuales elevados a los que tiene devoción el que medita.

pensamientos, sentimientos, palabras y acciones nobles, emite una energía purificadora que aun en las horas nocturnas se encuentra protegido contra las influencias adversas. Esto se debe a que los ángeles, seres de amor, pueden permanecer en el espacio que está iluminado con la luz que emite, pues donde hay luz hay ángeles y, estando ellos presentes, no pueden acercarse entidades que vibran en la oscuridad. Ejemplo de lo anterior lo vemos reflejado en la novela *Drácula* de Bram Stocker.[38] Bram Stocker fue miembro de una sociedad que conservaba secretos referentes a la actuación de las entidades del mal, y la manera en que transmitió alguna información —igual que otros autores esotéricos en sus escritos— fue a través de la obra mencionada, que aunque aparentemente se inspiró en la vida de Vlad V, temido sádico de Transilvania (Rumania) en el siglo XV, la verdad es que aprovechó esta historia para revelar aspectos ocultos de las fuerzas del mal. El conde representa al ente infernal que ya no está conectado a la fuente divina, ya no está unido a Dios por medio del cordón o hilo de vida, por lo que debe abastecerse de la esencia de vida a través de sus víctimas, las jóvenes inocentes. La vida está en la sangre y es por esto que es tan codiciada por los entes sin espíritu eterno a cambio de favores, de hecho la exigen en sacrificios de animales y humanos.[39] Drácula no puede reflejarse en el espejo

---

[38] Bram Stoker (1847-1912) fue miembro de la Aurora Dorada (Golden Dawn), fundada en 1888 en Inglaterra por Wynn Wescott, MacGregor Mathers y William R. Woodman. Existen algunos grupos que en la actualidad aseguran derivar de esta sociedad, aunque hay versiones respecto a que se desintegró un tiempo después de que entrara Aleister Crowley.

[39] Sabemos que el alma de cada ser humano transita por la sangre; a través de ella se puede producir otra vida, pues cada célula tiene en sí partículas de cada uno de los planos: físico, etérico, astral, mental y divino. Cada ser que nace, a partir de una célula humana trae inherente un espíritu individual, eterno e inmortal. Por este motivo la sangre guarda tantos misterios y es usada en los rituales a través de la historia. Esto explica también por qué no es dios el que a partir de una célula puede producir otro ser. Zecharia Sitchin, famoso por las traducciones que realizó de las tablillas mesopotámicas encontradas hace más de cien años, en su obra *Genesis Revisited*, apoyándose en otras fuentes, revela que el nombre Eva, en hebreo significa "Ella que tiene vida", y agrega que el relato bíblico que habla sobre su creación a partir de una costilla de Adán, también se encuentra en los relatos sumerios, sólo que al referir-

porque ya no tiene alma eterna e inmortal, porque es el alma la que debe reflejar la bondad y el amor, el espejo representa la imagen del espíritu, cuando el alma se ha vestido con su traje de novia recubierto de las flores de las virtudes, semeja la perfección del espíritu y puede ser su reflejo fiel. Drácula carece de alma y esta verdad le asalta cada vez que se enfrenta al espejo. A las entidades del mal se les aleja con el símbolo de la cruz, porque la cruz ha sido un signo poderoso a través de la historia de la humanidad, por esto se encuentra en todas las culturas mucho antes de la crucifixión de Jesús. Precisamente por la energía benefactora se emite su forma, por eso nos persignamos para alejar el mal y es la razón por la que se coloca una cruz en el plexo solar del difunto para protegerlo. Los egipcios usaban la cruz de Ankh para este mismo propósito: intentar que el alma no use la puerta de salida del plexo solar y proteger esa puerta contra las incursiones de las entidades del mal. La luz del sol representa la vida de Dios que es eterna, y Drácula debe alejarse de ella, debe ocultarse porque no resiste la emisión directa de la energía de Dios, y por las noches, cuando no hay luz del sol, en la oscuridad ataca. En fin, la novela de Bram Stoker revela mucho de los embates del mal que, por estar literalmente separado de Dios, ya no tiene fuente de energía y para subsistir forzosamente debe sustraerla del humano. Sobre los efectos nocivos de la luz de la luna también son referidos en leyendas como la del hombre lobo.

> *Para el infeliz todos los días son malos, el que tiene alegre el corazón está siempre de fiesta.*
> (Proverbios 15: 15)

El suicidio, ¿qué factores influyen para que se atente contra la propia vida?

La razón más importante por la que se acude al suicidio como supuesta solución a los males es porque erróneamente se cree

---

se a la fuente de vida de Eva, se usa la palabra TI que en sumerio tiene varios significados, entre ellos: vida y costilla, lo que conduce a una percepción diferente a la formación de Eva, que más bien puede ser a partir de una célula (Vida) de Adán (ADN).

que al acabar con el cuerpo material se acaba con la vida. Pero la vida es continua, nunca se agota, podrá terminarse la función del cuerpo físico, pero la vida es de Dios y es eterna. Cuando la persona atenta contra el cuerpo de otra persona o contra el suyo propio, lo único que está haciendo es quitarle al alma la oportunidad de cumplir el tiempo que requiere para adquirir experiencias en el mundo material. Una vez que el individuo da muerte a su cuerpo físico, su conciencia sigue vigente, sólo que en otro plano y sintiendo de manera más angustiosa la situación que lo orilló a interrumpir su estadía en el mundo material. Cuando amanece del otro lado, su frustración es pavorosa porque se encuentra confundido, con una zozobra terrible y se da cuenta de que sólo se despojó de su cuerpo físico. Los pensamientos angustiantes, los sentimientos, las emociones y la desesperación que lo empujaron a acabar con su cuerpo no han desaparecido; ahora es más profundo lo que siente porque ya no tiene el cuerpo de carne y hueso que servía de amortiguador para su dolor.

Debe comprenderse que aun cuando se puede agredir y acabar con el cuerpo físico, ningún ser humano tiene la capacidad de interrumpir la vida, y al intentar hacerlo sólo se enfrentará a circunstancias infinitamente más terribles que aquéllas de las que se deseaba huir. No importa lo que se haga aquí en la Tierra, al llegar del otro lado se debe enfrentar las consecuencias. Las leyes establecidas por Dios se aplican de manera mecánica; cuando se atenta contra ellas, el resultado es doloroso y debe ser absorbido por el que las contraviene.

De acuerdo con estudios realizados por especialistas en el tema, la tendencia al suicidio no se hereda. En algunas familias, cuando alguien se ha suicidado puede establecerse una especie de patrón familiar para huir de las consecuencias de algún acto irresponsable, depresión o incapacidad de llevar a cabo lo necesario para salir adelante. Puede tratarse de personas que nunca aprendieron a enfrentarse a los conflictos y huyen de los retos. En términos generales, el suicidio puede responder a la decepción de encarar una enfermedad terminal, a la cobardía de luchar contra alguna conmoción (como una decepción amorosa, laboral, familiar o social), una pasión terrible o a una desesperante situación que resultó de acciones incorrectas que salen a la luz pública, o simplemente es la salida fácil para un criminal que se encuentra acorralado. Naturalmente existen los casos en que el suicida ha sido incitado desde ínfimos planos por entes oscuros que lo atormentan, incluso a veces se presentan como seres confiables, ya sea disfrazados de ángeles o de seres queridos fallecidos, y conducen a su víctima a la desesperación con sus ataques psíquicos o por medio de engaños le convencen de que estará mejor cuando deje este mundo. En estos casos, cuando el suicidio lo ha cometido alguien que enloqueció, su sufrimiento será menor al que padecerá el suicida que no pudo escapar de la secuela que arrastra las vilezas que realizó. También existen lugares con vibración muy baja, donde entidades del bajo astral pululan e incitan a pensamientos deprimentes que pueden orillar al individuo a percibir el suicidio como alguna fantasía romántica o un escape a sus conflictos. Son lugares contaminados con las lúgubres partículas de otros seres que allí se suicidaron o zonas donde existe mucho dolor, derivado de sufrimiento, injusticia, crímenes o asesinatos que allí se llevaron a cabo.

Acabar con el cuerpo no es escapar de la vida; la persona que comete suicidio llega consciente a otro plano donde está más vivo y siente mayor dolor que cuando llevó a cabo el acto mismo. Es importante que los que tienen tendencias suicidas comprendan que es preferible enfrentar las consecuencias de una situación crítica aquí en la Tierra que en el otro lado, porque de todos modos es algo a lo que no podrá escapar. Pero con el suicidio se tendrán que sufrir los embates de las partículas astrales en un cuerpo más sutil, donde las ráfagas de los sentimientos son tan brutales que su descarga produce un dolor que nada tiene que ver con la levedad del sufrimiento —por muy fuerte que se considere— aquí en la Tierra.

De acuerdo con algunos estudiosos del tema, la tendencia hacia el suicidio se observa por las siguientes razones:

1. Depresión. El suicidio se da con mayor frecuencia en personas con esta tendencia.
2. Disfunción, violencia o abuso en el medio familiar del individuo.
3. Uso de drogas, estupefacientes, fármacos y alcohol. Sustancias que conducen a las personas a un estado de

letargo que, muchas veces de manera inconsciente, las lleva al suicidio, porque creen que su estado normal es evadir sus responsabilidades en el mundo material.

4. Algunos cometen suicidio porque piensan que con esto harán sufrir a los que consideran que les han infringido un dolor. Otras veces, se llega a esta puerta falsa por impulsividad, arrebato o por un carácter irresponsable que se atreve a situaciones, donde sabe que perderá la vida pero no le importa. Hay violencia, desesperación, intolerancia y se quiere tener todo al momento sin ningún esfuerzo.

5. Desesperación. Se carece del valor para esperar pacientemente un resultado que tiene visos de no ser el deseado.

6. El individuo no encuentra nada que le satisfaga en la vida, hay tedio, aburrimiento, vacío. Esto va aumentando a medida que crece el individuo y llega un momento en que siente un vacío tan grande que cree que al matar el cuerpo material le hará estar adormecido e inconsciente por siempre. Con ignorancia, cree que al suicidarse se acaba todo.

7. Problemas emocionales muy fuertes, personalidad rígida que no acepta errores, o trastornos psíquicos.

8. Alteración de algún neurotransmisor cerebral. En este rubro pueden incluirse las personas que escuchan voces o vibraciones densas que literalmente los azotan contra los pisos y las paredes. Las voces internas que conducen al suicidio, en general, son mensajes de entidades de otros planos que han encontrado la forma de llegar a la conciencia del individuo. Esto puede producirse cuando el individuo ha incursionado consciente, inconsciente o juguetonamente, a los espacios de estas entidades perversas abriéndoles un portal conectado a su mente. Este acceso puede darse después de practicar ceremonias y rituales de magia negra o asistir a lugares donde se llevan a cabo, escuchar música con mensajes satánicos o con notas atonales compuesta precisamente para producir ese efecto, practicar ciertos juegos como la güija.

Según la teoría de la reencarnación, ¿el suicidio corresponde a una situación kármica?

Como nube que se disipa y se va, quien baja al sheol *no vuelve a subir; ni torna después a su casa, su morada ya no le conoce.*
Job 7: 9-10

Es importante que se comprenda que, de acuerdo con la teoría de la reencarnación, el suicidio no es una opción para pagar mal karma. Jamás se contempla dentro del destino del ser humano, al contrario, este acto genera karma negativo o doloroso. El suicidio resulta del ejercicio del libre albedrío, altera el orden en el universo, de lo que es responsable el suicida. No se puede considerar el suicidio como el sustituto de una condición de dolor que debía el individuo padecer en la vida terrenal. Un individuo puede tener tendencias al suicidio por situaciones depresivas como las señaladas en párrafos anteriores o por predisposición de vidas previas, pero con el suicidio la persona no podrá aminorar su karma negativo, al contrario, lo incrementa. El dolor que sufrirá después de la separación provocada del cuerpo físico, por penoso, largo y angustiante que sea, tampoco compensará el acto que ha cometido. Dicho de otra manera, el sufrimiento que padece el ser una vez que se deshace del cuerpo físico por medio del suicidio, no se toma en cuenta como sacrificio para liberarse de karma anterior, ni tampoco le sirve para aminorar el acto que ha realizado. En este caso, el sufrimiento se debe a la alteración que se produjo por no completar correctamente con su tarea, ni el periodo al que estaba destinado. Cada uno de nosotros somos como una célula del gran cuerpo de Dios, y al eliminarla, causamos dolor al cuerpo divino y oprimimos la célula, es decir, no podemos matar la célula al destrozarla, la célula sigue consciente y adolorida, y deberá permanecer en este estado el tiempo que le restó de vida en la experiencia que acaba de interrumpir. En una nueva vida, traerá adicionalmente a su karma inmediato el retraso por haber atacado a su cuerpo anterior.

Se habla del sufrimiento del alma del suicida como algo exacerbado porque se considera que, por regla general, el que tiene tendencias suicidas tiene un grado de conciencia mayor que el asesino frío y desalmado; y aunque este último sufre terriblemente —y en ocasiones hay seres de perversidad irreversible cuya conciencia puede perderse para la eternidad—, el dolor moral del que tiene más conciencia es muchísimo mayor que el del inconsciente. Se sabe que existen asesinos que se suicidan cuando están acorralados, pero aun así, su evolución es mucho menor que la del que se suicida por falta de valor ante una situación que corresponde a una prueba que deberá resolver en esta vida.

¿Dónde despierta la conciencia del suicida?

[...] el país de las tinieblas y la oscuridad, la región de tinieblas y desorden, donde la misma luz es oscuridad.
Job 10: 21-22

El suicida nunca pierde la conciencia al acabar con el cuerpo físico. En el instante en que es forzada el alma a separarse brutalmente del cuerpo de carne y hueso, el individuo entra a un plano de desesperanza. No hay palabras para describir la soledad a la que se enfrenta el ser. Es una desolación horrorosa donde el individuo se siente angustiado en un negro espacio interminable, y con el convencimiento pleno de que no existe absolutamente nada ni nadie. Se encuentra hundido en un abismo ante lo que deseó: la nada. Esta nada no es lo que imaginó, pues es terrible, desesperante y más dolorosa que cualquier cosa que jamás pudo imaginar o percibir en las peores pesadillas. Quiere perder la conciencia y lo único que discierne le llega a través de grotescas vibraciones, que dentro de su desesperanza, interpreta como que su estado perdurará para siempre. Allí no tiene deseos de nada, sólo quiere ausencia, perder el conocimiento, sumergirse en el olvido, en la nada, no existir; no desea ayuda, no puede razonar para arrepentirse de haber interrumpido el destino que se le había preparado, sólo siente una desolación y clama, internamente, lleno de angustia y dolor.

Este estado de aislamiento total es conocido como *avichi* o *avitchi*, palabra sánscrita que significa "sin vibraciones", "sin ondas", y se considera el último de los ocho infiernos en el hinduismo. Se dice que hay quienes interpretan este lugar como un espacio de total sufrimiento, lleno de hogueras y con demonios produciendo los dolores más inimaginables. Es un estado de sufrimiento sin igual, donde se siente la separación de Dios y de todo ser en el universo. El *avitchi* es el estado espiritual de desesperación, donde no existe lugar para arrepentirse.

Entre los judíos, este estado se conoce como *sheol*, se dice que la sola palabra inspira terror. *Sheol* se refiere a la vida silenciosa en una total tristeza, angustia y depresión infinita y, sobre todo, con el conocimiento pleno de no tener ninguna relación con Dios y sin esperanzas de contar con su celestial cercanía en el futuro. Se refiere a la conciencia de los seres que, por su conducta incorrecta en la Tierra, descienden a una estancia terrible, a un lugar sombrío y triste donde se sienten abandonados y sin ningún consuelo para su espantoso dolor. Es un lugar aterrador, oscuro, con un sufrimiento irremediable, donde existe una privación de todo lo que representa la luz. Es el lugar del crujir de dientes, donde los que han fallecido y merecen estar allí permanecen en una angustiante supervivencia, con una conciencia plena de que se está separado de Dios y de todo lo que tiene vida. Es como flotar depresiva y angustiosamente en el espacio, sabiendo que no existe remedio ni ningún otro ser en el universo; con el conocimiento pleno de que no se perderá la razón jamás. A este espantoso estado de conciencia se ha querido dar una imagen, por lo que antiguamente se recurría a reunir en un solo espacio todo aquello que representa el dolor y el tormento para el ser humano, aunque se sabe que en los planos infernales estas imágenes son reales, es decir, los cuadros de soledad, desesperanza y angustia son percibidos objetivamente por todos los que vibran en la frecuencia del plano, o mejor dicho, para todos los que tienen su conciencia en ese plano. Este estado de conciencia semeja la noche oscura del alma, donde el que la experimenta siente depresión, desesperanza, angustia y se percibe separado de todo lo que vive y palpita en el universo.

En su libro *Protectores invisibles*, C. W. Leadbeater narra la experiencia de un suicida cuando llega al otro lado de esta manera:

> Un suicida en el momento de matarse siente un choque como de fuerza eléctrica, una llamarada de fuego encen-

dido, una agonía concentrada de tejidos que se desgarran, de partes que se separan con violencia, y su estremecido cuerpo etérico es arrancado violentamente de su cuerpo físico, y ciego y alocado se encuentra aún vivo, mientras su cadáver yace inerte. Tras un confuso torbellino de sensaciones, el agonizante lucha, se encuentra en un mundo astral rodeado de lúgubre y densa oscuridad, un ser vil en todos los sentidos, desesperado y abrumado de horror. Los sentimientos que lo empujaron al suicidio, amor traicionado, pasión, temor, celos, aún desgarran las cuerdas de su corazón, y la fuerza de aquellos, que ya no se gastan en mover la pesada masa del cuerpo físico, infligen una agonía mucho más aguda de lo que jamás soñó fuera posible en la Tierra. Su cuerpo astral aún responde a cada palpitación del sentimiento, y cada dolor centuplica su fuerza y los sutiles sentidos contestan a cada oleada de angustia, porque no existe la muralla del cuerpo físico que rompa la fuerza de aquellas olas cuando se precipitan sobre el alma. Se encuentra dentro del mismo infierno, sólo que ahora es un infierno mucho más negro.

Y ahora ve que se le acerca una cosa informe, horripilante, que flota a su lado como llevada por una corriente invisible, sin sentido, ciega, con olores fétidos; el aire se hace más pesado y más pútrido a medida que esa masa deforme se le acerca, es el elemental que ha creado con su monstruosidad, y lo persigue. Él corre, pero ahora aparece por sobre su hombro, mira aterrorizado en torno suyo y siempre está allí... no logra escaparse de él. Donde él corre lo persigue la masa deforme. Trata de escapar y se va hacia abajo... más abajo, en precipicios sin fondo de lóbregos vapores. Luego la masa horripilante que flota sobre él, lo envuelve como una nube. Y él se lanza hacia las cavernas más asquerosas del vicio, donde las almas encadenadas a la tierra se regocijan en las orgías más abyectas. El elemental avanza flotando, se empieza a balancear junto a sus hombros. Esa masa ciega, silenciosa, informe y flotante, con su presencia lúgubre persistente, es enloquecedora, intolerable y, sin embargo, no hay medio de escapar de ella. Luego el suicida exclama: "¡Oh, quién estuviera otra vez en la más horrible de las situaciones sobre la Tierra, en el plano físico!, hambriento, robado, traicionado, abandonado, ofendido, vituperado, atacado, pero en un mundo de hombres fuera de estos horrores insensibles, flotantes, en profundidades sin aire, lúgubres, viscosas."

¿Cuánto permanece la conciencia del suicida en ese estado de angustiosa soledad?

De acuerdo con los estudiosos sobre el tema, es importante aclarar que no todos los suicidas enfrentan el mismo padecimiento, pues es distinto el que se suicida al dar su vida para defender a otro como el autosacrificio de una madre por su hijo, o el acto impuesto a Séneca y a Sócrates, que aquel que lo hace acorralado, intentando escapar de las responsabilidades que creó con sus acciones irresponsables o viles. En cuanto al tiempo que deberá permanecer este último, se dice que es el que corresponde a lo que le faltó vivir en la Tierra antes de suicidarse, y que además deberá volver a cumplir con la tarea que dejó inconclusa. Hay que tomar en cuenta que quien comete suicidio pierde una oportunidad y tiene que repetirla; a veces se incrementan las situaciones angustiantes que lo orillaron a escapar por la puerta falsa. El tiempo que debió cumplir en la Tierra, y que no aprovechó, es una etapa desperdiciada según la ley de la evolución.

La mayoría de los que fallecen caen en una breve inconsciencia para despertar en el espacio astral que por sus actos les corresponde; pero en algunos casos, especialmente los suicidas, no quedan inconscientes y existe una lucha terrible porque el cuerpo astral no puede zafarse del doble etérico y el ser se ve rodeado de una bruma etérica, que lo sume en una angustiosa y terrible soledad, en una desesperanza indescriptible. Esta experiencia produce un sufrimiento que es difícil describir, un dolor que no se parece a ningún padecimiento humano: el individuo queda suspendido e impotente entre dos planos sin poderse comunicar en ninguno. Como se describió antes, se encuentra a merced de las fuerzas que lo sacuden dentro de la tenebrosa bruma etérica, percibiendo con vaguedad a otras figuras semejantes a él. En ocasiones se rasga brevemente la espesa niebla etérea y puede ver dentro del mundo astral, pero en general corresponde a un subplano de baja vibración y le sobreviene un dolor más intenso, no sabe qué hacer y no ansía saberlo, sólo quiere salir de ese estado angustiante y le invade más pavor. Está aterrado y no sabe que con sólo pensar en Dios y pedir asistencia celestial podrá encontrar remedio a su desesperante estado. Cuando los deudos oran por el que fallece, éste recobra suficiente conciencia como para coordinar que puede recibir asistencia divina, y en ese momento de lucidez al pedir amparo a Dios, de inmediato recibe la asistencia de los ángeles quienes lo sacan de esa zona de desesperanza y lo conducen por el camino adecuado.

¿Qué vida le espera a un suicida cuando vuelve a encarnar?

De acuerdo con la teoría de la reencarnación, nadie está calificado para saber exactamente cuál es la naturaleza del castigo o efecto de la ley que un suicida que encarna recibirá en su vida terrenal; además, se debe considerar el motivo que lo orilló a atentar contra la vida que Dios le dio, porque de acuerdo con la causa serán los efectos. Sin embargo, se dice que estará sometido a las privaciones opuestas a las cualidades de las que gozó y desperdició al suicidarse. Es posible que en la vida a la que encarna le sorprenda la muerte cuando más ansia tenga de vivir, o puede nacer con un cuerpo enfermizo debido al daño que le causó al que tuvo en la vida anterior. Se dice que muchas de las enfermedades congénitas responden al abuso que se le dio al cuerpo en una existencia previa. Este abuso puede deberse a un exceso de desenfreno o a un atentado contra el propio cuerpo. Puede ser que muchos anoréxicos y bulímicos de hoy, mañana lleguen con un cuerpo con deficiencias orgánicas, padecimientos intestinales y limitaciones para lograr lo esencial para sobrevivir.

Según algunos autores, cuando finalmente un ser que cometió suicidio reencarna en una vida anterior, puede nacer con poca capacidad intelectual y sin gozar del poder práctico del sentido común. Es probable que en la vida previa donde cometió el suicidio haya sido un intelectual dedicado a la especulación filosófica, sin objetivos espirituales que pudieran aliviarle del aburrimiento y pesimismo que puede albergar una mente con capacidad de análisis, pero con la típica arrogancia del que se cree capaz de escudriñar en el misterio de la vida sin incluir a Dios. En general, un ser así pudo haberse saturado intelectualmente como un poeta, un escritor, un filósofo, un orador, un científico, un hombre famoso, reconocido por méritos en la vida mundana, que una vez que se encontró sin las atenciones y deferencias a los que se acostumbró en una sociedad de sentimientos y gustos cambiantes, quizá optó por salir por la puerta falsa empujado por el tedio y la decepción. En el caso de tratarse de un suicidio cometido por no tener el valor de enfrentarse al castigo que procede a una acción incorrecta, esto es considerado como una huida, y es probable que la vida futura sea ocupada para resolver o pagar lo que quedó pendiente. Esto podría explicar algunos casos de personas que durante la vida le van apareciendo enemigos, contrincantes y antagonistas sin aparente motivo.

Eutanasia

Ya nada me resta sino aguardar la corona de justicia
que me está reservada, y que me dará el señor
en aquel día, como justo juez, y no sólo a mí,
sino también a todos los que deseáis su venida.

Timoteo 4: 8

Todo lo que está disponible para aliviar el dolor por medio del uso de analgésicos corresponde a una oportunidad que se le da al ser, y puede ser usado sin perjuicio para el alma, pero nunca es aceptable el asesinato para el mismo fin, ni aún en casos en que el sufrimiento no puede ser mitigado por medio de la medicina. Cuando el dolor es inevitable, debe suministrarse más amor al paciente, ya que el dolor nos indica que es parte del camino que escogió el alma para la purificación del ser, porque dolor es la concentración de energías que produce una fortísima luz que desintegra las partículas densas que se han adherido a la contraparte astral. Por esto se dice que el dolor purifica, porque drena las impurezas psíquicas. Dolor es cuando el cuerpo físico se convierte en la esponja que absorbe la energía venenosa que resulta de los pensamientos, sentimientos, palabras y acciones irresponsables del que siente el dolor, y permite que el alma se libere de toxinas astrales. Cuando se corta el hilo de la vida porque se quiere evitar el sufrimiento en un ser, en realidad se está obligando a iniciar su retorno al más allá llevando una carga energética que el alma había dispuesto se descargara en la Tierra. Por este motivo, la estancia en los planos purgatorios o de purificación será de más duración y, por consiguiente, de más sufrimiento, pues el alma tenía considerada la cantidad de energías que debían ser drenadas en el cuerpo físico para que no tuviera que cargarlas hasta el otro lado, ya que es menos doloroso soltar las toxinas en el mundo material que en el astral. Según la teoría de la reencarnación, si por medio de la eutanasia se intentan reducir los dolores a un paciente, deberá nacer en un futuro próximo con la suma de dolores y sufrimientos que necesitaba drenar en esta vida. Si falta poco o mucho tiempo para mitigar las penas en la presente vida, será ése el tiempo que vivirá en una próxima encarnación con un mal crónico. Según esta misma teoría, el que propicia la eutanasia, tanto el familiar como el doctor que obedece sus deseos, se verá comprometido kármicamente y deberá cargar con el peso de la responsabilidad de haber cercenado el hilo de vida, cuyo tiempo de permanencia en el cuerpo físico y su retiro sólo debe ser decidido por el alma.

Quien decide usar la eutanasia en un pariente deberá asegurarse de que su deseo no es impulsado por comodidad en vez de caridad, porque con mucha frecuencia se escucha que por piedad se acaba con una vida cuando en realidad el enfermo se había convertido en un estorbo y los familiares se sentían encadenados a la silla de ruedas o al lecho de dolor. Algunas veces, el egoísmo de los parientes es tan grande que ante la sola perspectiva de tener que esclavizarse al cuidado del doliente, al primer síntoma, mientras está sedado o inconsciente, deciden privarle de la vida arguyendo que es para evitarle la vergüenza de que se vea reducido y convertido en un ser dependiente. No se puede asesinar por compasión.

Corresponde sólo a Dios decidir el momento exacto de la muerte de un individuo, y cualquier intervención para acortar ese proceso puede considerarse como interferencia. Nadie, ni siquiera cuando es petición del mismo doliente, tiene derecho de cortar el hilo de la vida, aun cuando la intención es un bondadoso deseo de no verlo sufrir porque, como se dijo líneas arriba, el dolor, la enfermedad y una agonía prolongada corresponden a una acción de purificación que beneficia al ser que los padece. La ayuda que se le da al paciente debe aliviar el dolor con los remedios disponibles, sin la intención de provocarle la muerte, sólo con el deseo de transmitirle el más grande amor de manera incondicional para abreviarle el sufrimiento; ésta es la única "muerte digna". Se llama ortotanasia a la muerte en condiciones armoniosas con las molestias aliviadas, y esto puede procurársele a todo paciente que es atendido con amor. La eutanasia, según Pablo VI, cuando es con el consentimiento del enfermo, es suicidio, y sin él es homicidio.

Así como no se debe acortar la vida de un individuo, tampoco se debe prolongar el proceso de muerte cuando ya el alma ha decidido partir. Se le llama encarnizamiento terapéutico a la obstinación o ensañamiento terapéuticos, a la aplicación de tratamientos inútiles, que se refieren a forzar a un individuo a seguir respirando cuando ha dejado de funcionar completamente en el mundo material, cuando su conciencia no puede enfocarse en el mundo físico debido a lesiones irreversibles, y yace postrado e inconsciente, y declarado muerto por la ciencia.[40] Conectarlo a máquinas donde se le bombee para

---

[40] Los procedimientos empleados para diagnosticar la muerte cerebral varían en diferentes países, pero todos coinciden en los siguientes signos clínicos: 1) Debe existir coma (ausencia irreversible de respuesta cerebral), con pérdida absoluta de conciencia. 2) Debe existir apnea (que es ausencia de respiración espontánea, necesitando ventilación asistida); paro cardio-respiratorio total e irreversible. 3) Ausencia de reflejos cefálicos y constatación de pupilas fijas no reactivas: a) ausencia de reflejo fotomotor, b) ausencia de reflejo faríngeo, c) ausencia de reflejo corneal al tacto, d) ausencia de reflejo oculovestibular, e) ausencia de reflejos oculocefálicos, tos, faríngeo y deglución. Estos signos deberán persistir interrumpidamente seis horas después de la constatación conjunta. En algunos casos, la observación clínica deberá ser durante doce horas. El criterio anterior no puede ser utilizado cuando se trata de casos reversibles de depresión del tallo como hipotermia o intoxicación con sustancias, fármacos, sedantes o paralizantes de uso en pacientes ventilados

que produzca movimientos respiratorios artificiales es dilatar la salida del alma. La prolongación artificial del movimiento respiratorio de un ser que el médico ya ha confirmado no tiene posibilidad de vivir puede tener efectos contraproducentes para el individuo, ya que el doble etérico es forzado a permanecer cerca del cuerpo material y no se permite al cuerpo astral con las contrapartes superiores separarse por completo y seguir su camino evolutivo. Ésta no es la situación del ser que aún vive pero está inconsciente y se le suministra alimentos por medio de tubos; si este es el caso, al suspender el flujo de nutrientes, se estará dejando que muera de inanición, lo cual también se considera interrumpir una vida. Existen casos semejantes a éste donde el paciente salió del coma, recobró su conocimiento y vivió muchos años más, indicativo que el ser humano no sabe cuándo es el tiempo que el alma decide dejar el cuerpo físico, por lo que no deberá intervenir arguyendo que se está cometiendo un acto de caridad al acelerar la muerte. Hoy, precisamente, cuando escribo este apartado, tuve oportunidad de ver un programa que trataba de una víctima mordida por una serpiente mamba negra, que tuvo tiempo de inyectarse un antídoto que la mantuvo consciente pero con aparente muerte cerebral. Cuando los médicos la examinaron y comprobaron que no tenía ningún tipo de actividad que indicara que estaba viva, su opinión fue que lo más adecuado sería desconectarla de la bomba que la mantenía respirando. La víctima declara que estaba consciente y se sentía desesperada por hacer llegar una señal a los doctores para que supieran que estaba viva, pero sin poderse comunicar. Finalmente, después de algún tiempo, pudo mover un dedo de la mano y una enfermera se dio cuenta de ello. Ejemplos hay muchos de casos similares donde, por una gracia especial, el paciente pudo recobrar la conciencia antes de que fuera desconectado y dispuesto como cadáver; naturalmente deben existir muchos otros que no tuvieron esa oportunidad.

(ver el caso de Colin, en líneas adelante). Tristemente, debido al materialismo, a la pérdida de la práctica de los valores elementales y a la codicia, a veces por lograr beneficios monetarios a cambio de órganos, algunos médicos diagnostican precipitadamente muerte cerebral, frase que supuestamente se acuñó a partir del interés por conseguir, precisamente, órganos para trasplantes.

Sogyal Rimpoché, en *El libro tibetano de la vida y de la muerte*, refiere la observación de Cicely Saunders, pionera del movimiento de los hospicios y fundadora del hospicio londinense St. Christopher, quien al manifestarse en contra de la eutanasia declara:[41] "Si uno de nuestros pacientes solicita eutanasia, eso quiere decir que no estamos haciendo bien nuestro trabajo."

Importancia de la ayuda al difunto, ¿qué sucede después de la muerte?

Lo que era débil ha descendido al féretro;
lo que estaba cansado ha descansado en el sepulcro.
En cuanto a tus obras, oh alma, subirán contigo y
vendrán a atestiguar. No sólo tus obras, sino también
las gracias que has recibido. ¡Esos son tus testigos!
¡Esos son para ti que has sido fiel, tus defensores!
Por eso el ángel de la vida te cogerá de la mano
y te dirá: "¡Ven a mí! Ven a vivir en la morada de la paz,
en la morada de la luz eterna. ¡La vida es pura!"
Libro de Adán: 21

En los minutos siguientes a la muerte, cuando es el caso de un ser que no se ha preparado para este viaje, éste se encuentra lleno de confusión, asustado y sin comprender qué es lo que está sucediendo. Muchas veces está semiinconsciente, pero hay casos en que el ser entra a un estado donde no tiene control sobre las energías que le rodean, y éstas pueden agitarlo interna y externamente. Es un mundo donde las energías que allí se encuentran corresponden a ráfagas de plasma de pensamientos, sentimientos y palabras irresponsables que provienen de todos los habitantes del mundo. Son estos los momentos cuando el recién fallecido más necesita de personas bondadosas que le guíen. Necesita que se le explique algo sobre el nuevo estado en que se encuentra, requiere de las palabras de consuelo y de

---

[41] Los hospicios son centros dedicados al cuidado de personas con enfermedades graves o terminales, o para personas pobres, donde se procura suministrarles el máximo cuidado, consuelo, aliento, comprensión y amor incondicional mientras se les prepara para el viaje.

comprensión de sus deudos y, sobre todo, anhela la dulce brisa que emiten los pensamientos de amor y las oraciones que se elevan para auxiliarle.[42]

Al morir la persona, según vimos, entra en otro plano cuya vibración es distinta a la del plano físico que acaba de abandonar, pero el ser no cambia, lo único que sucede es que descarta el cuerpo material, él sigue tan consciente como cuando habitaba el mundo físico con su envoltura física. Al llegar al otro plano, la parte de él que está activa es la que tiene la sustancia del plano donde recobra su conciencia. Es decir, su revestimiento es de ese plano y su conciencia está puesta en ese plano. ¿Adquiere más sabiduría, gracias, dones, talentos o entrega espiritual por haber desechado el cuerpo físico? No. Sigue siendo exactamente igual que cuando dejó el mundo físico. Si tenía desarrollo espiritual, allá lo tendrá; si poseía fe, virtudes y amor noble, allá seguirá teniéndolos. Si era un hombre sabio, seguirá igual del otro lado. Sin embargo, si carecía de fe en Dios, o si era egoísta y no practicaba ninguna virtud; si nunca desarrolló el intelecto, allá también continuará igual. La muerte no es el rasero que empareja a todos, ni es un baño que con sus aguas a todos convierte en buenos y sabios; lo único que sucede es que a todos los hace enfrentarse a su verdadera realidad. De acuerdo con lo que se vivió en la Tierra, es lo que espera al ser cuando fallece, lo que desarrolló mientras tuvo cuerpo físico será su testigo, las buenas obras que realizó, todo su esfuerzo por ejercitar el bien, por dar amor noble, consolando, apoyando, ayudando a los demás, serán sus méritos. La Biblia contiene muchos versículos que mencionan la importancia de las buenas obras. Transcribimos algunos:

"Yo, el Señor, soy el que escudriño los corazones y el que examina los afectos, y doy a cada uno la paga según su proceder, y conforme al mérito de sus obras."

(Jeremías 17: 10)

---

[42] En los otros planos no existe el pasado y el futuro que conocemos aquí, y un ser puede estar viviendo un presente angustioso desde el momento que dejó su cuerpo material, por este motivo se debe pedir siempre por él y hablarle como si acabara de partir. Si el ser ha trascendido a otro espacio más glorioso, de todas maneras recibirá nuestra petición amorosa por su bienestar, como un bálsamo de dulzura que le dará el impulso para seguir ascendiendo. Todos los que han partido necesitan nuestras oraciones, no importa cuánto tiempo ha transcurrido ni cuán santo lo consideremos.

"Quien siembra injusticia cosechará la desgracia."

(Proverbios 22: 8)

"Cada uno recibirá su propio salario en la medida de su trabajo."

(Corintios 2: 8)

"Examine cada uno sus propias obras, porque cada cual cargará con su propio fardo."

(Gálatas 6: 4)

"Es forzoso que todos comparezcamos ante el tribunal de Cristo, para que cada uno reciba el pago debido a las buenas o malas obras que haya hecho mientras ha estado en este mundo revestido de su cuerpo."

(Corintios 5: 10)

"Lo que el hombre sembrare, eso recogerá. No nos cansemos pues, de hacer el bien; porque si perseveramos, a su tiempo recogeremos el fruto."

(Gálatas 6: 8-9)

"Cada uno, ya sea esclavo o libre, estamos ciertos de que recibirá del Señor el pago del bien que hiciera."

(Efesos 6: 8)

"Dios, sin acepción de personas, juzga a cada cual según el mérito de sus obras."

(Pedro 1: 17)

"El Señor dará el pago conforme a las obras."

(Timoteo 4: 14)

"Os pagaré, dice el Señor, a cada uno según vuestras obras."
(Apocalipsis 2: 23)

"El Hijo del hombre ha de venir revestido de la gloria de su Padre acompañado de sus ángeles, y entonces dará el pago a cada uno conforme a sus obras."

(Mateo 16: 27)

"El Señor viene con miles de ángeles para juzgar a todos. Pedirá cuentas a los que se burlan del bien, por todas las veces que actuaron burlándose de Él y castigará a los pecadores enemigos de Dios por todas las palabras injuriosas que profirieron en su contra."

(Judas 15)

"Pues llegará el día en que todos los que estén en los sepulcros oirán la voz del Hijo de Dios, y los que hayan hecho obras buenas resucitarán para la vida; pero los que las hicieron malas, resucitarán para ser condenados."

(Juan 5: 28-29)

"Mirad que vengo pronto y traigo conmigo mi galardón para recompensar a cada uno según sus obras."

(Apocalipsis 22: 12)

Con lo anterior, se comprende que todos los seres humanos necesitan oración, pero especialmente a la hora de la muerte, momento en que se deberá incrementar y prolongar durante todo el tiempo que los deudos vivan. Cuando el individuo está muy apegado a las cosas terrenales y ha llevado una vida deshonesta, llevando a cabo actos viles, cuando fallece y si no se ha practicado la cremación al cadáver o no se le ha ayudado con ejercicios para que el cuerpo físico se separe, al tercer día cuando el cuerpo astral debe desprenderse del cuerpo etérico, está tan aferrado que se queda rodeado de materia etérica y atormentado sin saber qué hacer. Es por esto que resulta imprescindible la oración de los deudos, y la razón por la que hay que rezar por todas las almas que se separan de la existencia terrenal. A veces, una sola oración es suficiente para que la luz llegue al ser errante que vive en la confusión; sin embargo hay otros seres que requieren más, por lo que no debemos escatimarla, especialmente cuando se trata de seres queridos. Además de la oración, también podemos prestarles apoyo por medio de actos de caridad en su nombre, como ayudar a los ancianos, a los huérfanos, a los enfermos, o dar contribuciones en su honor a centros de beneficencia, hospitales, orfanatos o asilos. También, cada vez que escuchemos su nombre, mentalmente, podemos pedir a Dios que lo tenga en su gloria.

Sin importar el tiempo en que ha dejado el mundo material, se sugiere comunicarse mentalmente con la persona que ha fallecido y decirle que deberá repetir continuamente:[43] "Jesús, mi Dios, quiero estar contigo. Ilumíname con tu luz. ¡Jesús abrázame! ¡Jesús ayúdame! ¡Jesús, tómame en tus brazos y cúbreme con tu manto!"

Es necesario acostumbrarnos a tener el pensamiento en el mundo espiritual

Revestíos de las armas de Dios para resistir
a las acechanzas del Diablo.
Efesios 6: 11

En el mundo tan agitado en el que vivimos es bastante difícil tener momentos de introspección, pero una manera sencilla es poner nuestra atención en Dios y en su mundo en cualquier lugar donde nos encontremos. Así, estaremos siempre preparados para cualquier eventualidad. No debemos esperar tener una edad avanzada o una salud deficiente para acercarnos a Dios; tampoco se trata de llevar a cabo fastidiosas dinámicas o postrarnos en oración todo el tiempo. Sabemos que somos seres evolucionando y nuestra tendencia es permitir que sea el cuerpo emocional el que nos controle, pero nosotros podemos ejercitar nuestra fuerza de voluntad y someter a este cuerpo de emociones, que se vuelve intolerable con toda clase de exigencias materiales, emociones fuertes, pasiones, deseos desmedidos, ansias insaciables, caprichos, etcétera. Es importante recordar que nuestro crecimiento depende del control que logremos sobre este cuerpo. Un paso para iniciarlo es pedir ayuda a nuestro ángel guardián quien se encargará de mostrarnos los medios adecuados para lograrlo. Aun cuando tengamos que participar en grupos, reuniones, fiestas o eventos, podemos

---

[43] Esto es en el caso de una persona de la fe cristiana. Si ha profesado otra religión durante su vida, se deberá permitir que mencione el nombre del Dios que ella use. Recordemos que Padre Nuestro que está en los Cielos sólo hay Uno, y cada persona le llamará por el nombre con el que aprendió a dirigirse a ÉL.

hacer un espacio cada día para aquietar al cuerpo emocional; por ejemplo, al escuchar música suave y agradable, que no emite notas tendenciosas, belicosas o agresivas; también poniendo nuestro pensamiento en el mundo espiritual, hablar con Dios, con Jesús, con la Virgen, o con nuestro ángel. Debemos procurar estar en un ambiente agradable aunque sea unos momentos cada día antes de retirarnos a dormir. Podemos conversar con Dios o con nuestro ángel aun cuando estamos en una reunión, haciendo una diligencia o en la calle. Es importante tomar en cuenta que cuando se tiene la mente ocupada con pensamientos elevados —constructivos, positivos, espirituales—, que no emitan partículas densas, nuestro campo de acción, nuestro espacio áurico se encontrará protegido con la luz que emitimos y se dificultará el acceso a elementales o entidades de baja frecuencia que pudieran rondarnos. Así, estamos a salvo de las embestidas psíquicas del bajo astral.

Todos los seres humanos tenemos un ángel guardián que nos asiste, y cuando ponemos nuestra atención en él, iluminamos su entrada a nuestra vida. Él espera pacientemente para conducirnos con amor por las experiencias terrenales que tenemos que vivir; buscar su apoyo es primordial para comenzar a disciplinar nuestra mente para que cuando llegue el momento que nuestra alma decida salir del cuerpo, no nos encontremos angustiados y deseando tener otra oportunidad para rectificar las cosas. Asimismo, es necesario conocer y recordar cinco puntos básicos:

1. Tu espíritu es eterno e inmortal. Sin embargo, tu conciencia individual podrá integrarse a tu espíritu sólo cuando te esfuerzas por llevar una vida recta, amando a Dios sobre todas las cosas y al prójimo como a ti mismo. El espíritu es eterno e inmortal, pero para que tu conciencia sea eterna, deberás trasladarla hacia tu alma. Recuerda que a tu alma sólo asciende lo que vibra en pureza —pensamientos, sentimientos, palabras y acciones nobles—, porque todos los incorrectos no tienen suficiente vibración para elevarse, se quedan en los planos que no son eternos.

2. Deberás aprender a controlar tu mente, porque sólo cuando aprendas a serenarte y armonizar tu actividad

mental, tendrás plena conciencia de Dios y podrás unirte a Él en oración.

3. Recuerda que tu cuerpo físico es sólo una vestidura de tu espíritu que vive dentro.

4. Comprende que sólo existe vida, esencia divina que penetra todas las formas visibles. No existe la muerte. Recuerda que la muerte no es ninguna entidad, cosa o sustancia; sólo es el momento en que se retira la esencia de vida. No te separarás de nada más que de tu cuerpo de carne y hueso cuando llegue ese momento, pues seguirás igual de consciente que como lo estás ahora, la diferencia es que los que siguen con cuerpo físico ya no podrán verte.

5. Aprende a separar tu conciencia de las formas y pon tu atención en Dios. Esto se logra con introspección y conversando internamente con Él. Recuerda: sólo existe VIDA, y tú la recibes directamente de Dios porque eres su hijo, estás UNIDO a Él recibiendo su aliento durante toda la eternidad porque te ama profundamente.

6. Recuerda amorosamente a los que han partido, pues en la medida en que tú les envíes pensamientos de amor y oraciones, será el apoyo que recibirás cuando inicies este viaje trascendental.

¿Cómo ayudar a quien está a punto de morir?

Lo más importante a la hora de ayudar es tener el corazón pleno de amor y compasión, recordando que cuando se da amor, para quien lo recibe cualquier sufrimiento es tolerable. Ese amor debe ofrecerse de manera incondicional, sin egoísmos, sin esperar nada a cambio, porque vivimos momentos de tanto materialismo que cuando una persona está en el momento final de su existencia, generalmente ha pasado ya por tantos sinsabores y decepciones relacionados con el aspecto económico, que es indispensable no alterarle más al obviarle cualquier interés material cuando se le prepara para despedirse de este mundo y enfrentarse al que le espera. Antes de comenzar cualquier ayuda, es preciso pedir apoyo divino para no equivocarnos, por ello se sugiere invocar a nuestro ángel, para pedirle que nos acompañe; podemos visualizar que nos abraza y cobija con sus alas. Entonces, hay que repetir: "Oh, Espíritu Santo, amor del Padre y del Hijo, inspírame siempre lo que debo hacer y lo que debo evitar. Lo que debo decir y lo que debo pensar para procurar tu gloria y el bien para el alma que quiero auxiliar. Amén."

Es de suma importancia que al ayudar a bien morir, no tratemos de hacer cambiar de religión al moribundo, porque en vez de auxiliar podremos producirle una confusión terrible al señalarle en el lecho de muerte que la fe que ha practicado durante toda su vida es errónea.[44]

Esto podría sumirle en una depresión tal que, probablemente, dejaría de prestar atención a nuestras palabras. Además, es probable que se incremente su nivel de angustia. Por cualquier error provocado por querer imponer nuestro criterio (en todo sentido) a quien está a punto de partir, deberemos responder. Para ayudar al bien morir de las personas y respetar su credo, podemos elevar a su nombre las oraciones que nos son familiares (incluyo algunas en páginas posteriores), y sustituir el nombre de Jesús por Dios. Las invocaciones bíblicas son para personas que creen en Jesucristo.

Asimismo, es preferible que la muerte ocurra en la casa, porque allí la persona se encontrará rodeada de sus seres amados y de las cosas que le son familiares y queridas. Morir en un hospital es demasiado frío, indiferente e impersonal. La actitud robotizada que el enfermo encuentra en los hospitales es probable que derive del propio rechazo que se tiene a la muerte; comprometerse sentimentalmente con un moribundo nos recuerda demasiado aquello a lo que tenemos que enfrentarnos, y para lo cual poco nos hemos preparado. Ante los avances de la ciencia, la mayor parte de los médicos actuales

---

[44] No nos referimos al moribundo que ha pertenecido a una secta de la oscuridad, porque si este es el caso, se le deberá animar a congraciarse con Dios al final de su existencia; si acepta, siempre es indispensable buscar ayuda de un sacerdote o de un experto, porque según algunos testimonios de quienes han intentado ayudar en situaciones de esta naturaleza, han sufrido tales agresiones de parte de las fuerzas invisibles que se les dificultaba el auxilio que querían dar. Si el moribundo rechaza la liberación, se sugiere sólo rezar la Oración a Dios, de acuerdo a su voluntad, para que el alma pueda encontrar apoyo. Todo debe realizarse en silencio y lejos de la vista del moribundo.

tienen menor relación con el paciente y su sufrimiento. La humanidad se ha despersonalizado a tal grado por el progreso que ya casi todo se hace a través de máquinas y botones; esta falta del contacto cálido entre personas ha producido una comunicación casi nula entre personas que viven una experiencia mancomunada: profesor-alumno, doctor-paciente, y así se extienden los ejemplos hasta en el campo bélico, donde los enfrentamientos también son a través de máquinas y botones. Parece que todo está organizado para producir una sociedad ajena a los verdaderos conflictos y sentimientos humanos; para que la muerte parezca algo que no pertenece a nuestra civilización. Esta actitud ha conducido a la humanidad a crear un escudo de indiferencia tal que tranquilamente puede soslayar la crueldad de algunos gobernantes que declaran guerras innecesarias produciendo la muerte de miles y condenando al sufrimiento a otros tantos. Tomando en consideración estos puntos, cuando un ser querido ha de fallecer en un hospital, es importante que los familiares y seres allegados colaboren para que ese momento de indescriptible trascendencia se realice con toda la armonía posible y el moribundo se encuentre rodeado de amor y comprensión.

Cuando sentimos un gran susto, un temor incontrolable o un ataque de fobia, hay un nerviosismo tan grande que se vuelve difícil hablar y compartir. La persona en estos casos no sabe qué es lo que desea, pero en el primer momento quiere estar sola, no desea que le hagan preguntas ni que traten de consolarla. Generalmente esta es la conducta ante un terror inmediato, pero el pavor que se tiene ante la noticia de encontrarse ante las puertas de la muerte, es indescriptible. En ese momento, todo se derrumba. Aunque sabemos que nuestra vida está encaminada hacia la muerte, actuamos como si fuera un mal que sólo le sucederá a los demás; pero cuando se está cerca de un enfermo terminal, se tiene una percepción diferente y nos vemos obligados a poner nuestra atención en ese proceso y a considerar que es un paso que eventualmente todos daremos. En esos momentos es probable que tengamos que enfrentarnos a nuestros propios miedos, lo que nos ayuda a sensibilizarnos y ponernos en el lugar del moribundo, estableciendo un acercamiento más genuino. Un punto que es necesario tomar en cuenta es que además de la frustración que le produce al enfermo saber que está próximo a partir, generalmente también le invade un angustioso miedo a casi todo: a sufrir grandes dolores durante el proceso de la enfermedad, a que sus allegados lo vean en un estado lastimoso, a tener que depender de los demás, a perder el respeto de sus familiares y amigos, a perder el control que ha ejercido, a perder todo lo que construyó, lo que forjó, su familia, su trabajo, etcétera. Le asaltan dudas respecto a si actuó con justicia con sus hijos y familiares, si ha dispuesto de manera correcta su legado (si deja alguno), pero sobre todo se encuentra paralizado dentro del miedo a morir que también encierra otros miedos. Le invade el temor ante la duda de que todo se acabará cuando deje el cuerpo físico y después, considerando que existe un más allá donde irá una vez que muera, siente un horror adicional porque no sabe a qué se enfrentará. Ante todos sus temores hay que aprender a transmitirle confianza y compartir con él también nuestros propios miedos, que generalmente son los mismos.

Durante toda la vida se deberá poner atención a lo que llega a nuestra mente, desechar lo que no auspicia nuestro crecimiento espiritual y cultivar el silencio interior. Es muy importante la introspección y mantener un sano ensimismamiento, sin arrogancia y sin intereses egoístas, ya que para conectarnos con el sonido de nuestra alma se requiere entrar en nosotros mismos y con gran humildad, en profundo silencio, permitir el diálogo de amor con Dios. Si por medio de ejercicios, oraciones, meditaciones, pláticas, y más, logramos establecer este contacto, el momento de la muerte será uno apacible y nuestra alma podrá separarse de la envoltura terrenal con tranquilidad, de manera sencilla y sin contaminar nuestro espacio con las energías que provienen del esfuerzo de intentar retrasar la partida. La muerte se vuelve difícil y dolorosa cuando no se controla la mente, porque ésta envía mensajes de temor, resistencia o angustia cuando llega el momento decisivo en que el alma debe partir. Cuanto más desarrollada la capacidad de analizar intelectualmente tiene la persona, más angustia le produce el momento de la muerte. No existe mucha elucubración mental cuando la persona tiene poco desarrollo intelectual o cuando se trata de niños y adolescentes. Cuanto más pequeño el niño, menos temor manifiesta en este trance fundamental.

Como vemos, el pensamiento es el que genera los miedos y angustias en el momento de la muerte, y es por esto que existe la necesidad de disciplinar la mente durante toda la vida, pero en los cruciales instantes que anteceden al retiro del alma de la envoltura material, aún si se ha practicado la meditación y se han ejercitado técnicas de desapego, estos momentos son cruciales y la concentración se vuelve extraordinariamente difícil, y si nos encontramos en la situación de ayudar a alguien que está próximo a morir y lo sabe o lo presiente, y de acuerdo con su voluntad (si desea nuestra ayuda), lo más importante es distraerlo positivamente de aquello que le produce más aflicción. En primer lugar, como vimos, hay que pedir inspiración del Espíritu Santo para elegir la manera más apropiada para auxiliarlo. Hay que proceder inspirados por el amor, manifestar dulzura, comprensión, palabras cariñosas, contacto físico envuelto en profunda ternura, y así lentamente, se deberá ir sustituyendo el pensamiento de miedo por el de confianza. A continuación señalaremos algunos puntos adicionales para tomar en cuenta a la hora de acompañar a un enfermo en fase terminal, pero lo más importante siempre será la capacidad de transmitirle amor, por esto el punto más importante es con un corazón bondadoso estar pendiente de todas sus necesidades, mientras se le habla con dulzura, se le acaricia con ternura y se le muestra un amor incondicional.

1. Durante la enfermedad (o el tiempo de permanencia en el hospital, si es el caso), se sugiere que el enfermo esté rodeado por objetos que para él significan mucho, que sean de alto valor emocional y espiritual, como fotos de sus seres queridos, imágenes o figuras que representen a Jesucristo, la Virgen, los ángeles y los santos. Poner en un lugar visible la figura que represente al ser celestial a quien le tiene mayor devoción. Si es posible, también se podrá hacer un pequeño altar, con flores y agua bendita. Asimismo, se sugiere que el enfermo o moribundo tenga entre sus manos o sobre su cuerpo: una imagen o algún objeto religioso.

2. Si se colgara una cruz o un rosario en la habitación, ya sea de la casa o del hospital, se sugiere que esté frente al moribundo, porque algunas enfermeras informan que cuando la cruz está a la espalda, se ha notado que es más larga la agonía.

3. Se sugiere que los familiares lleven flores, plantas, objetos personales, regalos, cartas o dibujos hechos por los hijos, nietos o sobrinos del enfermo, así como todo lo que sirva para personalizar y hacer más natural y armonioso el ambiente. Si el enfermo no se enfrenta a una muerte inmediata, se le deberá alentar a que realice alguna actividad para distraerse. Sugerirle que practique el pasatiempo que antes disfrutaba, como jugar naipes, dominó, tejer, pintar o escribir, y facilitarle los elementos necesarios, ya sea procurando el material que requiere u organizando grupos que lo distraigan.

4. También es recomendable que el enfermo sienta que sus seres queridos realmente quieren estar con él, por lo que deberán decírselo con frecuencia y con mucho cariño y ternura. Si es posible, deberán llevarle comida casera y preguntarle si necesita algo especial para sentirse más a gusto. Siempre deberá acompañarle un ser querido, si se encuentra en un hospital que requiere permiso, se deberá solicitar para que por las noches siempre esté acompañado por algún familiar, porque es cuando más probabilidades existen de que se libere el alma, y es muy triste enfrentar la muerte sin la asistencia personal o la presencia de un ser amado; y aunque cada día existe más interés entre algunos doctores y enfermeras por ayudar a los que deben partir hacia el más allá, nunca podrán brindar el amor, la paz, la seguridad y la confianza que le dará la sola cercanía de un miembro de su familia, o alguien cercano a él, que lo ama.

5. Durante el tiempo que dure la enfermedad, se deberá poner especial cuidado en mantener un ambiente agradable, de paz, sin sobresaltos ni exabruptos, sin gritos ni reclamos. Si el enfermo lo desea, se le podrá poner música suave o audios de meditación para acercarse a nuestro Padre celestial, a Jesús, a la Virgen y a su ángel guardián. Algún familiar o amigo puede dirigir una pequeña visualización tomando como ejemplo las que insertamos en este mismo capítulo. Si la persona a punto

de morir está en el hospital, deberá solicitarse al personal que no esté entrando continuamente al cuarto, y que dispensen al paciente de las molestias de los exámenes de rutina que se acostumbran, o los medicamentos o inyecciones innecesarias cuando clínicamente ya no hay nada qué hacer. Se sugiere que desde el primer día de ingresado al hospital, los parientes sean amables con los empleados, se presenten afablemente y si es posible dar un pequeño regalo a todos los que asisten al enfermo. Puede ser una medallita, un angelito, una estampa, o cualquier cosa que les permita recordar su fineza y atención. Por esta muestra de atención personal, el familiar enfermo recibe más comprensión y ternura, pues se establece un lazo afectuoso que permite que los empleados lo atiendan con cariño.

6. Si el enfermo es católico, se le debe animar a recibir a un sacerdote para confesarse y para que, amorosamente, le aplique los sacramentos, especialmente los santos óleos, considerados como uno de los auxilios más importantes para un buen desprendimiento del alma con sus contrapartes y su posterior salida por la puerta adecuada. A veces, la extremaunción o santos óleos, ayudan a que el paciente se restablezca. Cuando esté sereno se le puede leer la "Visualización para sentir muy cerca a Jesús", incluida en páginas posteriores. Esta lectura puede hacerla también cuando el paciente está en estado de coma. Todo lo que se exprese al moribundo deberá ser con voz dulce y suave, con breves momentos de silencio entre cada frase, entre cada una de las oraciones, letanías, jaculatorias o invocaciones celestiales. Nada debe ser precipitado, ni deberá el moribundo sentir que se hace sin deseos, sólo por salir del paso. Es de mucha importancia estar cerca de la persona y consolarle. Si es posible tomarle de la mano y transmitirle sentimientos de paz, amor, tranquilidad, bondad, bienestar e inspirarle la confianza de que existe un lugar glorioso al que llegará. Sus parientes deberán mostrarle amor con palabras cariñosas, besarle la frente, las manos, aún si no tenían este tipo de contacto cuando estaba sano, porque en estos momentos, es esencial que

transmitamos amor incondicional, el mismo que nece-sitaremos cuando nos toque dar el paso. Se le deberá pedir que ponga atención en la presencia de Jesucristo, de nuestra Madre celestial, de los santos ángeles o del santo de su devoción. A continuación se sugiere recordar al moribundo cristiano que en la Biblia existen múltiples referencias de la continuación de la vida después de que se abandona el cuerpo material, por lo que él (o ella) no debe angustiarse, sino ponerse en manos de Dios, con la certeza de que será recibido por seres de amor una vez que deje de percibir con los sentidos físicos.

Podrá leerle las siguientes invocaciones bíblicas, versículos plenos de amor y esperanza, propios para consolar al alma que está a punto de partir:

"¿Quién nos apartará del amor de Cristo? ¡Ni la muerte!"

(Romanos 8: 35)

"En la vida y en la muerte, somos del Señor."

(Romanos 14: 8)

"En el cielo tenemos nuestra morada eterna."

(Corintios 5: 1)

"Estaremos siempre con el Señor."

(Tesalonienses 4: 17)

"Veremos al Señor tal cual es."

(Juan 3: 2)

"Estamos seguros de haber pasado de la muerte a la vida, porque amamos a nuestros hermanos."

(Juan 3: 14)

"A ti, Señor, levanto mi alma."

(Salmo 24: 1)

"El Señor es mi luz y mi salvación, ¿a quién temeré?"

(Salmo 26: 1)

"Espero gozar de la dicha del Señor, en el país de la vida."

(Salmo 26: 13)

"Mi alma tiene sed de Dios."

(Salmo 41: 3)

"Aunque camine por cañadas oscuras, nada temo porque tú, Señor, vas conmigo."

(Salmo 22: 4)

"Venid, benditos de mi Padre, a recibir la herencia del reino, preparado para vosotros."

(Mateo 25: 34-13)

"Yo te aseguro que hoy estarás conmigo en el paraíso, dijo el Señor Jesús."

(Lucas 23: 43)

"Dijo el Señor: Voy a prepararos un lugar, para llevaros conmigo."

(Juan 14: 2-3)

"Todo el que crea en el Hijo, tendrá la vida eterna."

(Juan 6: 40)

"Dijo Jesús: Quiero que donde yo esté, también estén conmigo."

(Juan 17: 24)

"Padre, en tus manos encomiendo mi Espíritu."

(Salmo 30: 6)

"Señor Jesús, recibe mi alma."

(Hechos 7: 59)

7. Es crucial considerar que cuando una persona está en coma o falleciendo, está muy consciente, escuchando de manera multiplicada todo lo que ocurre en su entorno; percibe hasta el más leve roce como un gran ruido. Algunas personas que han tenido ECM reportan haber estado muy conscientes y en ocasiones describen con increíble precisión todo lo que sucedía junto a su cuer-

po; han descrito hechos ocurridos en otros lugares del hospital. Por este motivo se debe tener mucho cuidado, manteniendo una actitud amorosa, con suaves y cálidas caricias y un sentimiento de profunda comprensión mientras se le habla al moribundo con palabras dulces y cariñosas. Si es necesario comunicarse con otras personas presentes, deberá hacerse con sutileza, teniendo cuidado de no alarmar al agonizante.

8. Tomemos en consideración que, en algunos casos, el moribundo que sabe que su fin está próximo, está angustiado y profundamente triste porque siente que se está acabando su mundo. Es probable que le invada la culpa por cosas que hizo o dejó de hacer; también puede sentir envidia por los que no están en su trance. En ese momento, desde la perspectiva del mundo material, está perdiendo todo —a su familia, su hogar, su trabajo, sus amistades, su cuerpo—, y si la muerte se precipita después del diagnóstico de una enfermedad terminal, puede ser que aún no haya completado las cinco fases que describe Elizabeth Kübler Ross: rechazo, rabia, regateo, depresión y aceptación; y el momento de la agonía le llegue cuando aún esté en cualquiera de las primeras tres fases, lo que vuelve más dura la agonía. En circunstancias como éstas, es esencial enfocar nuestra atención al alma del ser que está pronto a partir y poner menos atención a lo que manifiesta la personalidad, que a veces puede expresar enojo, rabia, desesperación, reclamos incontrolables y emociones poco agradables. Hay que transmitir amor, aceptación, comprensión y permitir que el enfermo se desahogue; en momentos así no hay que intentar detener sus arrebatos si surgen, y si los agravios nos duelen, es importante ser empáticos y comprender el terrible proceso por el que está pasando, y estar allí, pacientemente, en silencio, con dedicación, entrega y mucho amor. Cuando pase la rabia, el dolor, la impotencia expresada, el llanto o la desesperación, comenzará a tranquilizarse un poco y entonces se le podrá hablar con mucha dulzura, tratando de decirle palabras que le hagan comprender que es natural lo que

está manifestando. También se le puede preguntar qué es lo que él cree que podemos hacer para atenderlo mejor, para ser más útiles. Para servir con entrega es necesario sentir compasión por el enfermo y ponerse en su lugar. Uno debe hacerse preguntas parecidas a éstas: ¿cómo me sentiría si fuera yo quien estuviera dando este paso ahora? ¿Qué es lo que más querría en este momento? ¿Cómo querría que me trataran mis familiares y amigos?

Es preciso que el enfermo note que hay sinceridad en nuestras palabras y un deseo ferviente de servirle con amor. Se sugiere leer "Importancia de disciplinar los pensamientos", así como "Visualización para tranquilizar al moribundo", incluidas adelante en este capítulo.

9. En cuanto a si es prudente participarle al enfermo que está próxima su partida, esto debe ser a juicio de los familiares cercanos. Algunos estudiosos sugieren que es aconsejable hablarle al enfermo con la verdad, y recomendarle que resuelva los asuntos pendientes: dejar el testamento en orden, arreglar papeles, despedirse de los seres amados, soltar rencores, perdonar, recibir información y prepararse para saber cómo viajar al otro lado. Al darle la información al moribundo, siempre se debe pedir asistencia divina del Espíritu Santo para que nuestras palabras no le produzcan más dolor o confusión. Si el enfermo ha pedido o insinuado que no se le dé una mala noticia respecto a su estado de salud, se sugiere respetar su deseo, y en caso de que no tenga en orden su testamento y demás documentos, se deberá encontrar una manera sutil, con mucho tacto, para conducirlo a que tome la decisión de organizar todos sus pendientes, teniendo cuidado de no presionarlo al grado de que parta deprimido y decepcionado del excesivo interés y codicia mostrado por los que le sobrevivirán. Conocemos algunos casos donde no se informó al enfermo terminal que padecía cáncer incurable, lo que permitió que viviera mucho más tiempo que el esperado, llevando una vida, dentro de lo que cabe, normal y sin sentir los dolores vaticinados, hasta casi el

momento final, donde se le suministraron analgésicos; pero ninguno llegó a manifestar el lastimoso estado que presentan algunos enfermos avisados de su partida. En estos casos particulares, los enfermos presintieron que pronto morirían y de forma sutil fueron buscando reconciliarse con sus parientes y amigos distanciados; también por sí mismos, sin ninguna insinuación de terceros, ordenaron sus documentos. Casi podría decirse, que sentían agradecimiento porque no se les reveló la temida verdad.

10. Si el moribundo siente remordimiento por las cosas que hizo o dejó de hacer, y no existe la posibilidad de que se confiese con un sacerdote, se le deberá animar a que mentalmente hable con Dios y le pida sea liberado del peso de la culpa. Adicionalmente, si es el caso, hay que buscar el momento propicio para transmitirle lo liberado que se sentirá una vez que haga las paces con las personas de las que se encuentra distanciado. Es prudente hablarle del perdón, de cómo se disipa la carga una vez que se limpia el corazón dejando atrás el odio, el rencor, el resentimiento y la culpa. En cuanto veamos que accede y siente deseos de reconciliarse con la persona de la que está separado, se le puede sugerir que se comunique con ella por teléfono o por medio de una carta, para lo cual deberá contar también con nuestra asistencia si fuera necesario, tanto para hacer la llamada como para escribir la carta. En caso de que se reúna con la persona a la que desea perdonar o por quien desea ser perdonado, se deberá propiciar el encuentro después de asegurarse de que todo se desenvolverá con tranquilidad y armonía. Si la persona de quien quiere su perdón no tiene deseos de perdonar, no se debe intentar buscar la reunión ya que puede resultar contraproducente, porque si hay alguna reacción negativa, el enfermo puede deprimirse aún más. Es esencial que se le transmita que aunque la otra persona no puede ser localizada o si ya murió, su deseo de perdonar y ser perdonado lo liberará de ese peso y será tomado en consideración cuando llegue del otro lado. En caso de que la muerte llegue antes de que el moribundo pudiera

ejercitar el perdón, se le puede auxiliar con el "Ejercicio del perdón" incluido adelante.

11. Existen casos en que el moribundo no puede morir porque siente que dejará solos y abandonados a sus seres queridos. Debido a esto puede permanecer muchos días en agonía, por lo que se hace necesario que se le transmita la certeza de que todo estará bien cuando él parta. Se le debe permitir que suelte todas las tensiones y asegurarle que tiene el permiso de la familia para que pueda irse en paz. Como esto a veces resulta difícil, los seres queridos pueden hacerlo a través de una pequeña visualización. Primero deben imaginar que están en la cabecera del ser amado hablándole con mucha ternura de la siguiente manera:

Ejercicio para dar permiso al agonizante de que parta en paz

Querido(a) (diga su nombre)_____, todo está bien. Estás a punto de reunirte con Dios, te adelantarás a nosotros, y queremos decirte que nosotros estamos muy bien y no debes ocuparte de las cosas de aquí, porque nosotros podremos solucionarlas. Pasamos juntos muchos momentos bellos pero ahora debes partir, pero nos quedaremos con un recuerdo precioso de tu presencia. No trates de detener tu partida, nosotros te damos permiso para morir. No temas, todo está bien; ahora sólo debes poner atención al bellísimo mundo que te espera. Vete en paz y descansa tranquilo porque nosotros te acompañaremos siempre con nuestro pensamiento y te estaremos enviando bendiciones. Confía en que siempre estaremos orando por ti. Te amamos profundamente y estamos contigo eternamente.

(Este ejercicio es parte del que se incluye adelante bajo el título "Cómo ayudar al difunto durante el velorio".)

12. Si el moribundo lo desea, se le deberá hablar al oído con voz suave y dulce todo el tiempo posible antes de que se produzca la muerte. Si él puede hablar, se le deberá animar a que se aprenda alguna de las jaculatorias, invitándolo a que la recite mentalmente o en voz alta. Se sugiere grabar al enfermo mientras expresa las jaculatorias

para que, posteriormente, las escuche el mayor tiempo posible, especialmente mientras duerme. Si no tiene la fuerza para hacerlo, otra persona podrá prestar su voz para la grabación. Algunas jaculatorias pueden ser como las siguientes: "Sagrado Corazón de Jesús, en ti confío", "Dulce Corazón de María, salva el alma mía", "Jesús, José y María, asistidme en mi última agonía", "Jesús, José y María, con ustedes descanse en paz mi alma", "Corazón agonizante de Jesús, ten misericordia de mí", "Purísimo corazón de María, sé mi salvación", "Madre llena de dolor, haz que cuando expire, mi alma entregue por tus manos al Señor", "Señor San José, patrono del alma mía, cuando mi muerte llegare, tu patrocinio me ampare, y el de Jesús y María".

La oración que sigue puede ser rezada también en esos momentos:

Alma de Cristo, santifícame. Cuerpo de Cristo, sálvame. Agua del costado de Cristo, lávame. Pasión de Cristo, confórtame. Oh buen Jesús, escúchame. Dentro de tus llagas, escóndeme. No permitas que me separe de ti. Del espíritu maligno, defiéndeme. En la hora de la muerte, llámame y mándame ir hasta ti para que, con tus ángeles y santos, te alabe. Por todos los siglos de los siglos. Amén.

Anímele también para que pida a su ángel guardián que lo acompañe en esos momentos con esta oración:

Santo Ángel de mi Guarda, tú me protegiste durante toda mi vida en cuerpo y alma. Siempre has estado conmigo y has visto las altas y las bajas de mi vida. Si no caí, se lo debo especialmente a tu protección celestial. Ahora, mi vida terrena se acerca a su fin. En el umbral de la eternidad te invoco, para que me hagas ahora el mayor servicio de amor: asísteme en la muerte y lleva mi alma ante la faz de Dios y sé ahí mi intercesor. Que la felicidad nos embargue a nosotros dos, que podamos alabar juntos a Dios todopoderoso por la eternidad. Amén.

Si está muy débil, puede repetir continuamente: "Jesús ayúdame, Jesús protégeme, Jesús recíbeme en tus brazos." Se le puede hablar de la importancia del nombre de Jesús, ya que Él nos prometió que todo lo que pidamos en su nombre nos lo concederá, y se le podrá animar a repetir, aunque sea mentalmente, mientras se reza la siguiente oración:

¡Que el santísimo nombre de Jesús esté en mi corazón, en mi boca, en mi lengua! ¡Que el santísimo nombre de Jesús ilumine mi inteligencia, purifique mi fantasía, fortalezca mi voluntad! ¡Que el santísimo nombre de Jesús, esté en mí, que esté sobre mí, que esté delante de mí, que esté a mi lado! ¡Que Él esté en todos mis pensamientos, palabras y acciones! ¡Que el santísimo nombre de Jesús sea mi protección contra todas las celadas y tentaciones malignas! ¡Que el santísimo nombre de Jesús me preserve de todos los pensamientos pesados, de toda falta de ánimo y desaliento! ¡Que el santísimo nombre de Jesús sea mi confianza inacabable, mi fuerza y mi vigor, mi esperanza y confianza en la vida y en la muerte! Amén.

Al final de este capítulo se incluyen más oraciones y jaculatorias.

13. Cuando llegue el momento de la agonía, se deberá pedir ayuda al cielo para actuar con serenidad y acierto, con una petición semejante a:

Divino Espíritu Santo, de acuerdo con la voluntad del Padre y en nombre de nuestro divino Señor Jesucristo, te pido me ilumines con tus divinos dones de fortaleza, consejo, discernimiento y misericordia para ayudar correctamente a (nombre de la persona), en estos momentos. Dios mío, por favor ilumíname y guíame, Gracias. Amén.

Si el sentimiento te embarga y estás descontrolado momentáneamente, pide: "¡Dios mío, dame fortaleza e ilumíname por favor! Gracias. Amén." Acto seguido, procede con mucha suavidad mientras dices al agonizante que ofrezca a Jesús el instante de la muerte con la siguiente oración: "Jesús mío, agonizante por mí en la cruz, acuérdate de tu agonía y de tu muerte santísima; te ofrezco, te consagro el instante de mi agonía y de mi muerte y los uno a tu agonía y a tu muerte. Que tu agonía sea mi vida. Amén."

Recuerda que el ser que está por partir, está más consciente que nunca, y aunque al parecer no está en este mundo, escucha con gran claridad, porque están activos sus oídos sutiles, por lo que puedes pedirle que repita, en su interior, la oración escrita por santa Teresita del Niño Jesús:

Señor mío, se acerca el fin: ¡vuelvo a ti! Un instante nada más y mi alma abandonará la Tierra, habrá terminado su destierro, habrá concluido su combate, al cielo, toco ya mi patria, en mis manos tengo la victoria.

Entraré en la morada de los elegidos, voy a contemplar bellezas jamás soñadas por el ojo humano, voy a escuchar armonías que los oídos jamás escucharon, y disfrutar de goces que jamás gustó el corazón del hombre.

Señor, acuérdate de mí en estos momentos.

Jesús, Hijo de Dios, ten misericordia de mí.

En tus manos, Señor, encomiendo mi espíritu.

Señor Jesús, recibe mi Espíritu.

Santa María, ruega por mí.

San José, ruega por mí.

Amén.

14. En el momento de la exhalación se hará la señal de la cruz sobre la frente del ser que emprende el viaje, y aunque ya haya partido o esté en ese proceso, se le deberá decir con mucha suavidad que pronuncie mentalmente las palabras que Jesús dijo en los últimos momentos: "Padre, en tus manos entrego mi espíritu, Padre, en tus manos entrego mi espíritu, Padre, en tus manos entrego mi espíritu."

Aunque pensemos que ya no escucha, él estará más consciente que nunca, como explicamos, por lo que le diremos que repita: "Jesús, recibe mi alma, Jesús, recibe mi alma, Jesús, recibe mi alma." "Sagrado Corazón de Jesús, en ti confío, Sagrado Corazón de Jesús, en ti confío, Sagrado Corazón de Jesús, en ti confío."

"Dulce Corazón de María, salva el alma mía, Dulce Corazón de María, salva el alma mía, Dulce Corazón de

María, salva el alma mía." "Jesús, José y María, asistidme en mi última agonía, Jesús, José y María, asistidme en mi última agonía, Jesús, José y María, asistidme en mi última agonía."

Después, se le continuará hablando de la siguiente manera:

"Ahora, con tu pensamiento en Jesús, permite que Él llene tu corazón de amor. Funde tu mente con Él. Une tu conciencia a Él, y lleno de confianza en su misericordioso amor, sal tranquilamente del cuerpo por la puerta donde Él te espera. Esa puerta está en lo alto de tu cabeza. ¡Jesús te espera con los brazos abiertos! Porque te ama profundamente. Sal lleno de confianza y entrega hacia los brazos de Jesús."

Ahora, repite mentalmente: "Me uno a Jesús conscientemente. Me entrego a Él plenamente. Salgo del cuerpo a través de la puerta de Dios que está en la parte superior de mi cabeza. Estoy plenamente consciente y así iré a reunirme con Jesús."

A continuación, dile:

Ahora estás saliendo de tu cuerpo y es posible que puedas ver ese cuerpo que estás dejando. En este momento, agradece a Dios por ya no sentir dolor, bendice tu cuerpo y entrégaselo a Dios lleno de agradecimiento por habértelo prestado. Ahora estás libre... ya no estás sujeto a un cuerpo con dolor, ya no estás limitado.

Es probable que veas y escuches a la gente que rodea tu cuerpo. No debes sentirte apegado a ellos, sólo bendícelos y vuelve a poner tu pensamiento en Dios. Recuerda que Dios cuida a vivos y muertos, por esto deja todo en sus manos, y concéntrate en su gran amor. Aunque las personas lloren alrededor del cuerpo que dejas, no te detengas, enfócate en Jesús.

Tal vez en este momento veas a seres queridos que han partido antes que tú. Sonríeles y agradece su presencia. Ellos vienen a apoyarte y a asegurarte que todo está y estará bien.

Es probable que veas cómo tu vida entera pasa ante ti como en una pantalla cinematográfica, de manera retrospectiva —desde este momento hasta el instante de tu nacimiento. Observa con tranquilidad y calma, reconoce los aprendizajes que te dejó esta experiencia. Perdona a todos y a ti también. Bendice a todos y pronuncia: "Dios mío, te adoro."

Ahora, seguramente ves una poderosa luz, como algo que te ciega y quizá sientes que no estás preparado para poner tu atención allí, pero recuerda: ¡debes unirte a esa luz! Sientes que esa luz es Dios, pero, tú nunca estuviste separado de Dios, sólo fue tu mente que te hizo pensar que estabas lejos de Él. Ahora comprendes que tú eres parte de Dios. Pide asistencia a tu ángel guardián para que te guíe hacia ese fulgor divino. Es probable que esta luz esté al final de un túnel, pero no temas, porque tu ángel te guiará hacia allí. Este es un momento supremo, no debes perder la conciencia, sigue hacia esa luz y llegarás a sentir el abrazo celestial del divino y dulce Jesús.

Desde aquí te estaremos enviando bendiciones y estaremos orando para que siempre estés asistido por los ángeles de Dios y reunido con Jesucristo nuestro Señor.

15. Después del fallecimiento, nuevamente se debe pedir ayuda divina para conservar la calma y enfocar nuestro pensamiento en el ser que trasciende. Mentalmente, se puede repetir: "Jesús mío, ayúdame a controlar mis emociones y a proceder de la manera más apropiada. Jesús mío, confío en ti, por favor, guíame. Gracias." Desde el primer momento hay que orar por el fallecido y hacer lo posible porque no sea bruscamente sacado el cadáver del lecho de muerte, sino acompañarle allí el mayor tiempo posible. Los siguientes nueve días son de suma importancia, por lo que deberán hacerse cadenas de oración y meditaciones con el fin de ayudarle a trascender los espacios más nebulosos en el otro lado. Es importante mandar celebrar misas, rezar rosarios, novenas y todas las oraciones propias para que descanse en paz, todo lo cual debe hacerse siempre, pero especialmente en la fecha que corresponde a su fallecimiento, que podrá ser semanalmente al principio, después mensualmente y, finalmente, cada aniversario luctuoso. Mientras tengamos vida, es nuestro deber (por eso somos deudos de los seres amados que se adelantan) orar por nuestros difuntos. En la filosofía oriental se habla de los

cuarenta y nueve días siguientes que son trascendentales para que el ser pueda gozar de una ascensión venturosa y no sea atraído a otra vida cargado de emociones negativas de la existencia que deja.

Música y elementos externos en el momento final

Cuando la persona está falleciendo, hay que considerar que el ambiente debe ser armonioso, tranquilo y sin interferencias de ninguna naturaleza. Entonces se desea la presencia de los ángeles y seres de elevada santidad que ayuden al que está partiendo y, por este motivo, el comportamiento de los presentes deberá ser de recato, respeto y consideración. La música (si se ha de tocar alguna), deberá ser suave, dulce y con vibraciones que armonicen el espacio. Hoy en día hay sonidos musicales creados especialmente para equilibrar los *chakras* y alinear los cuerpos sutiles. Pero cuando el ser está muriendo, está música no es la que se requiere, porque las notas podrán dificultar el aflojamiento de los cuerpos sutiles, que es lo que busca el alma en esos momentos. De acuerdo con algunos autores, no se sabe exactamente cuál es la música apropiada para la separación final, aunque algunos sugieren la música de órgano. Sin embargo, hay otros que opinan que a muchos enfermos les deprimen las melodías ejecutadas con ese instrumento; por lo que se sugieren interpretaciones clásicas que armonicen el ambiente, como las de Bach y Schubert.

La música de percusión tiene muy baja vibración, y sabemos que es la que se utiliza para atraer a las entidades oscuras, por lo que no debe considerarse bajo ninguna circunstancia. Hay personas que por no conocer este tema, piden que cuando mueran se les toque determinada música estruendosa, o alguna con letra tendenciosa que invita a la lujuria, a la borrachera o a la belicosidad. Hay que considerar que el que está partiendo se convierte como en un niño indefenso que está a merced de la bondad de los que quedan vivos; y si nosotros sabemos que la música de nota baja atrae entidades del bajo astral, no debemos exponer a un ser querido a ese tipo de entidades. Sería como si un niño de tres años llegara a conocer a un grupo de personas y le pide a sus papás que lo dejen ir de viaje con ellos. Los papás saben que estas personas son de baja categoría, violadores, asesinos, malvivientes, etcétera, que pueden engañar al pequeño; por lo que sería una irresponsabilidad si dejaran al hijo con gente de esa calaña, aún si lo pide insistentemente.

El aflojamiento de las contrapartes sutiles, en muchas personas al fallecer, se da de manera tranquila, por lo que vemos que en el momento final, al soltar las partículas localizadas en las piernas, algunas personas cruzan los pies en el momento de la expiración. Cuando se percibe cierta dificultad, mientras se acompaña al agonizante, se sugiere estar dándole suaves masajes en las piernas y los brazos, porque esto ayuda al desprendimiento. Algunos estudiosos del tema sugieren pequeños masajes en el cuello, pero esto no es necesario y podría ser contraproducente. Lo que sí ayuda mucho en esos momentos son los santos óleos —que se refiere al movimiento de energías terapéuticas por las manos ungidas del sacerdote— porque se considera que entre sus beneficios se contempla el aflojamiento de las partículas, si es la voluntad del alma salirse, y si no es así, sirve para que ésta se afiance más en el cuerpo; lo que produce a veces los efectos que todos conocemos, que el enfermo se recupera de manera sorpresiva.

Antes del fallecimiento, no es necesario iluminar con velas de un color determinado, ni prender inciensos especiales, ya que esto también podría perturbar al moribundo. Una vez que haya expirado, se podrán encender velas o veladoras blancas mientras se repite un mensaje de amor para el que parte, como:

Querido (nombre de la persona que murió), que estas luces sean un símbolo de la luz perpetua con que Dios te iluminará; que sirvan para conducirte hasta la luz divina de nuestro Padre celestial. Descansa en paz.

Luego repetir: "Dale Señor, el descanso eterno. Brille para él (ella) la luz perpetua. Descanse en paz. Amén."

Amor... Amor... Amor... Y más amor. Es lo más importante para el moribundo, porque AMOR es el nombre de la energía que dios usa para mantener organizado todo lo que de él sale, y cuando usamos esa misma esencia estaremos trabajando directamente con él: amalgamando paz, tranquilidad, fortaleza, entereza, confianza, aceptación y esperanza. Y una vez que estas virtudes se posen en el alma del agonizante, confiará en las promesas divinas, y con sublime aceptación se abandonará en los brazos de Dios.

Importancia de disciplinar los pensamientos para ayudar al ser que se va

Ángel de la sabiduría, desciende sobre mi cuerpo pensante e ilumina todos mis pensamientos.

Oración esenia

Hay que recordar que durante toda la vida le hemos dado la espalda a la información relacionada con la muerte, pocas personas se preparan para el viaje más importante de su vida. Y cuando llega ese momento —en la mayoría de los casos— les invade un pánico indescriptible, por lo que la primera ayuda consiste en procurar que recobren cierta calma y expiren libres de tensión y de la manera más relajada posible. Para ello, se pueden realizar las siguientes acciones:

1. Intentar quitar el pensamiento perturbador más fuerte que el moribundo tenga en su mente. Para esto se debe sustituir lo que le obsesiona en ese momento por un pensamiento de paz y tranquilidad. Se le pide que intente hacer la siguiente visualización pequeña:

Visualización para tranquilizar al moribundo
(Sólo debe realizarse cuando se tiene la certeza de la muerte inminente y el moribundo también lo sabe y él acepta. Si está inconsciente, se le deberá pedir permiso antes de comenzar.)

Tú tienes un ángel guardián que te ama profundamente y siempre está junto a ti. Ahora está a tu lado y quiere consolarte. En este momento, tu ángel está acompañado por cinco ángeles más que han venido hasta ti para apoyarte. Enfoca tu mente en tu respiración y cuando inhales observa a los cinco ángeles junto a ti. Cada uno te está enviando su celestial emanación. Imagina que esta esencia con que te bañan es una luz blanca bellísima que despliegan sobre ti. Son cinco luces que debes absorber... imagina cómo su esencia entra en ti. Imagina al primer ángel, es bellísimo, te sonríe con profundo amor y te cubre con su luz de paz. Inhala completamente esta esencia angelical, luego exhala, así, completamente. Al hacerlo imagina que estás exhalando una especie de humo oscuro que lleva envuelto el miedo. Ahora el miedo se ha retirado, observa cómo se ha ido. Y son los mismos ángeles los que se encargan de eso, ellos están sustrayendo esa energía que te perturba y se encargan de corregirla.

Ahora, profundamente, inhala la luz del otro ángel. Es de amor. Inhala y observa cómo se disipa la sensación de impotencia porque el ángel te está ayudando y así te llenas de amor. Con esta escncia sabes que podrás sentir que Dios está contigo y tienes ayuda celestial. Nada puede faltarte cuando tienes el amor de Dios.

Inhala completamente la luz de otro ángel y observa cómo te llenas de tranquilidad. Ahora exhala, exhala otra nube oscura envuelta de angustia. En este momento no hay angustias, porque la esencia angelical ha hecho el trabajo de absorber este estado de ánimo y tú estás libre de eso. Ahora quiero que pongas tu atención en la luz del otro ángel. Absórbela completamente, es luz de serenidad. Absórbela con la seguridad de que la tensión se disipará. Inhala, inhala profundamente y siente ahora cómo la calma que contiene la luz de este siguiente ángel te cubre completamente. Aspírala con fe, profundamente. Aspírala con intensidad y permite que te invada la gloriosa sensación de calma, porque no hay nada qué temer. Los ángeles están contigo, te confortan, te arrullan, te envuelven con sus dulces emanaciones de paz, de tranquilidad, de amor, de serenidad. Y ahora todo lo percibirás de otra manera, porque todo está bien. Estás en las mejores manos, estás cubierto con las bendiciones de Dios. Están junto a ti sus mensajeros, no hay qué temer, están aquí porque te aman profundamente y porque Jesús los ha enviado para conducirte hacia Él. Ahora esta luz que vas a absorber profundamente, más profundamente que las anteriores, es una luz de confianza plena en la gracia de Dios. Ahora, absorbe profundamente. Amorosamente recibe en esta inhalación más confianza en la gracia de Dios, porque en este momento estás recibiendo perdón, gracia, misericordia y amor a raudales.

Dios te ama profundamente, eres su hijo, nunca te abandona, no hay nada que temer. Descansa en brazos de tu ángel guardián, te ama completamente y él te guiará en el maravilloso paso que estás a punto de dar... Descansa, descansa tranquilo en brazos de tu ángel guardián. Todo está bien. Dios te ama profundamente. Repite mentalmente: "Dios me ama profundamente. Dios me ama profundamente. Dios me ama profundamente. Padre mío, recíbeme con amor. Padre mío, recíbeme con amor. Padre mío, recíbeme con amor."

Visualización para sentir muy cerca la presencia de Jesús
(Debe realizarse en el lecho de muerte. Si es posible, se sugiere mostrar al moribundo una imagen o lámina de Jesús antes de comenzar la visualización, y que la vea detenidamente. También puede leerse después de que el ser fallece.)

Jesús te ama profundamente. Piensa en estas palabras y repite mentalmente: "Jesús me ama. Jesús me ama. Jesús me ama." Ahora, cierra tus ojos y respira profundamente mientras continúas: "Jesús me ama." Inhala una suave esencia de amor que los ángeles transportan hacia ti. Inhala y exhala. Al exhalar imagina que sacas el temor, el miedo, la angustia. Exhala todo esto y visualiza a los ángeles recogiendo las exhalaciones y transformándolas en acariciante brisa de amor. Inhala las emanaciones celestiales que los ángeles depositan en ti, exhala. Ahora, inhala otra vez y repite mentalmente: "Jesús, yo confío en ti. Jesús, yo confío en ti. Jesús, yo confío en ti." Visualiza a Jesús, piensa en Él mientras repites: "Jesús, yo confío en ti. Jesús, yo confío en ti. Jesús, yo confío en ti." Visualiza a Jesús vestido con una túnica blanca: descalzo, lleno de luz, resplandeciente, ¡es bellísimo! Su rostro es divino, iluminado. Observa cómo se acerca dulcemente hacia ti, tiene los brazos abiertos. Ya está frente a ti, te mira con amor, con ternura porque te ama profundamente.

Mientras te extiende sus celestiales brazos, te dice con profunda dulzura: "Hijo mío (o hija mía), te amo, confía en mí." Ahora te acercas a Él, y Él te recibe en sus brazos. Ahora se sienta y te acomodas en su dulce abrazo, apoyas tu cabeza sobre su pecho y Él te acaricia el cabello, toca tu mentón y con mucha ternura, levanta tu rostro hacia Él y te habla, ¡escucha lo que te dice! Escucha con tu corazón, porque Él le habla a tu alma. Recuerda, para hablar con Dios debes cerrar la puerta, la puerta son tus oídos y tus ojos. Ciérralos a los ruidos externos, a las influencias del exterior, a cualquier pensamiento que sea distinto al pensamiento de amor a Dios. En este momento piensa en el amor que le tienes a Dios, no importa si te apartaste algún tiempo de Él, recuerda que Él te ama profundamente y siempre está con los brazos abiertos para recibirte cuando lo quieras, y en este momento tú quieres estar cerca de Él, quieres sentir su gran amor y lo estás sintiendo. Por esto, envíale tu emoción de adoración. Pon tu atención a la voz de Jesús, es la voz que siempre te guiará, la voz que te espera y te transmite paz, tranquilidad, confianza y, sobre todo: incomparable amor. Jesús te habla y te dice: "Estoy tocando la puerta de tu corazón porque te amo y quiero estar muy cerca de ti, para que puedas sentir mi presencia siempre dentro de tu corazón." ¡Ábrele tu corazón! Permite que Jesús entre, imagina tu corazón como un jardín bellísimo con una puerta, la puerta que Jesús está tocando. Acércate a la puerta y ábrela. Observa cómo la figura de Jesús es más gloriosa porque se está manifestando dentro de tu corazón. Ya no está fuera, tú ya lo has recibido en tu corazón junto a tu alma. Ahora, Jesús te dice: "Ven a mí, hijo. Apóyate en mí, confía en mí. Yo soy tu consuelo, cuando te sientas solo, triste, desolado, acuérdate de que estoy en tu corazón. No estoy lejos, estoy junto a tu alma porque tú ya me abriste la puerta para acceder a tu alma. Desde este momento ya no debes sentir temor, no debes dudar. Repite: *Jesús, yo confío en ti.* Pues yo estoy con los brazos abiertos siempre para estrecharte en ellos, para transportarte hacia la luz de nuestro hogar celestial. Quiero que me ames eternamente, quiero que me conozcas más para que siempre puedas confiar en mí. Quiero que sientas el gran amor que tengo por ti, porque eres mi hijo (hija) predilecta y te amo. Apóyate en mí porque yo te amo profundamente. Confía. Ya no hay nada que temer, recuerda, estás en mis brazos: yo te bendigo. Recuerda, en la casa de mi Padre hay muchas moradas, y yo he preparado un lugar para ti. Es un lugar celestial habitado por los seres que te aman. Ahora sabes a dónde vamos y sabes que Yo dirijo el camino porque yo soy el camino, la verdad y la VIDA, y hoy inicias la vida real en mis brazos. Descansa, descansa tranquilo. Todo está bien, estás en mis brazos. Remontémonos a nuestro hogar celestial, y observa a mis ángeles en el camino: todos festejan, todos sonríen porque estás conmigo. Ellos también te aman y se regocijan por tenerte cerca. Descansa en mis brazos. Soy yo, Jesús, hijo mío (hija mía), y te amo."

¿Cómo ayudar al difunto durante el velorio?

*Si yo distribuyera todos mis bienes a los pobres
y entregara mi cuerpo a las llamas,
si no tengo caridad no me sirve de nada.*

Corintios 13: 3

El cuerpo físico es un amortiguador que protege contra los embates de las energías astrales, y cuando el ser deja atrás este cuerpo y no está preparado, se encuentra a merced de desagradables corrientes energéticas. Si estas energías corresponden a vibraciones que le son dirigidas por medio de pensamientos, sentimientos y palabras densas enviadas desde el mundo material, el ser sufre angustiosas perturbaciones, verdaderos impactos de vibraciones agresivas. En la sala donde se lleva a cabo el velorio del difunto, donde se reúnen sus amigos y familiares, por leve que sea la energía emitida, llega al difunto amplificada, porque aunque ya se ha separado del cuerpo, aún se encuentra muy cerca de él, pues el doble etérico permanece junto al cadáver más de tres días después de ser declarado muerto. Cualquier palabra discordante, cualquier opinión negativa, aun cuando sin malicia se recuerdan aventuras y situaciones incorrectas que el difunto realizó en vida, le producen una terrible sensación de dolor. Cuando se hacen comentarios de supuestas acciones erróneas que realizó, de las equivocaciones que tuvo en su vida, de las injusticias que cometió, de los malestares que produjo, etcétera, las vibraciones así formadas le llegan, como venenosos dardos que lo derriban en los espacios donde apenas está aprendiendo a dar sus primeros pasos.

Todo lo que se lleva a cabo en las primeras horas después de haber dejado el cuerpo físico es recibido por el ser de manera contundente, produciéndole dolor cuando se trata de aspectos negativos y llenándolo con suave y acariciante brisa cuando se emiten pensamientos de amor y se complementan con la oración por el descanso de su alma.

No debe considerarse el velorio un evento social para saludar amigos o una reunión para contar chistes o para criticar la vida que llevó el difunto. En el velorio se deberá manejar la delicadeza, un respetuoso silencio y una elevada espiritualidad. El pensamiento de los asistentes deberá estar enfocado a la petición de las presencias angelicales para que asistan al ser que ha trascendido, a enviar amor y bendición y un deseo ferviente de que pronto llegue a los brazos de nuestro Señor. La oración es el combustible que ansían los seres que se adelantan, pues con sus dulces emanaciones se impulsan hacia los espacios de luz.

En principio, es necesario que se comprenda que los gritos y reclamos hacia el ser que se va le perturban y no permiten que se desprenda hacia el sendero de luz que le aguarda. Las lágrimas de tristeza por la despedida son normales y es natural que se derramen, aquí a lo que nos referimos es a los alaridos angustiantes de desesperación, porque sujetan al alma del difunto que permanece inmóvil en las esferas etéricas, y lo que se intenta con las oraciones es que su conciencia se desprenda del plano etérico y se enfoque en un espacio más iluminado. Recordemos que el plano etérico es nebuloso: desagradable.

En la actualidad, es difícil permanecer al lado del difunto durante todo el tiempo que comprende el velorio porque las casas funerarias han adoptado la costumbre de cerrar las puertas por la noche y los deudos deben retirarse. Sin embargo, si no se puede permanecer junto al cadáver se sugiere alejarse lo menos posible y desde donde se esté conectarse mentalmente con el fallecido y consolarle con frecuencia. Se le deberá hablar mentalmente y asegurarle que están con él enviándole amor y bendiciones. Deberán reiterarle que no está solo, que su ángel está a su lado y que debe poner su atención en él. Es muy importante que se comprenda que los primeros nueve días después del deceso son cruciales para el alma, no se debe permitir que el difunto haga solo el recorrido que le corresponde. Podrán hablarle con palabras como las sugeridas en el siguiente ejercicio:

271

Ejercicio para hablarle mentalmente al difunto durante el velorio

Querido (nombre del difunto), has dejado este mundo material, pero no temas porque no estás solo, nosotros estamos contigo apoyándote y cubriéndote con nuestro amor. Piensa en tu ángel guardián, aun si no puedes percibirlo en este instante, él está contigo y nosotros oramos por ti. Siente las emanaciones de amor que te mandamos y permite que tu ángel te conduzca hacia la luz. No temas, todo está bien. No te distraigas con cosas de este mundo, aquí todos estamos bien y nuestro interés es que tú lo estés también. Recuerda, nosotros estamos muy bien y siempre estaremos muy bien; no debes ocuparte de lo que hay aquí, ahora sólo debes enfocar tu conciencia en el glorioso mundo de amor que te espera. Está nuestro señor Jesucristo, nuestra Madre santísima, san Miguel Arcángel y también tu ángel guardián, (según la fe del difunto, se puede mencionar al santo de su devoción) que te esperan para auxiliarte y cubrirte con su manto de amor. Pon tu atención en la luz de amor que te dirigen. No hagas caso a reclamos ni a nada que te perturbe, porque en este momento lo único que debe llamar tu atención es la bellísima luz que comenzarás a percibir cada vez con más claridad. Descansa tranquilo y confía en que nosotros estamos aquí muy pendientes de ti, te estaremos enviando el bálsamo de las oraciones diariamente. No cedas a la tentación de estar con tu mente aquí, te pedimos desde el fondo de nuestro corazón, que atiendas sólo a los seres de amor que están iluminando tu espacio. Búscalos, ellos están allí, no te distraigas. Sigue al punto de luz y asciende hacia allí. Permite que te auxilie tu ángel guardián. Aun si en este momento no puedes percibir su presencia, él está muy cerca de ti, sólo enfoca tu atención en la luz, él está allí y te extiende los brazos para ayudarte. Confía en que nosotros siempre estaremos orando por ti. Te amamos profundamente y estamos contigo eternamente.

Cuando dirigimos nuestro pensamiento de consuelo al difunto se deberá ser insistente al decirle que no debe atender las cosas del mundo material, porque generalmente cuando alguien fallece no está preparado para el mundo espiritual y la tendencia es permanecer anclado en los pendientes que dejó aquí. Si hay algo trascendental para él (o ella), como en el caso de haber fallecido dejando atrás una familia necesitada o un hijo pequeño, se deberá mencionar este hecho y asegurarle que quienes se quedan estarán muy bien al saber que él ha trascendido hacia las esferas de luz donde podrá enviarles sus bendiciones de amor, cuyas vibraciones impulsarán la ayuda que necesitan en este mundo material. Se deberá insistir en que él no podrá ayudarles si permanece con su pensamiento desconsolado en lo que dejó aquí en el mundo físico. Si ha partido sin perdonar o sin recibir el perdón de las personas que ofendió o no atendió, puede estar muy angustiado, y este es otro punto en el que hay que ayudarle. En esos primeros momentos, el ser se encuentra muy confundido y es necesario el apoyo de sus deudos. Recordemos que siempre se debe vivir preparados para la hora de la muerte, y esto se logra cuando vivimos en armonía con Dios, reconciliándonos con los que hemos tenido situaciones conflictivas y perdonando cada día. Pero, en el caso de que un ser parta sin ejercitar el perdón, cuando sí deseaba hacerlo, se le puede hablar de esta manera:

Ejercicio del perdón

Querido (nombre del difunto), ahora has partido hacia el mundo espiritual, ya no estás en este mundo material, pero desde aquí estarás recibiendo nuestro apoyo y diariamente oraremos por ti. Si sientes que has dejado algún pendiente, nosotros estaremos pidiendo iluminación al Espíritu Santo para encontrar la solución adecuada y nos ocuparemos de ello, no debes temer. Todo está bien y estará mejor entre nosotros, no te ocupes de aquí, ahora lo único que es importante es que tú encuentres la tranquilidad que requieres para seguir ascendiendo hacia la luz, porque sólo cuando llegues a ese espacio iluminado es que podrás ayudarnos con tus pensamientos de amor y bendiciones; mientras no llegues hasta allí, ni tú ni nosotros, estaremos tranquilos. Si sientes en este momento que te perturba alguna deuda moral que dejaste, queremos que pongas tu atención en lo que te diremos, es muy importante para que te sientas bien y sigas tu camino de ascenso hacia los brazos de nuestro señor Jesucristo.

Sabemos que antes de tu partida no tuviste tiempo de hablar con quienes deseabas hacerlo (si se conocen los nombres, hay que mencionarlos mentalmente; pueden ser personas con las que quiso reconciliarse antes de su partida pero no tuvo oportunidad, o quizá los ofendidos no aceptaron. Pueden ser familiares de los que se había distanciado, hijos que abandonó, algún amigo, socio o colaborador), pero lo importante es que busques el perdón y te perdones, no debes estar cargando una culpa de esa naturaleza, especialmente en este momento. Esto es importante para que puedas ascender, debes soltar esa culpa. Te pedimos, desde el fondo de nuestro corazón, que te sientas perdonado por quienes sientes que has ofendido y perdona a quien te ofendió. Intenta profundamente sentir este deseo, pronuncia mentalmente: "Deseo perdonar." Nosotros estamos pidiendo a nuestro señor Jesucristo, para que por medio de sus ángeles del perdón recibas el apoyo necesario para liberarte en este momento de esa pesadez. Piensa en las personas que mencionamos, y si hay alguien más, lleva su imagen a tu mente. Aun si crees que estas personas no quieren tu perdón, por el hecho de que tú lo desees podrás liberarte del yugo. Piensa en esto: si lo deseas desde el fondo de tu corazón, los ángeles responderán a tu anhelo y podrás sentir la paz que comenzará a asentarse en tu alma. Ahora, aunque no puedas percibir a los ángeles del perdón, ellos están junto a ti, porque tu deseo tiene mucha fuerza. Debes desearlo; pide a tu Ángel de la Guarda y a los ángeles del perdón que te ayuden.

También, puedes pedirle que siga con su mente tus palabras (esta oración también puedes practicarla si necesitas, en lo personal, dar o solicitar perdón):

"Ángel de mi Guarda, de acuerdo a la voluntad de Dios y en nombre de nuestro divino Jesús, y por obra y gracia del Espíritu Santo, por favor ayúdame y dame la fuerza para perdonar y sobre todo, te ruego que pueda yo recibir el consuelo del perdón de las personas que ofendí en vida. Quiero especialmente recibir el perdón de (nombre) y (nombre) que son a los que considero que perjudiqué. Si existen otras personas a las que ofendí sin saber, de manera irresponsable, por favor que también pueda yo sentir el alivio del perdón. También ayúdame a perdonar a (nombre de las personas que te ofendieron, aún si ya han fallecido). Ángel mío, no quiero estar cargando este peso del rencor, por favor intercede por mí para que los ángeles del perdón lleven amor, salud, paz y felicidad a todos. ¡Ángel mío, necesito tu apoyo! ¡Ayúdame en este momento! Gracias ángel mío, gracias ángeles del perdón. Gracias Dios mío."

> *Porque si vosotros perdonáis a otros sus faltas, también os perdonará a vosotros vuestro Padre celestial, pero si no perdonáis a los hombres las faltas suyas, tampoco vuestro Padre os perdonará vuestros pecados.*
>
> (Mateo 6: 14-15)

Es muy importante orar por los que se han ido y al hacerlo, seremos recompensados con ese glorioso bálsamo cuando nos toque partir. En la medida en que ayudemos a los que han dejado este mundo, será el auxilio que recibiremos. Es necesario que ayudemos a los que han partido. Sin dar servicio no podemos crecer espiritualmente.

Es necesario ayudar a los que están por partir, y a los que ya han partido, para esto es importante que pidamos inspiración al Espíritu Santo para que, de acuerdo con la voluntad de Dios, nuestro Padre, y en nombre de Jesucristo, podamos ayudar de la manera más conveniente. Después, de la misma forma, pediremos la asistencia de nuestro ángel guardián y tomaremos en cuenta lo siguiente:

1. Continuamente debemos pedir apoyo celestial para tener un perfecto dominio sobre nuestras emociones, porque de otra manera nos podemos invadir de sentimientos inconvenientes y debilitar el trabajo de ayuda que nos proponemos dar.
2. Si ayudamos a los familiares de un ser que ha trascendido, y queremos transmitir calma y seguridad, es necesario mostrarnos tranquilos y complacientes.
3. Es necesario que comprendamos a qué espacio se dirige el ser que está trascendiendo, porque sólo de esa manera podremos ayudarle. Cuando se asume que el difunto va directo al cielo, es probable que nos desatendamos de sus necesidades y se sienta abandonado y desamparado en un mundo donde no encuentra asistencia. Recordemos que es mediante la oración que él recibe consuelo y asistencia angelical.

4. Cuando ayudemos, debemos hacerlo de corazón, sin ningún interés y sin pensar en nosotros mismos, sino en el apoyo que estamos dando. Debemos estar felices de cumplir y mostrarnos sin arrogancia y con mucha humildad.

5. Debemos tener el corazón rebosante de amor, y contener las emociones fuertes, transmitir paz y seguridad al ser que trasciende, no alarmar a los deudos, y tener un deseo intenso de que a través nuestro podamos llevar consuelo, paz y amor también a los deudos.

6. Cuando nos toque auxiliar a un enfermo terminal, si es su deseo, debemos apoyarle llevando un sacerdote para que le dé los últimos sacramentos. La oración es el combustible que requieren los ángeles para conducir a las almas hacia la luz de Dios.

Los ángeles presiden los encuentros celestiales. Las personas cuando fallecen sólo entran a otro plano donde se reúnen con los seres queridos que se han adelantado.

Asimismo, cada noche antes de ir a dormir, para no desperdiciar los momentos que anteceden al sueño, ni las horas de sueño, podemos pedir a nuestro ángel guardián que nos guíe para consolar a los que han partido. Es necesario pedir a nuestro ángel que él decida si estamos preparados para ayudar en el plano astral o si es más prudente que prestemos nuestro servicio en otro plano. Nuestro ángel nos conducirá al espacio donde tenemos capacidad para auxiliar mejor.

A la mañana siguiente, es probable que no tengamos conciencia de haber ayudado, pero aunque no lo recordemos es muy cierto que lo habremos hecho y con el tiempo iremos teniendo la certeza de que sí incursionamos en esos espacios y en efecto transmitimos amor a los necesitados. La ayuda que nosotros prestamos será la que recibiremos al dar ese paso crucial que a todos aguarda.

La oración es el combustible que requieren los ángeles para conducir a las almas hacia la Luz de Dios.

Todos los que fallecen necesitan de nuestra ayuda por medio de la oración y el pensamiento de amor que se les debe dirigir. La mayor parte de los que dan ese paso necesitan una explicación respecto al nuevo lugar en que se encuentran. Necesitan ser auxiliados y confortados mediante la oración intensa y continua durante los primeros nueve días, pero la oración y nuestro pensamiento de amor hacia ellos debe continuar toda nuestra vida. Cuando el ser llega al plano astral se enfrenta al terrible fantasma que él y nuestros antecesores han engendrado durante siglos, y esto lo llena de terror indescriptible. Sólo con la oración se le puede ayudar a superarlo.

La oración es el combustible que requieren los ángeles para conducir a las almas hacia la luz de Dios. Con la luz de las oraciones, los ángeles auxilian a los que sufren en el más allá.

En los momentos de aflicción, no estamos solos. A nuestro lado está nuestro ángel consolándonos con ternura. Prestemos un poco de atención y comenzaremos a percibir su dulce asistencia.

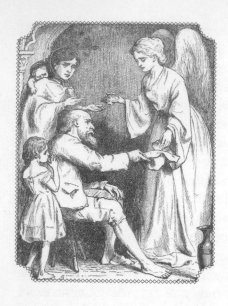

Los ángeles nos conducen hacia las personas que necesitan nuestro apoyo. Desde ahora podemos hacer el papel de ángeles ayudando a los demás.

Ejercicios para practicar toda la vida

Retrospección para antes de dormir

Consiste en analizar las cosas que se hicieron durante el día que concluye, deberá hacerse de manera constructiva, sin tratar de disculpar los errores cometidos. Este ejercicio se hace de manera retrospectiva, porque cuando toca el momento del retiro del alma, en la pantalla mental aparecerán las experiencias vividas desde el momento de la muerte hasta el día del nacimiento, es decir, de atrás para adelante. Desde el átomo permanente se proyecta de esa manera: como una cinta que se desenrolla, revelando lo vivido desde ese instante hasta donde comienza la vida, el nacimiento del individuo. Como vimos en páginas anteriores, algunas personas que han estado en peligro de muerte, en especial las que han estado a punto de ahogarse, han tenido esta revelación: ante ellos han visto como en una pantalla cinematográfica todo lo que han vivido; siempre relatan que ven desde el momento en que se inició el peligro hasta llegar a su infancia.

El ejercicio que podemos practicar todas las noches al retirarnos a dormir es un análisis del día que acaba de finalizar. Después de agradecer a Dios el día, de manera retrospectiva visualizaremos nuestros actos a partir del momento en que nos iremos a dormir hasta la mañana siguiente, cuando despertamos.

Hacer un examen de todo lo que realizamos, las opiniones que emitimos, los juicios —internos y externos—, las decisiones. Todo debe observarse objetivamente, sin buscar justificar los errores que cometimos, o sin juzgarlos.

Ejercicio para ir a dormir

Cuando estés preparándote para dormir, puedes arrodillarte junto a tu cama o acostarte. Recuerda que cualquier sacrificio, por pequeño que sea, emite una energía vibrante que los ángeles ocupan para purificar tu espacio.

Visualiza de manera retrospectiva todo lo que hiciste durante el día, en orden inverso, de la noche a la mañana. Examina tus pensamientos, sentimientos, palabras y acciones. Si por usar una de estas facultades has perjudicado a alguien o has estorbado en el plan divino, haz un acto de genuina contrición, luego pronuncia un pensamiento parecido a:

> Dios mío adorado, gracias por este día que acaba de concluir, gracias por permitir que hoy, igual que todos los días, haya participado de tu bondad. Gracias por darme la oportunidad de tener una conciencia individual y la posibilidad de desarrollarme como digno hijo tuyo.
>
> Padre, gracias por los ángeles y por mi ángel propio, mi amadísimo ángel guardián. Te ruego bendigas a mis seres queridos, envíes luz de amor a toda la humanidad y misericordia para los que ya han partido del mundo material. Padre mío, te adoro y te ruego que perdones todas las faltas en las que hubiese incurrido hoy y, especialmente, te ruego que me ayudes a lograr el perdón de (menciona a quien se ofendió durante el día), enséñame a perdonar y a obtener el perdón de aquéllos a los que he ofendido, pues sé que si logro esto podré perdonarme a mí mismo. Pero sobre todas las cosas, Padre mío, enséñame a adorarte cada día más. Amén.

Después, al momento de cerrar los ojos para dormir, nos visualizaremos en brazos de nuestro ángel elevándonos hacia una luz inmensa; y al acercarnos cada vez más y más, estrechados por nuestro querido guardián, observaremos cómo nos adentramos en ese resplandor divino para contemplar que es la luz que rodea a Jesucristo, en cuyos divinos y adorados brazos nos deposita nuestro celestial guardián.

Asimismo, si se desea pedir por la humanidad, práctica que emite una poderosísima luz de purificación para el planeta y para nuestro propio espacio, podremos visualizar al mundo rodeado de ángeles y en el polo superior un sol luminoso que derrama sus rayos purificadores, limpiándolo de la nebulosidad astral que lo cubre. Después, visualizaremos el mundo como una esfera brillante, dorada, que depositaremos en el Sagrado Corazón de Jesús. Podemos hacer lo mismo con nuestros hijos, padres, familia, hogar, con todo lo que es importante para nosotros.

Ejercicio para liberarse de angustias y temores

Después de múltiples e infructuosos consejos y recomendaciones para perder el temor, un día, estando cerca de una lámina del rostro del Señor de la Misericordia, sentí cómo Jesús me atraía con la mirada de su divino rostro. Comencé a ver fijamente en su ojo derecho y, repentinamente, me encontré dentro de su celestial resplandor, en el que me sumergía más y más en una especie de líquido dorado que entraba en todo mi ser y que me llenaba de amor: me liberaba de todo lo externo. Comencé a sentir una adoración más profunda por Jesús. Comprendí que esa fue la forma que utilizó para que lograra soltar el miedo que experimentaba en ese momento. Desde entonces, tengo la imagen del rostro del Señor de la Misericordia por todas partes y siempre la porto conmigo. Continuamente la veo, hablo mentalmente con Jesús, observo sus ojos y, de manera automática, soy atraída hacia ese mar de amor. Quizá también tú puedas usar este sistema para entregar a nuestro Señor Jesucristo todo lo que sientes que te afecta desagradablemente y te imposibilita realizar mucho de lo que Él requiere de ti.

A continuación transcribo una oración que sentí que me transmitió Jesús al momento de estar sumergida dentro de sus divinos ojos, la cual puede ser utilizada para ayudar a las personas que se encuentran enfermas. Para ello se sugiere mostrar la imagen de Jesús, y pedirle al enfermo que vea fijamente sus ojos, mientras alguien lee la oración para él:

¡Oh, mi adorado Jesús!
quiero estar siempre en tus ojos divinos,
sumergirme en ellos,
sentir tu esencia en mí,
que me compenetra, me absorbe
y me libera de todo temor...

Y después, como en un suave y tranquilo lago,
cubrirme de tus gracias,
y deleitarme con tu amor.
¡Jesús mío, te adoro, sólo vivo para ti!
Permite que mi alma se refleje en tu mirada
por toda la eternidad.

Gracias, amén.

Para finalizar este apartado, incluyo las bellas palabras sobre el efecto que produce la oración en el que se va, contenidas en *La vida más allá de la sepultura*:

[...] aquellos que supieron de mi "muerte" no sólo lo demostraron con ardientes votos de ventura celestial, sino que los más afectivos y reconocidos me dedicaban sus oraciones en horas tradicionales, evocándome con ternura y pasividad espiritual. Esas oraciones y ofrecimientos de paz, dedicados a mi espíritu desencarnado, eran los que se transformaban en aquellas luces azules, lilas y violetas que, en forma de pétalos coloridos y luminosos, se esfumaban en mi cuerpo astral, inundándolo de vibraciones balsámicas y vitalizantes. El ruego en el sentido del bien es siempre una dádiva celeste, y mal podéis valorar cuánto auxilia al espíritu en los primeros días. Es una energía reconfortante, que a veces se asemeja a la brisa suave y otras veces se transforma en flujos energéticos, vivos, que reaniman. El hecho de haberme despojado rápidamente de los restos cadavéricos —pues esa liberación depende fundamentalmente del estado moral del desencarnado— lo debo sobre todo a las oraciones que no cesaron de posarse afectuosamente en mi alma. Las preces a favor del moribundo son el mejor recurso balsámico y benefactor, pues además de colocarlo bajo un manto de vibraciones sedativas para su psiquismo perturbado, aquietan la desesperación y la emotividad de quienes claman por el auxilio alrededor de su lecho de muerte. Durante las preces, se produce una divina absorción de las energías provenientes de quien ora y, a su vez, son dinamizadas por las dulcísimas proyecciones dirigidas por las entidades angélicas de las esferas superiores, que entonces hermanan todos los sentimientos en la misma frecuencia amorosa. Es como un generoso y refrescante baño para el agonizante y alivia al espíritu cansado, ayudándolo a partir de la Tierra para encontrar el reposo amigo.

Oraciones y jaculatorias

Jaculatorias para ayudar al difunto (pueden repetirse continuamente)
Dale, Señor, el descanso eterno.
Brille para él o ella la luz perpetua.
Descanse en paz.
Amén.

Que las almas de todos los fieles difuntos,
por la misericordia de Dios,
descansen en paz.
Amén.

Oración por los que agonizan

Oh, misericordioso Jesús, que ardes de amor por las almas,
te suplico, por los méritos de la agonía de tu sagrado corazón, y de los dolores de tu Madre inmaculada, purifica en tu
sangre a todos los pecadores de la Tierra que están en agonía
y que hoy mismo deben presentarse ante ti. Amén.

Corazón agonizante de Jesús, ten piedad de los moribundos. Amén.

Oración por un enfermo que agoniza

Padre misericordioso, tú que sabes hasta dónde llega la buena
voluntad del hombre; tú que siempre estás dispuesto a olvidar
nuestras culpas; tú que nunca niegas el perdón a los que recu-
rren a ti, compadécete de tu hijo (di su nombre), que lucha en
agonía. Nosotros te pedimos que, ayudados por nuestra oración
de fe, se encuentre aliviado en su cuerpo y en su alma, obtenga
el perdón de sus pecados y sienta la fortaleza de tu amor. Por Jesucristo, tu Hijo, que venció la muerte, nos abrió las puertas de
la vida y contigo vive y reina por los siglos de los siglos. Amén.

Para rezar cuando el ser agoniza

Acoge, Señor, en tu reino a tu siervo (di su nombre) para
que alcance la salvación que espera de tu misericordia. Te lo
pedimos, Señor.

Libra, Señor, a tu siervo de todos sus sufrimientos. Te lo
pedimos, Señor.

Libra, Señor, a tu siervo de sus padecimientos. Te lo pedimos, Señor.

Señor Jesús, Salvador del mundo, te encomendamos a
nuestro hermano (di su nombre) y te rogamos que lo recibas en el gozo de tu reino, pues por él bajaste a la Tierra. Y
aunque haya pecado en esta vida, nunca negó al Padre, al
Hijo y al Espíritu Santo, sino que permaneció en la fe y adoró
fielmente a Dios que hizo todas las cosas. Amén.

Para rezar una vez que el ser ha expirado

Vengan en su ayuda, santos de Dios; salgan a su encuentro, ángeles del Señor.

Reciban su alma y preséntenla al Altísimo.

Que te reciba Cristo, que te llamó y que los ángeles te conduzcan al cielo.

Reciban su alma y preséntenla al Altísimo.

Dale, Señor, el descanso eterno y que brille para él la luz perpetua.

Reciban su alma y preséntenla al Altísimo.

Nosotros te pedimos, Señor, que tu siervo (di su nombre), muerto ya para este mundo, viva para ti, y que tu amor misericordioso apague los pecados que cometió por la fragilidad de su condición humana, por Jesucristo, nuestro Señor, Amén.

Padre nuestro, creador del universo, ante nosotros se encuentra el cuerpo del que conocimos en vida con el nombre de (di su nombre), cuya alma muy pronto deberá aparecer ante el tribunal de amor. Estamos ahora rindiéndole un último homenaje de amor y cariño, y con la certeza de que acaba de emprender su viaje hacia un estado de mayor luz, te pedimos Señor, que su espíritu reconozca pronto que ya ha dejado este mundo material y perciba claramente su nueva forma. Que comprenda que ahora goza de una libertad que le otorga la gracia de acercarse a ti, y que sienta un profundo deseo de elevarse hacia la luz de tu divinidad, sin que ningún pensamiento, sentimiento o atadura emocional lo retenga en las esferas humanas.

Gracias, Padre nuestro. Te rogamos lo bendigas y le concedas la dicha de un descanso eterno en tus amorosos brazos. Dale Señor, el descanso eterno y brille la luz perpetua. Que descanse en paz. Que así sea, Señor.

(A continuación, rezar un Padre Nuestro y tres Ave María)

Palabras dirigidas a un ser que ha dejado este mundo

Querido (di su nombre) que has dejado en la Tierra la prisión de tu cuerpo, ahora vives en el tiempo infinito, en la eternidad de Jesús, en las moradas sublimes de Dios. Querido (di su nombre), medita cuán bella es la libertad del espíritu en la eternidad, mira sólo hacia arriba buscando a Dios en lo más alto. Elévate con fuerza, más arriba, en la inmensidad azul, allí donde no se perciben las pasiones humanas. Allí te aseguro que podrás encontrar el resplandor divino que viene de Dios. No dudes ni un instante, pues tienes la ayuda que Dios te da, y todos aquí te enviamos pensamientos de amor con un deseo profundo de que sigas tu camino de ascensión. Busca el sendero de luz que conduce hacia nuestra morada celestial. Mentalmente pide la ayuda de los ángeles para que te guíen hacia ese espacio de supremo amor. Allí encontrarás el sentimiento glorioso que has anhelado y sentirás las frescas brisas de esa región que llamamos paraíso celestial. Elévate hacia la luminosidad, y sólo cuando hayas llegado hasta allí podrás ayudarnos. Podrás socorrer a los seres que has dejado atrás. Ahora, no mires hacia abajo, continúa tu camino hacia la luz. Desde aquí oraremos por ti y te enviaremos más pensamientos de amor. Que Dios te acoja en su seno y te cubra con su amor por los siglos de los siglos. Amén.

Oración para la bendición del sepulcro

Oh Dios de Misericordia que concedes el reposo a tus fieles, bendice este sepulcro y manda un ángel para guardarlo. Purifica de todo pecado a nuestro hermano (di su nombre), cuyo cuerpo aquí sepultamos, para que se alegre siempre contigo en la compañía de tus ángeles. Por nuestro Señor Jesucristo. Amén.

Rosario por las almas

En las cuentas del Padre Nuestro, repetir:

Mi Jesús misericordioso, mi Dios, creo en ti porque eres la misma verdad. Espero en ti porque eres fiel a tus promesas. Te amo porque eres infinitamente bueno y amable.

En las cuentas pequeñas, repetir:

Mi buen Jesús, no me dejes morir sin recibir los últimos sacramentos.

En las cuentas de Ave María, repetir:

Dulce corazón de María, salva el alma mía.

Novena por las almas

Eterno Padre, yo te ofrezco la preciosísima sangre, las santas llagas y todos los méritos de la pasión y muerte de Jesús; las lágrimas y los dolores de su Madre santísima, pidiéndote alivio para las almas del purgatorio.

Nuestra Señora del Carmen, ruega por ellas.

San José, ruega por ellas.

San Miguel Arcángel, intercede por ellas.

Y ustedes, almas santas y benditas, por favor, vayan ante Dios a presentar mi súplica. Amén.

Oración por los seres queridos que ya fallecieron

Buen Jesús, que durante tu vida te compadeciste de los dolores ajenos, ten piedad de las almas de nuestros seres queridos que están en el purgatorio. Tú amaste a los nuestros con gran predilección. Escucha, pues, nuestra súplica y, en tu bondad, concede a los que te llevaste de nuestro medio la beatitud en el gozo eterno de tu infinito amor. Amén.

Oración para perdonar a vivos y muertos

Padre mío, yo confieso que no he amado, antes he guardado resentimiento hacia algunas personas y no he perdonado en el corazón. Te pido que me perdones y que me ayudes a perdonar a todos los que, de alguna forma, me hirieron o me provocaron. Ahora, yo perdono a (nombra a quienes se deseas perdonar, estén vivos o muertos).

También te pido, Padre mío, que perdones a estos seres y que los bendigas. Ahora, yo también me perdono y me acepto. En nombre de Jesucristo, nuestro Señor. Amén.

Oración para una buena muerte

Oh Jesús misericordioso, clavado a la cruz, acuérdate de mí a la hora de mi muerte. Oh, corazón misericordioso de Jesús, abierto por la lanza, escóndeme en la hora de la muerte.

¡Oh sangre y agua que emanaste del corazón de Jesús como fuente de misericordia insondable para mí, en la hora de mi muerte, lávame!

¡Oh Jesús agonizante, rehén de misericordia, alivia la justicia de Dios en la hora de mi muerte!

Oh Jesús, que mis últimos días de exilio sean enteramente conforme a tu santísima voluntad.

Uno mis sufrimientos, amarguras y la propia agonía con tu santa pasión y me ofrezco por el mundo entero, para pedir la abundancia de la divina misericordia para las almas de los pecadores.

Confío firmemente y me someto enteramente a tu santa voluntad, que es la propia misericordia, y tu misericordia será todo para mí en esa última hora, como tú mismo me prometiste. Amén.

Oración a san José por los moribundos

A ti acudo, san José, patrono de los moribundos. Dulce compañía te asistió en tu feliz tránsito, Jesús y María. Por estas dos queridísimas prendas, te encomiendo de todo corazón el alma de tu siervo (di su nombre), que lucha en las ansias de la agonía. Líbrale, con tu protección, de los lazos del demonio y de la muerte eterna, para que pueda llegar a los gozos que no tienen fin. Amén.

Oración a san José para alcanzar una buena muerte

Santísimo patriarca y protector mío, san José, que ejercitas tu patrocinio especialmente en consolar a los que están a punto de morir y te invocan con confianza como abogados antes de comparecer ante Dios, justo juez, muéstrate protector, padre y defensor de mi alma en aquel instante del cual depende mi eternidad. Por la singularísima dicha y privilegio único que Dios te concedió en aquella hora, al verte asistido personalmente por Jesús y María, tus dulcísimos amores, te ruego me ampares en mis postreros momentos y pidas al mismo Jesús y a su Madre bendita, tu esposa, que desde ahora yo me vaya preparando, amando a Dios en todas mis obras, hasta alcanzar una muerte santa y dichosa. Amén.

Oración por un joven difunto

A ti, Señor, que eres el dueño de la vida humana, y quien dispone su término, te encomiendo a (di su nombre), cuya temprana muerte me aflige, para que su juventud vuelva a florecer junto a ti, en tu casa y para siempre. Por Cristo nuestro Señor. Amén.

Oración por un difunto que padeció una larga enfermedad

Señor y Dios nuestro, que concediste a nuestro hermano (di su nombre) mantenerse fiel a ti en su larga enfermedad y seguir el ejemplo de paciencia de tu Hijo, concédele también alcanzar el premio de tu gloria. Por Cristo nuestro Señor. Amén.

Oración por un niño difunto

Señor, tú que conoces la pena que me embarga por la muerte de este niño (di su nombre), anímame con el pensamiento de quien vive feliz, junto a ti, en la gloria eterna. Por Cristo nuestro Señor. Amén.

Oración por las benditas almas del purgatorio

Dios misericordioso que nos perdonas y quieres la salvación de todos los hombres, imploramos tu clemencia para que, por la intercesión de María santísima y de todos los santos, concedas a las almas de nuestros padres, hermanos, parientes, amigos y bienhechores, que han salido de este mundo, la gracia de llegar a la reunión de la eterna felicidad.

Santísima Virgen María, reina del purgatorio, vengo a depositar en tu corazón inmaculado una oración a favor de las almas benditas que sufren en el lugar de expiación. Dígnate escucharla, clementísima Señora, si es tu voluntad y la de tu misericordioso Hijo. Amén.

María, reina del purgatorio, te ruego por aquellas almas por las cuales tengo o pueda tener alguna obligación, sea de caridad o de justicia. (Rezar un Ave María)

Dales, Señor, el descanso eterno, y la luz perpetua les alumbre. Descansen en paz. Amén.

María, reina del purgatorio, te ruego por las almas más abandonadas y olvidadas, a las cuales nadie recuerda. Tú, Madre, que te acuerdas de ellas, aplícales los méritos de la pasión de Jesús, tus méritos y los de los santos, y que alcancen así el eterno descanso. (Rezar un Ave María)

Dales, Señor, el descanso eterno, y la luz perpetua les alumbre. Descansen en paz. Amén.

María, reina del purgatorio, te ruego por aquellas almas que han de salir más pronto de aquel lugar de sufrimientos, para que cuanto antes vayan a cantar en tu compañía las eternas misericordias del Señor. (Rezar un Ave María)

Dales, Señor, el descanso eterno, y la luz perpetua les alumbre. Descansen en paz. Amén.

María, reina del purgatorio, te ruego de una manera especial por aquellas almas que han de estar más tiempo padeciendo y satisfaciendo a la divina justicia. Ten compasión de ellas, ya que no pueden merecer sino sólo padecer; abrevia sus penas y derrama sobre ellas el bálsamo de tu consuelo. (Rezar un Ave María)

Dales, Señor, el descanso eterno, y la luz perpetua les alumbre. Descansen en paz. Amén.

María, reina del purgatorio, te ruego de un modo especial por aquellas almas que más padecen. Es verdad que todas sufren con resignación, pero sus penas son atroces y no podemos imaginarlas siquiera. Intercede, Madre nuestra, por ellas, y Dios escuchará tu oración. (Rezar un Ave María)

Dales, Señor, el descanso eterno, y la luz perpetua les alumbre.

Descansen en paz. Amén.

Virgen Santísima, te pido que, así como me acuerdo de las benditas almas del purgatorio, se acuerden de mí los demás, si he de ir allá a satisfacer por mis pecados. En ti, Madre mía, pongo toda mi confianza de hijo, y sé que no he de quedar defraudado. Amén.

Oración a san Miguel Arcángel para una buena muerte

San Miguel Arcángel, príncipe de los ángeles, ayúdame, socórreme en la vida y en la muerte, y así ampárame. Jesús, María y José, manden en mi socorro al excelso Arcángel San Miguel, con su poder. Con Dios ayúdame en la última agonía. Fiel a tu balanza, no sean en vano mis oraciones y esperanzas. General de la gloria que conduces a las almas, presenta mi alma al trono de la luz. De antemano te agradezco humildemente la gracia recibida. Gracias. Amén.

Letanías a san Miguel Arcángel

Señor, ¡ten piedad de nosotros!

Jesucristo, ¡ten piedad de nosotros!

Señor, ¡ten piedad de nosotros!

Jesucristo, ¡óyenos!

Jesucristo, ¡escúchanos!

Dios, Padre del cielo, ¡ten piedad de nosotros!

Dios Hijo, redentor del mundo, ¡ten piedad de nosotros!

Dios Espíritu Santo, ¡ten piedad de nosotros!

Santísima Trinidad, que eres un solo Dios, ¡ten piedad de nosotros!

Santa María, reina de los ángeles, ¡ruega por nosotros!

San Miguel Arcángel de Dios, ¡ruega por nosotros!

San Miguel Arcángel, lleno de la sabiduría de Dios, ¡ruega por nosotros!

San Miguel Arcángel, espejo de humildad, ¡ruega por nosotros!

San Miguel Arcángel, modelo de obediencia, ¡ruega por nosotros!

San Miguel Arcángel, excelso adorador del verbo divino, ¡ruega por nosotros!

San Miguel Arcángel, coronado de gloria y honor, ¡ruega por nosotros!

San Miguel Arcángel, príncipe poderoso del ejército de Dios, ¡ruega por nosotros!

San Miguel Arcángel, portador del estandarte de la Santísima Trinidad, ¡ruega por nosotros!

San Miguel Arcángel, guardián del paraíso, ¡ruega por nosotros!

San Miguel Arcángel, ángel de paz, ¡ruega por nosotros!

San Miguel Arcángel, guía y consuelo, ¡ruega por nosotros!

San Miguel Arcángel, esplendor y fortaleza de la Iglesia militante, ¡ruega por nosotros!

San Miguel Arcángel, alegría de la Iglesia triunfante, ¡ruega por nosotros!

San Miguel Arcángel, baluarte de los cristianos, ¡ruega por nosotros!

San Miguel Arcángel, luz de los ángeles, ¡ruega por nosotros!

San Miguel Arcángel, amparo de los cristianos verdaderos, ¡ruega por nosotros!

San Miguel Arcángel, sostén contra los que combaten bajo el estandarte de la cruz, ¡ruega por nosotros!

San Miguel Arcángel, vínculo de nuestra caridad, ¡ruega por nosotros!

San Miguel Arcángel, guerrero vencedor de los errores, ¡ruega por nosotros!

San Miguel Arcángel, luz y esperanza a la hora de la muerte, ¡ruega por nosotros!

San Miguel Arcángel, nuestro auxilio segurísimo, ¡ruega por nosotros!

San Miguel Arcángel, que nos asistes en las necesidades, ¡ruega por nosotros!

San Miguel Arcángel, heraldo de la sentencia eterna, ¡ruega por nosotros!

San Miguel Arcángel, consuelo de las almas del purgatorio, ¡ruega por nosotros!

San Miguel Arcángel, a quien el Señor encargó recibir las almas que están en el purgatorio, ¡ruega por nosotros!

San Miguel Arcángel, defensor de los derechos de Dios, ¡ruega por nosotros!

San Miguel Arcángel, grande y poderoso, ¡ruega por nosotros!

San Miguel Arcángel, cuyas oraciones conducen al reino de los cielos, ¡ruega por nosotros!

San Miguel Arcángel, encargado por Dios para recibir las almas a la hora de la muerte, ¡ruega por nosotros!

San Miguel Arcángel, príncipe de los primeros príncipes, ¡ruega por nosotros!

San Miguel Arcángel, siempre a favor de los hijos de Dios, ¡ruega por nosotros!

San Miguel Arcángel, nuestro abogado, ¡ruega por nosotros!

San Miguel Arcángel, vencedor del mal, ¡ruega por nosotros!

San Miguel Arcángel, patrono de los moribundos, ¡ruega por nosotros!

San Miguel Arcángel, patrón nuestro, ¡ruega por nosotros!

Cordero de Dios que quitas el pecado del mundo, ¡perdónanos, Señor!

Cordero de Dios que quitas el pecado del mundo, ¡óyenos, Señor!

Cordero de Dios que quitas el pecado del mundo, ¡ten piedad de nosotros!

Cristo, ¡óyenos!

Cristo, ¡escúchanos!

Señor, ¡ten piedad de nosotros!

Cristo, ¡ten piedad de nosotros!

Señor, ¡ten piedad de nosotros!

(Rezar el Padre nuestro)

San Miguel, defiéndenos en la batalla para que no perezcamos en el día tremendo del juicio.

Ruega por nosotros, san Miguel Arcángel, príncipe de la Iglesia de Cristo, para que seamos dignos de alcanzar sus promesas.

Oremos

Señor nuestro Jesucristo, dígnate santificarnos con una bendición siempre nueva y concédenos por la intercesión de san Miguel Arcángel la sabiduría que nos enseñe a procuramos tesoros para el cielo, y a cambiar los bienes de la Tierra por los de la eternidad. Tú que vives y reinas por los siglos de los siglos. Amén.

Oración para pedir al Ángel de la Guarda protección para moribundos y niños no nacidos

Mi querido Ángel de la Guarda, con las gracias y bendiciones de Dios, por favor acompaña en este día a quienes morirán hoy, para inspirar en cada uno el ánimo de aceptar las gracias a ellos ofrecidas por su salvación y para proveer esperanza, auxilio y protección en sus últimas horas. También atiende a cada niño no nacido, a su madre y a su padre. Protege a estos pequeños inocentes, que no se pueden defender, e inspira en los corazones de sus padres una ternura amante y una conciencia profunda de la santidad de toda vida. Especialmente recuérdales según la imagen de quien fueron formados estos niños maravillosos. Gracias. Amén.

Acto de consagración a los santos ángeles

Oh, Dios bondadoso, que por mandato divino encomendaste a tus ángeles para defendernos, yo (di tu nombre), acepto a los santos ángeles como mis patronos y propongo firmemente, en presencia de la inmaculada Virgen María, reina de los cielos y de los ángeles, honrar con una devoción especial al glorioso san Miguel y a mi santo Ángel de la Guarda, y nunca dejarlos, ni en mis palabras, ni en mis acciones, por la obligación que tengo con estos beatos espíritus; ni tampoco hacer sufrir a aquellos a los que ha sido encomendado mi cuidado o decir algo en contra de su honor. Por eso te pido a ti, Señor, que los santos ángeles, que siempre son ministros ante ti en el Cielo, defiendan mi vida aquí en la Tierra, para que perseverando hasta el fin en tu santa gracia, en compañía de ellos y de la reina celestial, merezca la vida eterna, por Jesucristo nuestro Señor. Amén.

Salmo 23

El Señor es mi pastor, nada me faltará. En prados de fresca hierba me hará descansar; junto a aguas de reposo me pastoreará. Confortará mi alma. Me guiará por sendas de justicia por amor de su nombre. Aunque ande por valle tenebroso, no temeré mal alguno, porque tú estarás conmigo. Tu vara y tu cayado me infundirán aliento. Tú preparas ante mí una mesa delante de mis adversarios; unges con óleo mi cabeza; rebosante está mi copa. Sí, dicha y gracia me acompañarán todos los días de mi vida; mi morada será la casa de Dios a lo largo de los días.

Salmo 91

El que habita al amparo del Altísimo morará bajo la sombra del Omnipotente. Dile al Señor: "¡Mi refugio y fortaleza, mi Dios en quien confío!", porque Él te librará de la red del cazador, de la peste funesta; te protegerá bajo sus plumas, y refugio hallarás bajo sus alas; es su fidelidad broquel y escudo. No temerás terror nocturno, ni la saeta que de día vuela, ni la peste que vaga en las tinieblas, ni contagio que devasta al mediodía. Aunque a tu lado caigan mil y diez mil a tu derecha, a ti no ha de alcanzarte. Mas abrirás tus ojos y el galardón verás de los impíos. Porque el Señor es tu refugio y has hecho del Excelso tu baluarte. No ha de tocarte el mal, ni plaga alguna se acercará a tu tienda; pues Él tiene a sus ángeles guardándote en todos tus caminos. Ellos te llevarán sobre sus palmas, para que tu pie en la piedra no tropiece. Andarás sobre el áspid y la víbora, el león y el dragón fiero pisarás. "Puesto que a mí se unió, libarle quiero; yo lo protegeré porque mi nombre ha conocido. Me invocará y he de escucharlo al punto; a su lado estaré cuando sufriere, lo libraré y coronaré de gloria. De largos y hermosos días quiero hartarlo y le mostraré, en fin, la salud mía".

Conclusión

H oy en día, gracias a las investigaciones que se realizan, el campo científico comienza a arrojar interesantísima información respecto a los seres que habitan los mundos invisibles. Algunos estudiosos concluyen que los egipcios habían llegado a conocer muchos misterios sobre lo que sucede en estos espacios intangibles, es probable que su gran conocimiento derivara de entidades que les facilitaran el acceso a una mayor tecnología. Es posible también que a partir de lo que pudieron recopilar en sus viajes astrales y experiencias chamánicas, los sacerdotes del antiguo Egipto formaron su misteriosa religión heliopolitana con sus múltiples dioses. Hoy en día existe una creencia generalizada que sugiere que los nueve dioses principales del antiguo Egipto están transmitiendo información a los habitantes del planeta, respecto a los acontecimientos que en la actualidad se viven, a la naturaleza de los cambios que se avecinan y, en especial, la forma en que se deberá llevar a cabo la preparación para su inminente retorno. Si en realidad son seres bondadosos y su interés es por el bien de la humanidad, no existiría ningún peligro; pero como hoy en día parece que la consigna es sembrar la confusión para que lo malo parezca bueno y lo bueno sea rechazado, es prudente tomar medidas de protección.

Como se ha sugerido a lo largo de estas páginas, con la oración podemos repeler cualquier energía oscura, porque la oración es la única arma que puede actuar contra esas fuerzas. Sabemos también que los ángeles, los divinos mensajeros de Dios, nuestro Padre celestial, son los seres de amor que están al alcance de nuestro pensamiento, y todo aquél que con intención noble se les acerca, encontrará respuesta de inmediato. Sólo es necesario que pidamos su apoyo para que nos cubran con su luz de protección.

También es importante estar conscientes de que todos, eventualmente, tendremos que cruzar el umbral hacia el más allá; que si nos preparamos para cualquier viaje en la Tierra, con mayor razón debemos tener listo el equipaje de buenas acciones para el viaje hacia la eternidad. No se trata de vivir angustiados, ni de estar morbosamente pensando sólo en la muerte, sino de comprender que el cuerpo material es temporal y que no debemos enfocar nuestra atención sólo en los placeres que el mundo tridimensional ofrece, sino también estar conscientes del mundo espiritual al que todos debemos aspirar, porque es nuestra verdadera realidad (recordando que "real" es sólo lo que no se acaba, porque lo que tiene un tiempo de duración no pertenece a la eternidad, es una estructura artificial y es temporal).

Siempre estaremos resguardados si nos acercamos a nuestro ángel guardián, si recordamos que quien está cerca de su ángel sabrá qué camino tomar en momentos de conflicto. Si de verdad los seres cósmicos están por aparecer, como algunos creen, si ellos son entidades que tienen propósitos tendenciosos, y los que promulgan su llegada creen que son buenos, trabajan para su llegada y continuamente están invocando su presencia, debemos estar cubiertos con el resplandor de protección que da la oración. Por otro lado, nunca será en vano elevar nuestro pensamiento de amor al cielo, pues de esta manera podremos tener la certeza de que a nuestra vida llegarán sólo los seres que emanen amor, ya sea que lleguen en vehículos espaciales o en su cuerpo de luz.

A los ángeles, mensajeros de Dios, nuestro Padre, que junto a san Miguel Arcángel, hoy trabajan arduamente para proteger a la humanidad, ofrecemos este trabajo y les pedimos su protección en todos los momentos de la vida.

Con todo mi amor
para San Miguel Arcángel y sus Ángeles

BIBLIOGRAFÍA

Aceves Hernández, José Luis, *San José, nuestro padre y señor. Devocionario*, Ediciones Populares.

Apócrifo, *El libro de Adán*, Ediciones Obelisco.

Apócrifo. *The Lost Books of the Bible and the forgotten books of Eden*, World Bible Publishing Inc.

Apócrifo, *Vida de Adán y Eva fuera del Paraíso*, Muñoz Moya y Montraveta Editores.

Apostolado Bíblico Católico, *Oraciones del buen cristiano*, Editorial Lecat.

Bailey, Alice A., *El alma y su mecanismo*, Editorial Sirio.

Bailey, Alice A., *Serving Humanity*, Lucis Trust.

Bailey, Alice A., *Tratado sobre el fuego cósmico*, Editorial Kier.

Bailey, Alice A., *Una gran aventura, la muerte*, Sirio.

Baldwin, William J., *Healing lost souls*, Hampton Roads, Publishing Co. Inc.

Baldwin, William J., *Spirit releasement therapy*, Headline Books, Inc.

Beltrán Anglada, Vicente, *Estructuración dévica de las formas*, Editorial Eyras.

Beltrán Anglada, Vicente, *La jerarquía, los ángeles solares y la humanidad*, Asociación Vives.

Beltrán Anglada, Vicente, *Magia organizada planetaria*, Arbor Editorial.

Berg, Philip S., *Las ruedas de un alma*, Centro de Investigación de la Cábala.

Besant, Annie y C. W. Leadbeater, *Formas del pensamiento*, Editorial Humanitas.

Besant, Annie, *Cristianismo esotérico*, Editorial Kier.

Besant, Annie, *El hombre y sus cuerpos*, Editorial Humanitas.

Besant, Annie, *El poder del pensamiento*, Editorial Humanitas.

Besant, Annie, *El sendero de la iniciación, reencarnación*, Editorial Posada.

Besant, Annie, *Estudio sobre la conciencia*, Editorial Humanitas.

Besant, Annie, *Genealogía del hombre*, Editorial Kier.

Besant, Annie, *Lecturas populares de teosofía*, Editorial Posada.

Biblia de América, La Casa de la Biblia.

Biblia de Jerusalem, Editorial Porrúa.

Biblia latinoamérica, Editorial Verbo Divino.

Biblia Latinoamérica, Sociedad Bíblica Católica Internacional.

Blavatsky, Helena P., *Doctrinas y enseñanzas teosóficas*, Dédalo.

Blavatsky, Helena P., *La clave de la teosofía*, Posada.

Blavatsky, Helena P., *Isis sin velo II*. Sirio.

Blavatsky, Helena P., *Isis sin velo IV*. Sirio.

Blavatsky, Helena P., *La doctrina secreta*, I a VI, Editorial Kier.

Bramley, William, *The Gods of Eden*, Avon Books.

Budge, Wallis, *Salida del alma hacia la luz del día*, Abraxas.

Bueno, Mariano. *El gran libro de la casa sana*, Roca.

Butera, P. Luis. *Novenario bíblico para difuntos*, Edisepa.

Calle, Ramiro A. *Enseñanzas para una muerte serena*, Ediciones Temas de Hoy.

Castro Maisa, Org., *Oraciones de Poder II*, Raboni Editora.

Champdor, Albert, *El libro egipcio de los muertos*, Edaf.

Chevalier, Alain Gheerbrant, *Diccionario de los símbolos*, Herder.

Codesa L. A., *Evangelios concordados ilustrados*, Apostolado Mariano.

Conway, D. J., *Magickal Mystical Creatures*, Llewellyn Publications.

D'Alveydre, Saint-Yves, *La misión de la India*, Luis Cárcamo Ed.

De Vere, Nicholas, *The Dragon Legacy*, The Book Tree.

Diccionario esotérico de la Biblia, Océano-Abraxas.

Diccionario rosacruz (recopilado por Fraternidad Rosacruz), Editorial Kier.

Dorbenko, Uri. *Inside Stories of True Conspiracy*, Conspiracy Digest.

Emoto, Masaru, *Messages from Water*, vols. 1 y 2, General Research Institute.

Enciclopedia de la Biblia, Ediciones Garriga.

Fiore, Edith, *The Unquiet Dead*, Ballantine Books.

Fortune, Dion, *Autodefensa psíquica*, Edaf.

Fowler, Raymond E., *The Andreasson Affair, Phase Two*, Wild Flower Press.

Fowler, Raymond E., *The Andreasson Affair*, Prentice-Hall, Inc.

Fowler, Raymond E., *The Watchers If*, Wild Flower Press.

Fowler, Raymond E., *The Watchers*, Bantam Books.

Godtsseels, S. J., *Biblia temática*.

Guiley, Rosemary Ellen, *Enciclopedia of Mysticl & Paranormal Experience*, Harper's.

Hall, Manly Palmer, *El recto pensamiento*, Editorial Kier.

Hall, Manly Palmer, *Ensayos sobre los principios fundamentales de la práctica*, Editorial Kier.

Hall, Manly Palmer, *Fuerzas Invisibles*, Editorial Kier.

Hall, Manly Palmer, *La anatomía oculta del hombre*, Editorial Kier.

Hall, Manly Palmer, *Las facultades superiores y su cultivo*, Editorial Kier.

Hall, Manly Palmer, *Lo que la sabiduría antigua espera de sus discípulos*, Editorial Kier.

Hall, Manly Palmer, *Muerte y más allá*, Editorial Kier.

Hall, Manly Palmer, *Reincarnation, The Cycle of Necessity*, The Philosophical Research Society Inc.

Hall, Manly Palmer, *The Secret Teachings of all Ages*, The Philosophical Research Soc., Inc.

Hall, Manly Palmer, *Melquisedec y el misterio del fuego*, Editorial Kier.

Havers, Guillermo M., *Rezad cada día*, Libros Católicos.

Heindel, Max, *El cuerpo vital y el cuerpo de deseos*, Editorial Kier.

Heindel, Max, *Principios ocultos de la salud y curación*, Editorial Kier.

Heindel, Max, *Concepto rosacruz del cosmos*, Luis Cárcamo Editor.

Heindel, Max, *El velo del destino*, Editorial Kier.

Henry, William, *El retorno del Mesías*, Robin Book.

Herraiz, Maximiliano, *San Juan de la Cruz*, Obras completas. Ediciones Sígueme.

Herraiz, Maximiliano, *Santa Teresa de Jesús*, Obras Completas. Ediciones Sígueme.

Hodson, Geoffrey, *El reino de los dioses*, Editorial Kier.

Hodson, Geoffrey, *Occult Powers in nature and in Man*, The Theosophical Publishing House.

Hodson, Geoffrey, *Preparación para el nacimiento*, El libro del Maestro, A.C.

Howe George y G. A. Harrer, *A Handbook of Classical Mythology*. Oracle.

Hurley, Matthew. *The Alien Chronicles*, Quester Publications.

Icke, David, *Alice in Wonderland*, Bridge of Love Publications.

Icke, David, *Infinite love is the only truth, everything else is illusion*, Bridge of Love Publications.

Icke, David, *The Biggest Secret*, Bridge of Love Publications.

Icke, David. *The Children of the Matrix*, Bridge of Love Publications.

Ireland-Frey Louise, M. D., *Freeing the captives*, Hampton Roads Publishing Inc.

Jacobo, Heriberto M., *Oraciones para enfermos y difuntos*, Ediciones Paulinas.

Jinarajadasa, C., *Fundamentos de Teosofía*, Editorial Kier.

Keel, John A., *Operation Trojan Horse*, IllumiNet Press.

Keel, John A., *The complete guide to mysterious beings*, A Tom Doherty Associates Book.

Keith, Crim, *The Perennial Dictionary of World Religions*, Harper San Francisco.

Keith, Crim, *Mind Control World Control*, Adventures Unlimited Press.

Kerner Nigel, *Grey Aliens and the Harvesting of souls*, Bear and Company.

Leadbeater, C. W., *El hombre visible e invisible*, Editorial Humanitas.

Leadbeater, C. W., *El plano astral y el plano mental*, Editorial Kier.

Leadbeater, C. W., *Los sueños*, Editorial Humanitas.

Leadbeater, C. W., *Vislumbres de ocultismo*, Editorial Humanitas.

Leadbeater, C. W., *El más allá de la muerte*, Casa de Horus, S.L.

Leadbeater, C. W., *La vida interna*, Editorial Teosófica.

Leadbeater, C. W., *Un libro de texto de teosofía*, Editorial Humanitas.

Leadbeater, C. W., *A los que lloran la muerte de un ser querido*, Editorial Orión.

Leadbeater, C. W., *Los chakras*, Edicomunicación.

Leadbeater, C. W., *Protectores invisibles*, Editorial Humanitas.

Leloup, Jean-Yves. *The Gospel of Mary Magdalene*, Inner Traditions.

Lorgen Eve. *The Love Bite*, Logos & HHC Press.

Maes Hercilio, Ramatís, *La vida más allá de la sepultura*, Editorial Kier.

Maes Hercilio, Ramatís, *Magia de redención*, Editorial Kier.

Mayo, Esteban, *Los misterios*, Editorial Mayo.

Meek, George W., *Morir y después... ¿qué pasa?* Diana.

Morehouse, David, *Psychic Warrior*, St. Martin's Paperbacks.

Narby, Jeremy, *The Cosmic Serpent*, Jeremy P. Tarcher-Putnam.

Newton, Michael, *Destiny of Souls*, Llewellyn Publications.

O'Day Gail R., David Peterson, *The Access Bible, with the Apocryphal, Deuterocanonical books*, Oxford University Press.

Pavri, P., *Teosofía explicada*, Editorial Orion.

Pfeifer, Cornelio, *Devocionario a los ángeles*, Dixit.

Powell, Arturo E., *El cuerpo astral*, Editorial Kier.

Powell, Arturo E., *El cuerpo mental*, Editorial Kier.

Powell, Arturo E., *El doble etérico*, Editorial Kier.

Powell, Arturo E., *El sistema solar*, Editorial Kier.

Powell, Arturo E., *El cuerpo casual y el ego*, Editorial Kier.

Rawlings, Maurice S., *To Hell and Back*, Thomas Nelson Publishers.

Reyes, Benito F., *Evidencia científica de la existencia del alma*, Errepar.

Ring, Kenneth, *The Omega Project*, William Morrow and Company, Inc.

Riviere, Jean. *Amuletos, talismanes y pantáculos*, Martínez Roca.

Rojo de la Vega, José y Patricia Negrete, *Un pésame para consolar*, Editorial Renacimiento.

Sada, Ricardo y Alfonso Monroy, *Curso de teología sacramentaría*, Editorial Minos.

Sagrada Biblia, Herder.

Sagrada Biblia, Grolier.

Samuel Sagan, *Entity Possession, Freeing the Energy Body of Negative Influences*, Destiny Books.

Sitchin, Zecharia, *Genesis Revisited*, Avon Books.

So that's in the Bible? Broadman & Holman Publishers.

Sogyal, Rimpoché, *El libro tibetano de la vida y de la muerte*, Urano.

Steiner, Rudolf, *Las manifestaciones del karma*, Editorial Kier.

Stevens Ernest J., *Lights, colors, tones and nature's finer forces*, Health Research.

Strong, James, *The New Strong's exhaustive concordance of the Bible*, Thomas Nelson Publishers.

Swerdlow, Stewart, *Montauk, the alien connection*, Sky Book.

Szekely, Edmond Bordeaux, *El evangelio de los esenios*. I, II, III y IV, Editorial Sirio.

Szekely, Edmond Bordeaux, *El libro esenio de la creación*, Editorial Sirio.

Szekely, Edmond Bordeaux, *Las enseñanzas de los esenios desde Enoch hasta los rollos del Mar Muerto*, Editorial Sirio.

Taylor, Richard S., *Diccionario teológico Beacon*, Casa Nazarena de Publicaciones.

Thompson, Keith, *Angels and Aliens*, Fawcet Columbine.

Trigueirinho, *La muerte sin miedo ni culpa*, Editorial Kier.

Unger, Cerril F., *Los demonios y el mundo moderno*, Logoi.

Uyldert, Meliie, *Esoterismo de las plantas*, Edaf Editores.

Von Ward, Paul Gods, *Genes and consciousness*, Hampton Roads.

Wentz, Evans, *El libro tibetano de los muertos*, Editorial Kier.

White, Michael, *Weird Science*, Avon Books.

Wilson, Robert Anton, *Cosmic Trigger*, vol. 1, New Falcon Publications.

Wüson, R. H., *El cuerpo astral*, Ediciones Doble-R.

Xavier, Francisco Cándido, *La vida en el mundo espiritual*, Editorial Kier.

Xavier, Francisco Cándido, *Misioneros de la luz*, Editorial Kier.

Xavier, Francisco Cándido, *Volví de otro mundo*, El Libro del Maestro, A.C.

Zaniah, *Diccionario esotérico*, Editorial Aldilá.

Las ilustraciones que aparecen en este libro, salvo las que tienen escrita su procedencia, fueron tomadas de *Los Ángeles del destino humano*, volumen 1, de Lucy Aspra (La Casa de los Ángeles, 2010); *The Ultimate Angel Book*, de Jim Harter (compilador, Gramercy Books, 1995); *La divina comedia*, de Dante Alighieri, con ilustraciones de Gustave Doré, tres volúmenes: "El paraíso", "El purgatorio" y "El infierno" (Grupo Editorial Tomo, 2002), y *El cuervo/ La balada del anciano marinero*, de Edgar Allan Poe y Samuel Taylor Coleridge, respectivamente, con ilustraciones de Gustave Doré (Grupo Editorial Tomo, 2002).

Otras obras de Lucy Aspra

Aspra, Lucy, *Apariciones*, Editorial La Casa de los Ángeles.

Aspra, Lucy, *Diario angelical*, Editorial Sirio.

Aspra, Lucy, *Agenda angelical*, Editorial Sirio.

Aspra, Lucy, *Los ángeles del destino humano*, vol. 1, Editorial La Casa de los Ángeles.

Aspra, Lucy, *Los ángeles del destino humano. Quiénes somos. Adónde vamos*, vol. 2, Editorial La Casa de los Ángeles.

Aspra, Lucy, *Manual de ángeles. Di ¡sí! a los ángeles y sé completamente feliz*, vol. 1, Editorial La Casa de los Ángeles.

Aspra Lucy, *Manual de ángeles. Las emisiones siderales de los ángeles de la astrología*, vol. 2, Editorial La Casa de los Ángeles.

Este libro terminó de imprimirse en Noviembre de 2012
en Editorial Penagos, S.A. de C.V., Lago Wetter
núm. 152, Col. Pensil, C.P. 11490, México, D.F.